쇠렌 키르케고르 입문

쇠렌 키르케고르 입문

주관성, 아이러니, 현대성의 위기

존 스튜어트 지음
이창우·최정인 옮김

카리스
아카데미

쇠렌 키르케고르 입문

2023년 7월 24일 초판 1쇄 발행

지은이 | 존 스튜어트
옮긴이 | 이창우•최정인

발행인 | 이창우
기획•편집 | 이창우
표지 디자인 | 이창우
본문 디자인 | 이창우
교정•교열 | 나원규, 지혜령

펴낸곳 | 도서출판 카리스 아카데미
주소 | 세종시 시청대로 20 아마존타워 402호
전화 | 대표 (044) 863-1404(한국 키르케고르 연구소)
편집부 | (044) 863-1404(한국 키르케고르 연구소)
팩스 | (044) 863-1405
이메일 | truththeway@naver.com

출판등록 | 2019년 12월 31일 제 569-2019-000052호

책값은 뒤표지에 있습니다.
ISBN 979-11-92348-21-6(93100)

카탈린을 위하여

추천사

 존 스튜어트 박사의 《쇠렌 키르케고르 입문》(카리스 아카데미, 2023)이 번역되어 출간된 것은 한국 기독교계에 경사다. 키르케고르(Søren Kierkegaard 1813-1855)는 덴마크가 낳은 가장 독창적인 사상가인 동시에 19세기 최대의 기독교 사상가였다. 그의 사상은 20세기 들어 실존주의 철학을 형성하게 되었으며 변증법적 신학의 사상적 토대가 되었다. 19세기는 인류 역사상 물질문명이 급속도로 발전한 시기였지만, 어디에나 인간의 정신을 좀 먹이는 것이 도사리고 있었다. 키르케고르는 이것을 꿰뚫어 보았다. 르네상스, 산업혁명 등 거센 풍파를 거친 유럽 천지에서는 물질적 진보와 부르주아의 진출이 현저해졌다. 그러나 이 시대 속에서의 대중의 사고방식은 너무나 피상적이고 안이한 것이며, 진정한 인간의 모습이기에는 거리가 먼 것이었다. 여기서 키르케고르는 진실한 나를 찾고 거기 충실하려는 피눈물 나는 정신적 분투를 하였다. 그가 추구한 주된 목표는 진정한 기독교의 모습이 어떠한 것인가를 그려내는 일이었다. 19세기의 사상가인 키르케고르가 오늘날 우리에게 그 누구보다도 영향력을 주는 것은 그만큼 사색이 아닌 그리스도인으로서 어떻게 살아야 할 것인가에 대한 진지한 고민과 삶에서 드러난 실천이 본질적이었기에 가능하다고 본다.

 이 책은 키르케고르의 삶과 사상에 대한 입문서다. 철학이나 신학 안에 키르케고르와 관련하여 연구한 논문이나 저술, 번역서 등이 있지만, 키르케고르의 사상을 정확하게 안내하는 입문서는 거의 없는 처지에서 본 역서는 한국 기독교계를 위한 기여라고 말할 수 있다. 특히 존 스튜어트 박사는 키르케고르의 사상을 심미적, 윤리적, 종교적 단계로 설명하는 기존의 입문서와 다른 키르케고르의 삶과 사상을 통합하여 설명하고 있고, 소크라테스의 삶과 사상을 모방하려는 인물로 키르케고르를 보여주고 있다. 키르케고르는 자신의 논문 《아이러니의 개념》을 통해 소크라테스가 얼마나 중요한 사상가였는지를 강력하게 제시하고 있고, 존 스튜어트도 역시 동일한 방식으로 키르케고르 사고의 기본 전제를 열어주고 있다.

 저자의 《쇠렌 키르케고르 입문》은 8부문으로 나누어진다. 제1부는 "소크라테스적 과업"으로서 키르케고르의 작품과 삶을 다루면서 《아이러니의 개념》을 소개한다. 제2부는 키르케고르에게 비판적 대화 상대였던 헤겔의 존재를 탐구하고, 소크라테스의 아이러니, 아포리아, 다이몬 등의 주제를 다루면서 그가 소크라테스를 어떻게 분석했는지 살피고 있다. 제3부는 소크라테스에 대한 키르케고르의 관점을 다룬다. 키르케고르가 어디에서 헤겔에 동의했고 어떤 점에서는 동의하지 못하는지를 살피는 것이며, 또한 키르케고르가 소크라테스의 다이몬을 어떻게 분석했는지를 알아보고, 소크라테스의 재판과 판결, 소크라테스와 소피스트와의 관계, 소크라테스와 이후의 학파와의 관계를 살펴보는 장이다. 아울러 저자는 덴마크 신학자이자 철학자인 한스 라센 마르텐센에 대해서 소개한다. 제4부에서 키르케고르는 《아이러니의 개념》을 통해 세상에 지속적으로 영향을 끼쳐야 하지만 현실에서 아이러니의 특별한 예에 초점을 맞추어야 한다고 주장한다. 이어서 소크라테스의 아이러니와 낭만주의 아이러니에 대한 키르케고르의 헤겔 비판을 다루면서 소크라테스와 키르케고르에게 문제의식을 일으켰던 개인과 문화 사이의 갈등은 오늘날 우리에게도 여전히 많음을 지적하며 나 자신을 특별하고 독특한 개인으로 발휘하도록 노력을 해야 한다고 주장한다. 제5부는 키르케고르와 낭만주의를 통해 우리 모두에게 중요한 질문인 나는 누구일까를 묻고 있다. 6부는 키르케고르의 소크라테스적 과제 개념과 저술의 시작: 1843년을 다루고 있다. 여기서 저자는 《이것이냐 저것이냐》의 개념을 소개하고, 다른 저술들인 《세 개의 건덕적 강화》, 가명의 작가 콘스탄틴 콘스탄티우스라는 이름으로 발표한 《반복》, 요하네스 드 실렌티오라는 이름으로 발표한 《두려움과 떨림》을 소개한다. 아울러 키르케고르에게 있어서 중요한 개념인 단독자, 개인, 역설 등의 개념을 설명하고 있다. 7부는 키르케고르의 소크라테스적 과제 그리고 가명 저작의 발전, 1844-6년이다. 키르케고르의 전 생애에서 가장 생산적인 시기에 집필한 일련의 유명한 작품들, 특히 《철학의 부스러기》, 《불안의 개념》, 《서문》, 《인생 길의 여러 단계》, 그리고 《결론의 비학문적 후서》에 대해 살펴보고 있다. 이 책들은 표면적으로는 각기 다른 가명으로 저술된 복잡한 일련의 작품이지만 각기 고유한 의도가 있다는 것을 보여주고 있다. 8부는 키르케고르의 소크라테스적 과제와 후반부 저술: 1846-55년이다. 키르케고르의 생애 마지막 10년은 가장 극적인 시기였다. 이 시기는 1848년 혁명이 일어나고 키르케고르가 말년에 덴마크 국교회(Danish State Church)를 공개적으로 공격한 시기이다. 이 장에서는 이 시기 주요 저작인 《두 시대에 대한 문학 비평》, 《다양한 정신의 건덕적 강화》, 《죽음에 이르는 병》, 《기독교의 실천》, 《순간》 등을 살펴보고 있다. 이 작품들을 통해 키르케고르가 나이가 들어감에 따라 계속해서 소크라테스의 모습으로 돌아갔으며 젊은 시절의 위대한 영웅을 결단코 버리지 않았다는 것을 알게 될 것이다.

존 스튜어트 박사의 《쇠렌 키르케고르 입문》을 번역한 이창우 카리스 아카데미 대표는 최근에 키르케고르에 관련한 저술과 번역, 강좌를 열면서 한국교계에 키르케고르의 사상을 알리는 저술가이자 번역가이다. 최정인 박사는 교회사를 전공한 학자로서 미국의 신학교에서 오랫동안 강의해온 교수이자 건강한 의식있는 한인교회를 섬기는 목회자이다. 두 분이 꼼꼼하게 키르케고르를 제대로 읽을 수 있게 번역한 노고는 오늘날 키르케고르의 사상과 삶을 정확하게 알고 이 시대에 참 그리스도인이 된다는 것이 어떤 것인지를 알고자 하는 우리들에게 엄청난 도전을 주고 있다.

그동안 키르케고르의 잘 알려지지 않은 많은 작품들을 소개하는 이 입문서는 매우 중요하고 의미 있다고 본다. 나는 《쇠렌 키르케고르 입문》을 꼼꼼히 읽어 나가는 가운데 그리스도인이 된다는 것이 무엇인가라는 질문에 대해 키르케고르의 삶과 사상을 통해 기독교 신앙을 새롭게 정립하는 훈련이 될 것이라고 생각한다. 그리고 이러한 저자의 필적은 쉽게 읽혀지고, 명쾌하며, 아울러 번역 역시 최고로 세련된 것이라고 확신한다.

《쇠렌 키르케고르 입문》은 키르케고르의 삶과 사상을 그의 철저한 역사적 현실에서의 진지한 고민과 번민 가운데 얻어진 신앙임을 보여주고 있다. 이러한 키르케고르의 사상과 삶을 소개하는 《쇠렌 키르케고르 입문》은 한국교회에 하나의 이정표 역할을 하게 될 것으로 평가된다.

김종걸 박사_한국침례신학대학교 교수, 한국기독교철학회 회장

본서에 대해 추천사를 요청받았을 때, 단박에 거절했었다. 현대 철학이 나의 전공이 아닐 뿐만 아니라 현대 철학의 대표적 사상가인 쇠렌 키르케고르에 대해서는 쥐뿔도 모르는 문외한이 추천사를 쓴다는 시도 자체가 오히려 본서에 누가 될까 염려가 앞섰기 때문이다. 그러나 원고를 받아서 읽기 시작하는데, 글의 흡입력이 대단하다. 앉은 그 자리에서 적지 않은 분량인데도 다 읽었다. 마치 도화지에 다양한 작은 풍광들을 연결하여 키르케고르의 생애와 사상의 통합이라는 큰 풍경화를 그려나가듯 이 위대하고 천재적인 사상가를 풀어나가고 있다. 철학 입문서임에도 문체가 간결하고 무엇보다 난해한 단어나 문장이 없어서 술술 읽을 수 있어서 문외한인 나에게 참으로 좋았다. 이를 저자에게 감사해야 할지, 역자들에게 감사해야 할지는 모를 정도로 번역도 훌륭하다. 그래서 문외한이지만 독자의 입장에서 추천사를 쓰고자 한다.

본서는 덴마크가 낳은 사상가 키르케고르의 삶과 사상을 소개하는 입문서다. 저자인 존 스튜어트는 키르케고르의 사상을 《죽음에 이르는 병》에서 등장하는 미학적, 윤리적, 종교적인 실존의 관점에 소개한 기존의 입문서와는 달리, 키르케고르를 고대 그리스 철학가 소크라테스가 그의 사상을 전달하는 특정 방식들, 아이러니나 아포리아 등을 모방하는 인물로 규정하고 이런 관점에서 그가 어떻게 소크라테스로부터 영감을 받았는지, 또 어떻게 소크라테스의 전달 방식을 자신 작품에 주요 전달 방식으로 사용했는지를 보여주고 있다. 소크라테스가 자신의 무지를 드러내며 질문과 토론으로 상대방의 무지를 드러내는 아이러니한 방법을 사용한 것처럼 키르케고르 역시 자신이 무엇을 안다고 주장하거나 다른 사람에게 무엇을 가르치려 하지 않았다. 그의 목표는 삶, 죽음, 신앙, 하나님, 결혼, 사랑, 절망, 의심과 같은 인생의 중요한 문제에 대해 도전적인 질문을 던짐으로 독자들이 이런 문제에 대해 스스로 사유하고 성찰하는 여정에 나서게 하려고 노력하였다.

키르케고르의 가장 중요한 사상은 인간 개개인의 절대적이고 환원할 수 없는 가치 추구를 아이러니와 부정성의 관점으로 본다는 것이다. 인간은 완전한 신 앞에 서 있는 불안정한 단독자로 불확실성과 불안을 느끼는 것은 실존하는 주체의 현실적이고 당연한 반응이지만, 그럼에도 현존하는 인간으로서 절망과 좌절의 도전을 인식하면서 계속 존재할 수 있도록 도움을 주고받는 존재로 그는 인식한다. 이런 의미에서 키르케고르의 관심은 학문적 논증이나 증명이 아니라 존재하는 삶 그 자체라고 할 수 있다. 또한 그는 그리스도를 신이면서 인간인 모순의 표징으로 간주하며 이 아이러니가 진정한 기독교라 주장하며 이 아이러니의 순수성을 사수하기 위해 소크라테스 시대의 소피스트와 같은 덴마크의 목회자를 향해 비판의 날을 세웠다.

본서는 마치 키르케고르란 인물의 역사를 그가 살았던 시대의 정황과 그의 작품을 통해 그려나간다. 참 좋다! 그의 삶을 한마디로 요약하면, 신 앞에 서 있는 단독자의 아이러니적인 진지한 투쟁으로 표현하고 싶다. 신학자로서 갑자기 묻고 싶다. "오늘날의 한국 교회는 하나님 앞에서 그리스도의 신-인되심의 아이러니를 위해 얼마나 치열하게 투쟁하고 있는가?" 이 책은 이런 날 선, 그러나 순수한 질문을 서슴없이 던지고 있다.

박성진 목사_미국 미드웨스턴 신학교 아시아부 학장, 구약학 교수

나는 1986년 훌러 신학대학원에서 콜린 브라운 교수님에게 쇠렌 키르케고르 강의를 듣고 쇠렌에게 매료되어 평생 그의 책과 씨름은 하였습니다. 2007년에는 St. Olaf College를 방문하여 Kierkegaard Research Center에서 그 센터의 International curator라는 과분한 직책을 받고 몇 년 후인 2009년도에는 코펜하겐의 Kierkegaard Research Center 디렉터이셨던 Jon Stewart 교수님과의 만남이 시작되었습니다. 만나는 첫날 그는 UC San Diego 철학도 시절 무의미한 삶에 대한 회의를 느껴 죽음까지 생각하였지만, 키르케고르를 만나 소생되었다는 간증을 하였습니다. 그에게 키르케고르가 학문의 대상이 아닌 당신 삶의 은인이었습니다.

Jon 교수님은 저에겐 대화에서 묻어나는 삶의 평화와 현재에 대한 소중함을 일깨워 주는 친구입니다. 몇 주 전 다시 찾은 St. Olaf College의 Kierkegaard Research Center에 새로 디렉터로 임명받은 Anna Soderquist의 대화 중 자신도 Jon Stewart 와 수십 년 동안 코펜하겐 키르케고르 리서치 센터에서 동역했다고 하면서 Jon의 친구는 자신의 친구라 하며 St. Olaf College의 Kierkegaard Research Center 인터네셔널 이사로 임명해 주셨습니다. 좋은 친구 덕분에 한국을 대표하는 키르케고르인으로 인정받은 기분입니다.

그가 2009년도의 첫 만남에 지나가는 말처럼 툭 하고 나에게 던졌던 질문—"왜 그리스도의 교회가 적는 일본에는 키르케고르 소사이어티가 여섯 군데나 활발하게 운영되고 있는데 크리스천이 많다는 한국에는 아무 활동이 없냐?" 이 질문에 이제는 응답할 수 있을 것 같습니다. "사랑하는 친구 Jon, 이제 막 한국 키르케고르 연구소를 시작하며 그대의 책을 한어로 출판하여 많은 사람과 키르케고르를 나눌 수 있어 너무 행복하다!" 그와 언젠가 같은 강단에 서서 키르케고르의 가르침을 철학보다는 삶의 간증으로 같이 나눌 기회가 올 것을 바라보며 벌써 너무나 가슴이 벅차옵니다.

오석환 선교사_한국 키르케고르 연구소 소장, 캄보디아 선교사

내가 쇠렌 키르케고르를 본격적으로 관심을 가지고 읽게 된 계기는 갑작스런 아들의 죽음에 직면하면서부터입니다. 이 황망한 사건의 해답을 찾아 죽음에 대한 성경의 구절과 글들을 읽어가다가 키르케고르의 성경 해석(창세기 22장과 욥기 1장)을 접하게 되었습니다. 그의 성경을 보는 눈과 그 말씀을 자신 삶에 적용하는 태도는 그리스도의 참 제자의 모습 그자체였습니다. 그의 성경 해석과 삶은 자신이 그리스도의 제자이며 목사이자 성경학자라고

생각했던 나에겐 너무나 신선한 충격이었습니다. 과연 키르케고르는 그가 살았던 당시의 유럽뿐만 아니라 오늘날 이 지구촌의 기독교계에 파송된 선교사(A Christian Missionary to the Christians)입니다.

키르케고르는 그의 방대한 성경 강화집에서는 물론이거니와 그의 모든 철학 서적에서도 늘 하나님의 말씀에 광범위하게 그 기반을 두고 인간의 삶을 말합니다. 그는 자신 부친을 기쁘게 해드리기 위하여 신학교에 가서 Master of Divinity 과정은 공부했지만, 죽을 때까지 목사안수는 받지 않고, 그리스도의 참 제자가 되려는 순교자적인 삶을 살았습니다. 오히려 그의 석사학위 공부는 소크라테스에 관한 것이었습니다. 오늘날 예수 그리스도의 삶과 죽음을 소크라테스의 그것과 비교하여 연구하여 글을 생산해 내는 이들이 있지만, 키르케고르는 소크라테스의 동기와 방법을 사용하여 성경과 인생을 보았습니다.

그러므로 본 역서의 저자나 번역자들이 반복적으로 언급하고 있는 것처럼, 키르케고르의 글들을 바로 이해하려면 필수적으로 그의 소크라테스 독법을 이해해야 합니다. 본서는 키르케고르의 저작연대 초기부터 마지막까지의 전체 저작에 흐르는 소크라테스 독법을 소개해 주기 때문에, 본서는 키르케고르의 글들을 이해하는데 필수적인 안내서입니다. 가독성도 뛰어난 본 역서는 한국과 미국에서 각각 떠오르는 두 분의 키르케고르 학자의 손에서 탄생하였습니다. 제가 키르케고르의 글을 처음 읽기 시작할 때 월터 라우리(Walter Lowrie)의 키르케고르의 전기가 요긴한 도움이 되었던 것처럼, 키르케고르의 글을 더 깊이 이해하려는 독자들께 본서는 더욱 필수적인 도움을 주는 안내서가 되리라 확신합니다.

장동수 교수_(전) 한국침례신학대학원 신약학 교수

한국어판 저자 서문

나의 책이 한국어로 출간되어 매우 기쁩니다. 한국 독자들이 덴마크의 가장 유명한 사상가인 쇠렌 키르케고르의 사상을 이해하는 데 도움이 되기를 바랍니다. 키르케고르는 19세기 상당히 먼 문화권에서 살았지만, 오늘날 우리 모두에게 여전히 중요하고 의미 있는 말을 해주고 있다고 생각합니다.

이 책은 키르케고르의 삶과 사상을 관심 있는 독자들에게 소개하기 위한 입문서입니다. 저는 이 글을 쓰면서 키르케고르가 고대 그리스 철학자 소크라테스로부터 어떻게 영감을 받았는지, 그리고 어떻게 소크라테스를 자신 사고의 모델로 사용했는지 보여주고 싶었습니다. 키르케고르는 1841년에 쓴 첫 작품 중 하나인 『아이러니의 개념』에서 소크라테스에 대해 자세히 설명합니다. 이 시점부터 1855년 사망할 때까지 그는 계속해서 소크라테스를 자신 저술의 주요 지향점으로 삼았습니다. 소크라테스처럼 키르케고르는 자신이 무언가를 알고 있다고 주장하거나 다른 사람에게 무언가를 가르치려 하지 않았습니다. 대신 그의 목표는 삶, 죽음, 신앙, 하나님, 결혼, 사랑, 절망, 의심과 같은 중요한 문제를 제기하는 것이었습니다. 그다음 그는 자신의 글을 통해 독자들이 이러한 문제에 대해 스스로 생각하게 하려고 노력했습니다. 소크라테스가 자신을 아테네의 쇠파리로 여겨 동료 아테네 시민들에게 사유와 성찰을 자극했던 것처럼 키르케고르 역시 코펜하겐의 쇠파리가 되고자 했습니다.

그의 가장 중요한 사상 중 하나는 인간 개개인의 절대적이고 환원할 수 없는 가치에 관한 것입니다. 바쁘고 혼란스러운 현대를 살아가다 보면 광활한 글로벌 세상 또는 무한한 우주에서 개인이 얼마나 작고 보잘것없는 존재인지에 대한 자괴감에 압도당하기 쉽습니다. 하지만 키르케고르는 우리 각자가 자신의 존재에서 의미를 찾을 수 있는 능력이 있다고 믿습니다. 그는 이러한 문제에는 쉬운 해결책이 없으며 불확실성과 불안은 인간 조건의 자연스러운 부분이라는 것을 인식합니다. 그러나 그는 우리가 누구인지 인식하도록 도와주어 우리가 현존하는 인간으로서 직면하는 도전을 완전히 인식하면서 단독자들로서 계속 존재할 수 있도록 도와줍니다. 그의 사명은 단계별 담론적 논증을 통해 독자들에게 추상적인 진리를 설득하는 데 관심이 있는 건조한 학자의 사명이 아닙니다. 대신 소크라테스처럼 독자들이 스스로 진리를 찾도록 이끌려고 노력합니다. 그의 관심은 학문적 논증이 아니라 삶에 있습니다.

한국 독자들이 키르케고르가 잘 알고 있던 존재의 고뇌와 마주하면서 각자의 삶에서 키르케고르의 접근법이 지닌 가치를 발견할 수 있기를 바랍니다. 로버트 오 선교사와 함께 키르케고르를 한국에 소개하기 위해 번역에 참여해준 이창우 목사와 최정인 목사께 깊은 감사를 드립니다. 두 분의 노력에 제가 이 한국어판 저자 서문으로 작은 힘이나마 보탤 수 있어 기쁩니다.

2023년 6월 10일
헝가리 부다페스트에서
저자 존 스튜어트

역자 서문

　현재까지 국내에도 키르케고르 입문서가 많이 나와 있는 상황입니다. 그럼에도 불구하고 이 입문서가 필요한 이유는 이 책이 키르케고르의 생애와 사상을 통합적으로 이해할 수 있도록 가이드라인을 제공하고 있기 때문입니다. 또한 한국에는 아직 키르케고르의 '아이러니의 개념'이 거의 소개된 바가 없으나, 이 책은 키르케고르의 초기 저작인 《아이러니의 개념》을 다루고 있다는 점에서도 중요합니다. 키르케고르의 초기 논문인 '아이러니의 개념'을 기반으로 초기부터 죽음에 이르기까지 그의 작품 전반에 얼마나 많은 부분에 그의 사상이 일관적으로 반영되어 있는지 비추어 볼 수 있도록 이 책은 방향을 제시하고 있습니다. 이런 점에서 이 책은 키르케고르를 처음 접하는 독자들에게 통합적으로 사고할 수 있도록 도와준다는 점에서 다른 입문서와 다릅니다.

　저자인 스튜어트 교수 말마따나 기존의 입문서가 천편일률적으로 키르케고르의 실존의 3단계를 소개하고 있으나 이토록 그가 실존의 3단계를 강조했는지는 의문입니다. 이후의 연구자들이 너무도 많이 이 부분을 강조했기에 참으로 진부한 이론이기도 합니다. 이런 단계 이론으로 키르케고르를 전부 설명할 수 없음에도, 마치 이것을 알면 키르케고르를 이해한 것인 양 착각하게 만들 수도 있습니다. 하지만 이 책은 이런 실존의 3단계 이론 같은 것은 강조하지는 않지만, 독자들은 이 책을 통해 통합적으로 키르케고르를 이해할 수 있는 기회를 얻게 될 것입니다.

　얼마 전 세종시에 한국 키르케고르 연구소(한키연)를 개소하게 되었습니다. 연구소 설립과 함께 향후 다양한 강좌를 계획하고 있습니다. 무엇보다, 이 책은 연구소에서 키르케고르 강좌 입문서로 활용될 것입니다. 연구소를 통해, 전문 연구자를 양성할 뿐 아니라, 온오프라인 강좌를 기획하고 다양한 분야로 그의 사상을 적용하여 재생산하게 될 것입니다. 연구소 회원이 되어 주신다면, 향후 출간 및 강좌 소식과 함께 다양한 학습과 연구에 동참할 수 있는 기회를 얻게 될 것입니다.

마지막으로 번역으로 수고해 주신 미국의 루이지애나주 배톤루지 한인중앙교회를 담임하고 계신 최정인 목사님께 깊은 감사를 전합니다. 최정인 목사님과 공동 번역을 하며 줌으로 이야기 나누었던 시간은 즐겁고도 매우 값진 시간이었습니다. 최정인 목사님이 서문과 5~8장까지 번역에 동참해 주셨으며, 제가 1~4장까지 번역하였습니다.

키르케고르의 방대한 작품을 번역하여 한국에 소개하는 일은 매우 지난한 작업입니다. 그의 작품을 소개하는 이 과업을 언제 끝날지 현재로서는 알 수 없지만, 그토록 교회의 변질을 염려했던 그의 작품을 통해 한국 교회가 변혁되고 사회에 더 긍정적인 파급효과가 있기를 소망합니다.

2023년 7월 4일
세종시 한기연에서
역자 이창우

서문

덴마크 사상가 쇠렌 키르케고르에 대한 입문서로 여러 책들이 있으며, 키르케고르 사상을 처음 접하는 학생들에게 그의 사상을 소개하는 방법 또한 여러 가지 방법이 있습니다. 각 입문서는 고유한 강점과 약점을 가집니다. 제가 이 책에 사용한 접근 방식에 분명한 강점이 있지만, 이것 역시 많은 방식 중 하나의 접근 방식일 뿐입니다. 이 책을 통해 제가 펼치고자 하는 뜻은, 키르케고르의 복잡한 사상이나 저술에 대해, 포괄적이거나 혹은 특별히 대표적인 개요를 독자 여러분에게 제공하는 것이 아닙니다. 그리스 철학자 소크라테스로부터 비롯된 키르케고르 사상의 한 올을 잡아, 그것을 발전시키는 것이 저의 전략입니다. 앞으로 살펴보겠지만, 이 올이야말로, 키르케고르가 가졌던 동기와 방법, 그의 글쓰기 스타일을 우리가 잘 이해하도록 매우 중요한 설명을 해 주는, 가장 핵심적인 가닥입니다.

저는 이 책을 쓰는 동안, 교육적인 면에 있어 분명히 유익한 몇 가지 전략들을 적용하였습니다. 플라톤의 대화편과 소크라테스가 살았던 모습에 대한 묘사를 통해, 소크라테스의 삶과 사상의 특정 측면을 모방하려는 인물로 키르케고르를 해석함으로써, 키르케고르를 공부하는 학생들뿐만 아니라, 키르케고르를 처음 접하는 독자들에게도 어느 정도 친숙한 모습의 키르케고르를 보여 주려 하였습니다. 또한 키르케고르 사상에 있어서 매우 특이하거나 반직관적인 요소를 다른 방법으로는 설명하기가 어려운데, 바로 이 부분에 대해서도 유용한 통찰력을 제공하였습니다. 덧붙이자면, 키르케고르의 전체 저술이 겉으로 보기에는 서로 매우 이질적인 것 같지만, 이러한 소크라테스적 차원은 그의 작품 전반에 걸쳐 존재하기 때문에, 키르케고르 작품이 실제로는 연속선상에 있음을 알게 해 주는 실마리를, 우리에게 어느 정도 제공하고 있습니다.

　이 책은 키르케고르를 다룬 기존의 입문서들과는 크게 다릅니다. 입문서들 중 다수는 키르케고르의 사상을 미학적, 윤리적, 종교적인 실존의 세 단계 관점에서 소개하고 있습니다. 이러한 방법은, 키르케고르를 소개하는 많은 방법 가운데 거의 한 세기 동안 주류를 이루어 왔는데, 너무 자주 사용되다 보니 이제는 진부한 방법이 되고 말았습니다. 그러나 이 방법의 문제점은 지나치게 도식적이면서, 키르케고르 사상의 풍요로움을 충분히 담아내지 못한다는 것입니다. 더구나 키르케고르 자신도, 이런 방식을 적용하여 그의 작품 전체를 과연 어느 정도까지 아우르는 것으로 생각했는지가 우리에게 분명하지 않습니다. 어떤 의미에서 보자면, 단순히 키르케고르 관련한 이차 문헌에서 이런 설명 방식이 그저 끊임없이 반복되었기에, 그 동안 유명한 발전 계획으로 자리잡았던 것으로 볼 수 있습니다.

　게다가 기존의 키르케고르 소개서들은 기껏해야 첫 장에서만 키르케고르 전기를 소개하고, 키르케고르의 삶과 사상은 별개의 것으로 취급하며, 이 둘을 분리해 온 경향이 있었습니다. 그러나 이런 책들과는 대조적으로, 이 책은 키르케고르의 삶을 그의 사상과 저술에 통합하여 설명하였습니다. 이를 통해 독자는 키르케고르가 살았던 구체적인 장소와 시간의 맥락에서 그의 작품을 보다 온전히 감상할 수 있습니다. 동시대 사상가들의 특정 작품이나 사상에 반응을 보이는 방식으로 키르케고르의 사상이 어떻게 발전해 왔는지를 아는 것이, 그의 작품의 비밀을 푸는 열쇠가 되는 경우가 종종 있습니다.

　마지막으로 언급해 드릴 내용은, 그동안 키르케고르 입문서를 썼던 학자들 사이에 키르케고르를 변증하려는 전통이 오랫동안 이어져 왔다는 것입니다. 학자들은 키르케고르의 사상이 오해받지 않도록 그를 변호해야 한다는 것을 자연스럽고도 당연하게 여겨 왔습니다. 이로 인해 그동안의 키르케고르 변증이 지나쳤던 나머지, 이제는 키르케고르가 우상처럼 받침대 위에 올려지게 된 불필요한 결과를 낳게 되었습니다. 그러나 저는 본 연구 저작을 통하여, 키르케고르도 다른 사람들과 마찬가지로, 약점과 강점을 동시에 가진 한 사람의 인간임을 냉정하게 바라보는 시도를 했습니다. 그가 가졌던 독특한 천재성을 강조하는 동시에 그의 성격의 다른 측면도 무시하지 않으려는 시도를 통해, 키르케고르에 대해 균형 잡힌 평가를 내리기 위해 노력했습니다. 그동안의 변증적인 입문서들에서 종종 훼손되어 왔던, 키르케고르 사상의 반직관적이면서 급진적인 본질을 오히려 강조하려 했습니다.

키르케고르는 매우 복잡한 내면을 소유했던 작가이기 때문에, 한 번의 소개로 그의 사상의 모든 측면을 다룰 수는 없습니다. 따라서, 개요를 제공하기 위해서는, 다른 측면보다는 관련된 어느 특정 측면에 우선적으로 초점을 맞출 것입니다. 그러나 저의 이러한 접근 방식이 오히려 키르케고르 사상에 있어 중요한 요소를 누락했거나, 그의 주요 저작 중 일부를 소홀히 다루었다고, 일부 학자는 이의를 제기할 수도 있습니다. 키르케고르의 초기 작품 《아이러니의 개념》에만 제가 너무 많은 시간을 할애한 나머지, 성숙한 다른 작품들은 희생시켰다고 불평할 수 있습니다. 그러나 이런 불평은, 자신들이 키르케고르 사상의 핵심을 알고 있다 전제하고, 《아이러니의 개념》 또한 그저 쉽게 읽을 수 있는 처녀작(juvenilia)이라고 생각하기 때문에, 의문을 제기하는 형식의 불평인 것입니다. 따라서 키르케고르 입문서가 맞닥뜨리는 진정한 시험은, 연구한 학자가 누구이건 간에, 그가 선택한 접근 방식을 통해 키르케고르 사상 전체를 잘 조명하는 정도에 의해 결론지어 집니다. 키르케고르는 《아이러니의 개념》을 통해 소크라테스가 얼마나 중요한 사상가였는지를 강력하게 제시하고 있으며, 저 또한 동일한 방식으로 키르케고르 입문생에게 키르케고르 사고의 기본 전제를 열어줍니다. 이 책을 공부한 사람은 키르케고르 사상의 기본 방향을 잡고, 향후에 독립적으로 쉽게 이것을 연구할 수 있을 것입니다. 따라서 저는 이 책을 통해, 독자들에게 몇 가지 기본적인 범주와 도구를 제공하여, 독자 스스로 키르케고르를 유익하게 읽을 수 있도록 하며, 이 책을 통해서는 깊이 다루지 못했던 그의 생각의 새로운 측면과 차원을 앞으로도 독자 스스로 발견할 수 있도록 돕고자 합니다.

키르케고르와 소크라테스의 관계를 연구했던 힘멜스트럽, 하울랜드, 클로덴, 뮤엔치, 스코페타 등 여러 뛰어난 학자의 저작들에 이 책이 기반을 두고 있음을 공개적으로 인정합니다.[1] 저는 이 주제와 관련하여 새로운 연구를 추가한 것이 아니라, 이전의 연구 업적들을 활용하여 키르케고르를 새로운 방식으로 소개한 것입니다. 마찬가지로, 제가 《아이러니의 개념》을 읽으면서 키르케고르 연구에 새로운 지평을 열었다고 주장하지 않으며, K. 브라이언 쇠더퀴스트와 같은 여러 학자의 연구에 많은 빚을 지고 있음을 도리어 기쁘게 생각합니다.[2] 그럼에도 불구하고, 이 책이 새로운 것을 제공한다면, 그것은 이 자료를 입문서의 맥락에 적용하는 데 있습니다. 새로운 연구를 제시하는 것이 아니라, 더 많은 새로운 독자들이 쇠렌 키르케고르의 천재성을 이해하고 그의 작품을 감상할 수 있도록, 그 문을 여는 열쇠를 제공하는 것이 저의 목표입니다.

---

1 Jens Himmelstrup, *Søren Kierkegaards Opfattelse af Sokrates. En Studie i dansk Filosofis Historie,* Copenhagen: Arnold Busck 1924. Jacob Howland, *Kierkegaard and Socrates: A Study in Philosophy and Faith,* New York: Cambridge University Press 2006. Wolfdietrich von Kloeden, *Kierkegaard und Sokrates. Søren Kierkegaards Sokratesrezeption,* Rheinland-Westfalen-Lippe: Evangelische Fachhochschule 1991 *(Schriftenreihe der Evangelischen Fachhochschule Rheinland-Westfalen-Lippe,* vol. 16). Paul Muench, "The Socratic Method of Kierkegaard's Pseudonym Johannens Climacus: Indirect Communication and the Art of 'Taking Away,'" in *Kierkegaard and the Word(s): Essays on Hermenutics and Communication,* ed. by Paul Houe and Gorden D. Marino, Copenhagen: C. A. Reitzel 2003, pp. 139-50. Paul Muench, "Kierkegaard's Socratic Pseudonym: A Profile of Johannes Climacus," in *Kierkegaard's Concluding Unscientific Postscript: A Critical Guide,* ed. by Rick Anthony Furtak, Cambridge: Cambridge University Press 2010, pp. 25-44. Sophia Scopetea, *Kierkegaard og græciteten. En kamp med ironi,* Copenhagen: C. A. Reitzel 1995. 또한 Jon Stewart and Katalin Nun (eds), *Kierkegaard and the Greek World,* Tome I, *Socrates and Plato,* Aldershot: Ashgate 2010 *(Kierkegaard Research: Sources, Reception, and Resources,* vol. 2)를 참고하라. 또한 the Bibliography를 참고하라.
2 K. Brian Söderquist, *The Isolated Self: Irony as Truth and Untruth in Søren Kierkegaard's On The Concept of Irony,* Copenhagen: C. A. Reitzel 2007 *(Danish Golden Age Studies,* vol.1).

감사의 글

이 책은 일반적으로 쇠렌 키르케고르의 생애와 작품에 대한 기본적인 입문서로 생각합니다. 코펜하겐 대학교의 후원을 받아 2013년 10월 7일부터 12월 2일까지, 코세라(Coursera) 플랫폼을 통해 대규모로 진행했던 같은 제목의 공개 온라인 강좌(MOOC)에서 본문 대부분을 개발하여 책으로 옮겨 왔습니다. 대략 24,000명이 온라인으로 이 강좌를 수강하였으며, 제가 이 강좌에서 제시하였던 아이디어를 강의실에서 사용하기에 적합한 입문서로 개발하는 데 영감을 얻은 것입니다. 대체로 온라인 강좌의 원고를 충실히 재현한 것이지만, 일부 내용은 추가하고 문체를 수정했습니다.

이 과정의 주요 관리자였던 티모시 홀(Timothy Hall) 박사와 긴밀히 협력하여, 이 책의 접근 방식과 일반적인 개념의 토대를 마련했습니다. 홀 박사가 유용한 제안과 비판적인 피드백을 주었기에, 원고의 방향을 설정하는 데 큰 도움을 받았습니다. 또한 여러 조교들이 좋은 질문과 의견을 주었기에 이 책의 본문이 더욱 좋은 내용으로 구성되었고 이 프로젝트가 성공적으로 실현되었습니다: 칼 아호, 조셉 발란, 요르디스 베커-린덴탈, 매튜 브레이크, 빅토리아 데이비스, 스티븐 드로즈, 자쿼 에르난데스-디스포, 제니퍼 힌카피에 산체스, 루크 존슨, 보이치에 카프탄스키, 카타르지나 크뤠렌다-와즈다, 이리나 크루치니나, 로라 리바, 다니엘 마스, 프란시스 모건 브라운, 코디 루이스 오크스, 아주세나 팔라비치니 산체스, 조지 파티오스, 움베르토 콰글리오, 트로이 스미스, 엠마 소르가드, 마이클 스타크, 샬론 반 티네, 티안 와진지안이 참여했습니다. 온라인 강좌를 진행하면서 코펜하겐 대학교 신학부 교수들과 예스퍼 탕 닐슨(Jesper Tang Nielsen) 교수의 지속적인 도움과 지원을 받을 수 있어서 기뻤습니다.

《아이러니의 개념》뿐만 아니라 키르케고르의 모든 저술에 대한 지식을 아낌없이 공유해 준, 저명한 키르케고르 학자 폴 뮤엔치, 피터 사즈다, K. 브라이언 쇠더퀴스트 등의 유용한 제안으로부터 많은 도움을 받았습니다. 강좌의 주요 주제와 텍스트를 선정하는 데 독창적인 영감을 제공해 준 분들입니다. 원고를 쓰는 동안 키르케고르의 생애와 시대에 관한 여러 가지 역사적 세부 사항에 대해 닐스 요르겐 카펠로른(Niels Jørgen Cappelørn)과 정기적으로 상의했습니다. 카탈린 넌(Katalin Nun), 로이 스튜어트(Loy Stewart), 핀 그레달 옌센(Finn Gredal Jensen)은 여러 단계에서 원고를 읽으면서 사심 없이 비평적 의견을 주었습니다. 카탈린은 이 책에 등장하는 삽화를 정리하고 편집하는 데 도움을 주었습니다. 로이는 이 책의 작업을 간소화하고, 독자들이 이 책에 더 집중할 수 있도록 멋지게 만드는 방법에 대해, 여러 가지 좋은 조언을 해 주었습니다. 플라톤과 고대 철학에 대한 지식이 풍부한 핀은, 특별히 귀중한 조언자였습니다. 연구소의 문서 보관소에 있는 사진 중 일부를 여기에 다시 싣도록 허락해 준, 쇠렌 키르케고르 리서치 센터와 왕립 도서관 사진 보관소의 협조에, 이 자리를 빌어 다시 한 번 감사드립니다. 온라인 강좌와 원고 제작에 참여해 주신 모든 분께 깊은 감사의 마음을 전합니다.

목차

그림 목차

서론

    21세기에 우리는 복잡하고 빠르게 변화하는 세상에 살고 있습니다. 새로운 세대의 경험은 이전 세대와는 근본적으로 다릅니다. 예를 들어, 부모님 세대에는 아무도 컴퓨터나 스마트폰을 가지고 있지 않았지만, 오늘날에는 거의 모든 사람이 이러한 것들을 가집니다. 컴퓨터와 스마트폰을 얼마나 많은 용도로 사용하고 있는지, 얼마나 많은 시간을 사용하는지 스스로 물어보면, 이전 세대와 여러분의 삶이 얼마나 다른지 알 수 있을 것입니다. 세상에 대한 우리의 경험과 인식은 불과 40~50년 전에 자란 사람들의 그것과 근본적으로 다릅니다. 과거에는 이런 종류의 급격한 변화가 수 세기에 걸쳐 일어났지만, 지금은 기술 발전의 속도가 빨라지면서 불과 몇 년 만에 일어나고 있습니다. 시간이 지남에 따라 이러한 지속적인 변화는 사람들을 불안하거나 불안정하게 만듭니다. 사람들이 평생 해왔던 전통적인 관행이나 일들이 갑자기 쓸모 없어지기도 합니다. 이로 인해 현대 생활에 대한 방향 감각 상실과 소외감을 경험하게 됩니다. 안정적이었던 모든 것이 사라지고 더 이상 붙잡을 수 있는 것은 아무것도 없는 것 같습니다. 이것이 21세기에 우리가 직면한 상황입니다.

    덴마크의 철학자이자 종교 사상가인 쇠렌 키르케고르는 19세기 전반기에 이러한 변화를 목격하고 이에 대한 뛰어난 분석을 내놓았습니다. 물론 키르케고르는 인터넷에 대해 들어본 적도 없고 아이패드나 디지털카메라를 소유한 적도 없지만, 현대성에 대한 통찰력이 뛰어났습니다. 오늘날 우리는 그의 작품을 읽으며 우리를 둘러싼 세상과 그 안에서 우리의 위치를 이해하는 데 도움을 받을 수 있습니다.

이 책에서는 코펜하겐의 거리를 걸으며 사람들에게 영감을 주고, 도발하고, 매료시키고, 짜증을 유발한 독특한 인물인 쇠렌 키르케고르의 사상을 살펴볼 것입니다. 오늘날 학자들은 그가 철학자인지, 신학자인지, 영감을 주는 작가인지, 문학가인지, 심리학자인지, 아니면 다른 누구인지에 대해 논쟁을 벌이고 있습니다. 결국 그는 이 모두의 일부였으며, 매우 창의적인 글쓰기 형식 때문에 그가 어떤 장르를 사용했는지 또는 어떤 학문 분야에 속했는지 정확히 말하기 어렵습니다.

그의 글쓰기의 이러한 특징은 그의 사상이 수용된 복잡한 역사에 반영되어 있습니다. 그의 작품은 철학, 신학, 종교학, 문학 이론, 미학, 심리학 등 다양한 분야에 막대한 영향을 미쳤습니다. 한 사상가가 이렇게 다양한 분야의 사람에게 어필할 수 있다는 것은 그 자체로도 흥미롭지만, 정말 특이한 점은 그가 서로 근본적으로 동의하지 않는, 그래서 상반된 입장을 대변하는 사람들에게도 어필했다는 점입니다. 그는 진보와 반동의 정치적 견해를 모두 옹호하는 사람으로 여겨져 왔습니다. 그는 실존주의자이자 본질주의자로 칭송받았습니다. 그는 독일 낭만주의의 비판자이자 추종자로 칭송받았습니다. 키르케고르의 글에는 어떤 의미에서 모든 사람에게 말을 걸 수 있는 결정되지 않은 또는 개방적인 무언가가 있으며, 풍부하고 다양한 그의 작품에서 독자들은 항상 자신 삶이나 상황에 대한 특별한 통찰력을 제공하는 무언가를 발견하는 것처럼 보입니다.

이 책에서 우리는 키르케고르가 현대 생활의 전형인 상대주의와 관련된 문제, 의미의 부재, 종교적 신앙의 위기를 어떻게 다루고 있는지 살펴볼 것입니다.

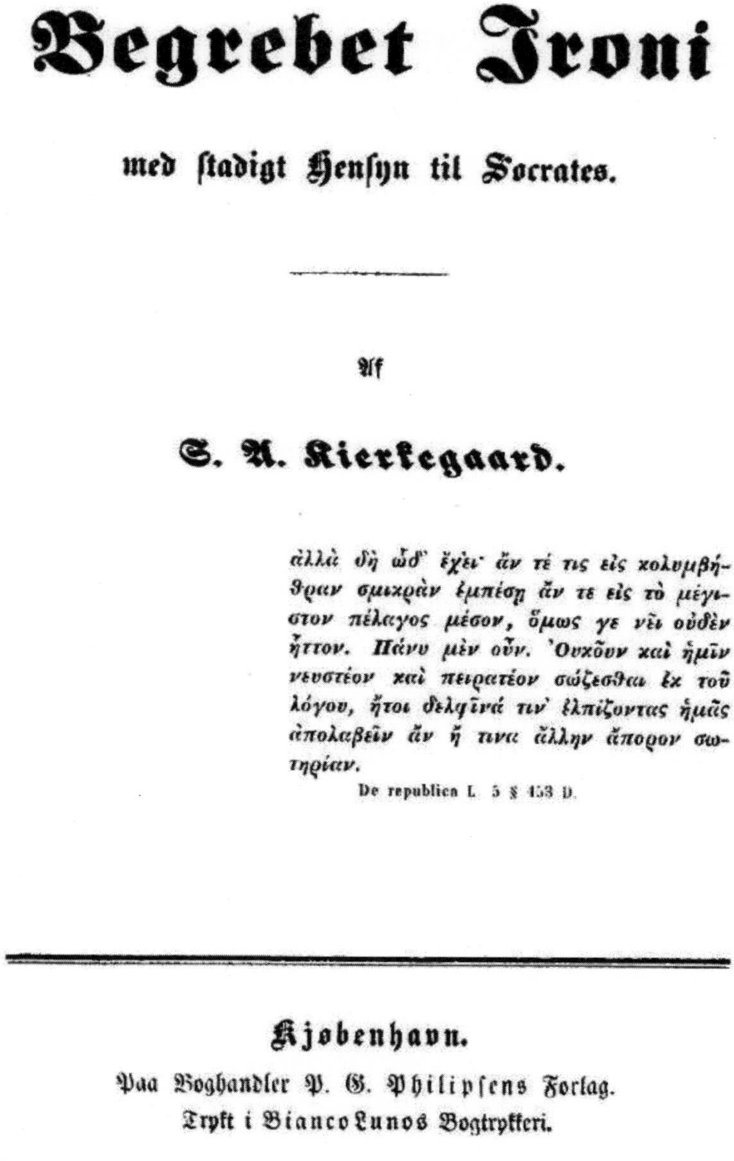

Begrebet Ironi

med stadigt Hensyn til Socrates.

Af

S. A. Kierkegaard.

ἀλλὰ δὴ ὧδ᾽ ἔχει· ἄν τέ τις εἰς κολυμβή-
θραν σμικρὰν ἐμπέσῃ ἄν τε εἰς τὸ μέγι-
στον πέλαγος μέσον, ὅμως γε νεῖ οὐδὲν
ἧττον. Πάνυ μὲν οὖν. Οὐκοῦν καὶ ἡμῖν
νευστέον καὶ πειρατέον σῴζεσθαι ἐκ τοῦ
λόγου, ἤτοι δελφῖνά τιν᾽ ἐλπίζοντας ἡμᾶς
ἀπολαβεῖν ἂν ἤ τινα ἄλλην ἄπορον σω-
τηρίαν.

De republica L. 5 § 453 D.

===

Kjøbenhavn.

Paa Boghandler P. G. Philipsens Forlag.
Trykt i BiancoLunos Bogtrykkeri.

그림0.1. 키르케고르의 《아이러니의 개념》 표지(1841)

키르케고르는 1841년에 발표한 《아이러니의 개념》에서 전통문화에 대한 비판으로 생각되는 주관주의와 상대주의의 다양한 형태를 살펴봅니다(그림 0.1. 참고). "주관주의(subjectivism)"와 "상대주의(relativism)"라는 용어는 무엇을 의미할까요? 예를 들어, 특정 법이나 관습은 한 문화나 사회에서만 받아들여지고 다른 문화나 사회에서는 거부된다는 의미에서 "단지" 상대적이라고 말합니다. 트위터에서 이런 종류의 발언을 할 때는 대개 비판적이며 문제가 되는 법이나 관습의 타당성을 약화시키려는 의도가 있습니다. 즉, 어떤 것이 단지 상대적일 뿐이라면 절대적인 타당성이나 권위를 갖지 않으므로 우리는 그것을 따를지 말지 선택할 수 있습니다. 이것이 우리가 상대주의나 주관주의와 같은 것에 대해 이야기하는 데 익숙한 방식입니다.

키르케고르는 이러한 다양한 경향을 "아이러니"라는 제목으로 언급합니다. 왜 그는 이 용어를 사용했을까요? 오늘날 사람들은 때때로 어떤 일이 아이러니하다고 말할 때, 예를 들어, 나쁜 사람에게 나쁜 일이 일어났을 때 아이러니하다고 말할 수 있다는 의미에서 그것이 불행하거나 운명적인 사건이라는 것을 의미합니다. 하지만 키르케고르가 말하는 아이러니는 이런 의미가 아닙니다. 대신, 우리가 어떤 것에 대해 아이러니하다고 말할 때, 우리는 우리가 실제로 의미하는 것과 반대되는 말을 하고, 대신 상황이 듣는 사람에게 그 참 의미를 알려줍니다. 예를 들어 코펜하겐에서 폭우나 폭설로 날씨가 좋지 않을 때 "지금 날씨가 정말 좋네요."라고 말할 수 있습니다. 상대방은 현재 날씨가 매우 좋지 않다는 것을 알고 있기에 내가 말하는 것이 문자 그대로가 아니라 아이러니적으로 표현하고 있다는 것을 즉시 알 수 있습니다. 이것이 아이러니가 일반적으로 사용되는 방식입니다. 하지만 아이러니는 비판적인 방식으로도 사용될 수 있습니다. 예를 들어, 정치에서 특정 정책이나 제안된 법안에 동의하지 않을 때 "그건 훌륭한 정책이야." 또는 "그건 훌륭한 법이야."라고 말하여 정반대의 의미를 전달할 수 있습니다. 키르케고르가 주관주의 및 상대주의와 연관시킬 때 염두에 둔 것이 바로 이러한 아이러니의 비판적 감각입니다. 이런 종류의 아이러니는 받아들여진 관습과 관행뿐만 아니라, 실제로는 거의 모든 것을 비판할 수 있습니다.

키르케고르는 《아이러니의 개념》에서 고대 그리스 철학자 소크라테스가 사용한 형태의 아이러니와 당대 독일 낭만주의로 대표되는 현대의 아이러니를 비교합니다. 두 경우 모두 비판적 성찰을 통해 전통적인 신념과 사고방식에 의문을 제기하려는 시도였습니다. 키르케고르는 독일 낭만주의에 대해서는 비판적이었지만, 소크라테스에 대해서는 큰 찬사를 보냅니다. 실제로 그는 19세기 덴마크 문화와 종교에 대한 개념을 비판하기 위해 소크라테스를 모델로 삼았습니다. 이와 대조적으로 낭만주의는 주관주의, 상대주의, 허무주의, 소외, 의미의 부재 등 방금 언급한 전형적인 현대의 문제를 대표하는 것으로 간주됩니다. 실존주의, 탈구조주의, 포스트모더니즘의 현대 사조에서 알 수 있듯이 키르케고르가 다루었던 문제들은 오늘날에도 여전히 철학의 핵심적인 문제들입니다.

이 저서는 쇠렌 키르케고르에 대한 사전 지식이 없는 사람들을 위해 그의 삶과 사상을 소개하기 위한 것입니다. 나의 목표는 세 가지입니다. 첫째, 현대성의 시급한 문제에 대한 키르케고르의 분석과 이해를 탐구하고 그의 견해가 오늘날 우리 삶과 연관되는 현대성을 이해하려 합니다. 둘째, 키르케고르가 이러한 현대의 문제들에 대한 통찰을 다소 역설적으로 고대 철학자 소크라테스에게서 어떻게 찾았는지 살펴보고, 키르케고르가 왜 소크라테스를 자신의 작업과 저술의 모델로 삼았는지 이해하려 합니다. 셋째, 이 책이 전기라고 생각하지는 않지만 방금 언급한 처음 두 가지 주제를 해석의 열쇠로 삼아 키르케고르의 삶과 동시대인들과의 관계를 추적하고자 합니다.

나는 키르케고르의 저술 경력 초기에 결정적으로 중요한 텍스트인 《아이러니의 개념》에 초점을 맞추겠습니다. 이 책은 키르케고르 연구에서 다소 소홀히 다루어져 온 책으로, 키르케고르 자신도 중요하지 않은 초기 작품으로 치부했다고 생각하는 사람들도 있습니다. 그러나 이는 사실이 아니며 오히려 철학자이자 종교 사상가로서 키르케고르의 사상을 이해하는 데 절대적으로 필요한 텍스트임을 보여주고 싶습니다. 그가 쓴 두 번째 책에 불과했지만, 키르케고르의 후기 발전과 저술에 결정적인 역할을 했습니다. 실제로 《아이러니의 개념》에서 그는 《이것이냐 저것이냐》나 《두려움과 떨림》과 같은 그의 유명한 후기 저서에 등장하는 많은 내용의 토대를 마련했다고 할 수 있습니다. 이 작품을 연구함으로써 우리는 키르케고르의 삶과 저술, 그리고 이질적이고 빠르게 변화하는 오늘날의 세계와의 관련성을 이해할 수 있을 것입니다. 키르케고르는 1855년에 세상을 떠났지만 21세기를 살아가는 우리에게 여전히 귀중한 통찰력을 제공해 주고 있다는 것을 알게 될 것입니다.

1

"소크라테스적 과업"으로서 키르케고르의 작품과 삶

키르케고르는 말년에 자신의 업적을 돌아보며 자신의 일은 "소크라테스적 과업"[1] 이었다고 말했습니다. 게다가 "내 앞에 있는 유일한 비유는 오직 소크라테스이다."[2]라고 말했습니다. 무엇을 의미했던 것일까요? 키르케고르는 소크라테스를, 혹은 적어도 자신이 알아낸 특별한 버전으로서의 소크라테스를, 삶의 모델로 삼은 것 같습니다. 키르케고르는 소크라테스가 철학으로 했던 것과 같은 것을, 자신의 작품을 통해 완수하겠다고 생각했습니다.

키르케고르가 무엇을 의미했는지 이해하기 위해, 그가 소크라테스를 어떻게 이해했는지, 또 소크라테스가 무엇을 대표하는지 우리가 먼저 살펴볼 필요가 있습니다. 소크라테스의 성격과 철학에 대해 키르케고르가 이해했던 핵심 요소들을 확인하면, 그가 어떻게 이러한 내용들을 자신의 작품에 적용하려고 노력했는지 알 수 있게 됩니다. 우리는 그의 저서 《아이러니의 개념》으로 가장 확실하게 시작할 수 있습니다. 이 책은 키르케고르가 그리스 철학자의 모습을 가장 자세하게 설명한 부분을 포함하고 있기 때문입니다.

---

1 Kierkegaard, *The Moment and Late Writings,* trans. by Howard V. Hong and Edna H. Hong, Princeton: Princeton University Press 1998, p. 341.
2 Ibid.

이 장에서는 먼저 키르케고르의 어린 시절, 즉 그가 자라난 가정의 배경과 코펜하겐의 시민미덕학교에서 교육받았던 내용을 살펴볼 것입니다. 그런 다음 우리는 《아이러니의 개념》으로 눈을 돌려, 책의 구조와 논쟁적 전략을 이해하려 시도할 것입니다. 마지막으로, 플라톤의 대화편 가운데 소크라테스 철학의 핵심 요소들 중 일부를 묘사하는 《에우튀프론》과 《변명》을 살펴볼 것입니다. 특히 다음과 같은 주제를 살펴볼 예정입니다. 소크라테스의 아이러니, 대화 상대를 소위 '*아포리아*'나 '막막함'으로 전락시키는 능력, 소피스트들과의 관계, 아테네의 쇠파리로서의 자기 이해, 그의 다이몬이나 개인적인 정신, 그리고 마지막으로 산파술입니다. 여기서 우리의 목표는 플라톤에 의해 묘사된 소크라테스의 생각의 원래 맥락에서 이러한 생각들을 이해하는 것입니다. 그런 다음, 키르케고르가 어떻게 그것들을 이해하고 자신의 목적을 위해 사용하는지 볼 것입니다.

1.1. 키르케고르의 가족과 시민미덕학교

쇠렌 키르케고르는 1813년 5월 5일 코펜하겐에서 태어났습니다. 그는 니토브(Nytorv) 또는 "신 시장"이라고 불리는 광장에 있는 집에서 세상에 나왔습니다. 그 집은 1908년에 철거되었지만, 우리는 다음과 같이 그림을 통해 그 시대를 볼 수 있습니다(그림 1.1. 참고). 건물은 광장의 지배적인 구조물인 신고전주의 기둥이 있는 법원 건물 옆에 있었습니다.

키르케고르는 덴마크 문화생활의 풍요로운 시기에 살았으며, 그 시절은 덴마크 황금기라고도 불립니다. 대략 19세기 전반을 아우르는 시기였습니다. 동시대에는 작가 한스 크리스티안 안데르센(1805-75, Hans Christian Andersen), 물리학자 한스 크리스티안 외스테드(1777-1851, Hans Christian Ørsted) 그리고 조각가 베르텔 토르발센(1770-1844, Bertel Thorvaldsen)과 같은 유명한 인물이 있었습니다.

코펜하겐은 당시 약 115,000명의 주민이 살고 있는 비교적 작은 도시이었습니다.[3] 이것은 당대의 유명한 작가와 시인, 과학자, 예술가들 대부분이 서로 개인적

그림1.1. 코펜하겐의 니토브(키르케고르의 집은 오른쪽 코너에 있는 집의 옆에 있음)

으로 잘 알고 지냈고, 각자의 작품이 더 풍요롭게 되도록 서로 영향을 주고받았다는 것을 의미합니다. 예를 들어, 1838년에 출판되었던 키르케고르의 첫 번째 책인 《아직도 살고 있는 한 사람의 논문으로부터》는 안데르센의 소설에 대한 비평이었습니다.

　이때는 덴마크에서 경제적으로도 문화적으로도 풍요로운 시기였지만, 키르케고르가 태어났을 당시의 코펜하겐은 가난한 나라의 가난한 도시였습니다. 덴마크는 나폴레옹 전쟁 시기에 중립을 지키려 했으나, 이로 인해 1807년 영국이 코펜하겐을 포격했고, 덴마크 함대가 큰 손실을 입었기 때문입니다. 수년 간 급속한 인플레이션과 경제적 불확실성이 이어졌습니다. 키르케고르가 태어났던 1813년, 덴마크 국가는 파산했습니다. 덴마크 화폐는 화폐로서의 가치가 없어졌

3　다음을 보라. Bruce H. Kirmmse, *Kierkegaard in Golden Age Denmark*, Bloomington and Indianapolis: Indiana University Press 1990, p. 25.

습니다. 극소수의 사람들만이 이 어려운 시기에 자신들의 재산을 보존할 수 있었고, 키르케고르의 아버지 미카엘 페더슨 키르케고르(1756-1838)는 이 몇 안 되는 사람들 중 하나였습니다. 그는 키르케고르가 태어나기 몇 년 전인 1809년에 니토브에 있는 집을 샀습니다. 미카엘은 매우 가난한 가정에서 태어났습니다. 12살 때 삼촌 중 한 명의 양모 사업 견습생이 되기 위해 유틀란트에서 코펜하겐으로 왔습니다. 약 10년 후 미카엘은 자신의 사업을 시작했고, 이윽고 부자가 되었죠.

키르케고르의 어머니였던 아네 쇠렌스다터 룬드(Ane Sørensdatter Lund, 1768-1834년)는 미카엘의 두 번째 부인이었습니다. 아네는 미카엘의 하녀였다가 1797년에 미카엘과 결혼하게 됩니다. 미카엘의 첫 번째 부인이 죽은 후 약 30개월이 지난 뒤였습니다. 아네는 첫 번째 자녀로 딸을 임신했는데, 두 사람이 결혼한 지 5개월 만에 딸이 태어났습니다. 그 후 15년의 기간 동안 총 7명의 자녀를 낳았고, 그 중 쇠렌이 막내였습니다. 키르케고르는 놀랍게도 자신이 성장하는 동안, 어머니의 존재와 역할에 대해 침묵했습니다.

키르케고르의 아버지는 무척 종교적인 사람이었고, 키르케고르를 루터교적 전통에 따라 양육했습니다. 이것이 키르케고르 가족의 특징을 잘 나타내주고 있습니다. 쇠렌의 형 피터 크리스티안 키르케고르(1805-88)는 신학을 공부하고, 덴마크 교회의 수석 목사와 주교를 역임했습니다. 미카엘 또한 자신이 지은 죄로 인한 강박의 결과로 우울증이 고착된 성격을 갖게 되었다고 말했습니다. 그 아들들 역시 이런 특징을 물려받은 것으로 여겨집니다.

키르케고르는 소년 시절의 별명이 '포크'였다고 합니다. 어느 날 누군가 키르케고르에게, 커서 무엇이 되고 싶냐 질문하자 '포크'라고 대답했기 때문이랍니다. 왜 하필 포크가 되고 싶느냐는 질문에, "저녁 식탁에서 내가 원하는 것은 무엇이든 '찌를 수 있기' 때문이죠."라고 대답했다고 합니다. "하지만 우리가 너를 쫓아간다면 어떻게 할래?"라고 곧이어 묻자, 키르케고르는 "그럼 난 당신을 찌를 거예요."라고 대답했습니다.[4] 어린 시절조차도 키르케고르가 얼마나 도발적인 소년이었는지 잘 보여주는 일화입니다. 키르케고르는 이런 식으로 사람들을 이기는 것을 즐겼습니다.

소년이 된 키르케고르는 시민미덕학교에 입학하게 됩니다. 학교에서 라틴어와 그리스어를 배우며 고전에 대한 흥미를 발전시켰습니다. 이 학교는 원래 1787년에 설립되었다가 2년만인 1789년에 둘로 분리되어 하나는 코펜하겐에, 다른 하나는 근처의 크리스티안숀(Christianshavn)에 있었습니다. 키르케고르는 1821년부터 1830년 대학에 입학할 때까지 코펜하겐에 있는 학교를 다녔습니다. 본가에서 가까운 곳이었습니다. 이 학교는 부유한 부르주아 가족들의 아들들에게 명성이 자자한 교육 기관이었습니다. 또한 라틴어와 그리스어, 히브리어와 같은 교육에 중점을 둔 고전 심화 학교였습니다. 키르케고르는 학창 시절, 그리스의 문학과 문화를 좋아했습니다. 호머의 《일리아드》와 《오디세이》도 포함되어 있습니다. 또한 헤로도토스의 《역사》의 일부, 신약성서의 일부도 포함됩니다.[5] 가장 중요한 것으로, 그리스 철학자인 플라톤의 대화편의 일부를 읽었습니다. 특히 《에우튀프론》, 《변명》과 《크리톤》을 읽었습니다. 소크라테스의 삶과 가르침에 대한 다른 중요한 자료들을 공부하기도 했습니다. 예를 들어, 크세노폰이 쓴 《소크라테스 회상》(Memorabilia)이 있습니다.[6] 이 학교는 그에게 철학자 소크라테스에 대한 철저한 지식을 제공하였는데, 소크라테스의 삶이 키르케고르의 마음을 사로잡았던 것이지요.

그러나 키르케고르가 학창 시절을 떠올릴 때, 좋아하는 기억이 많지는 않았

---

4 *Encounters with Kierkegaard: A Life as Seen by His Contemporaries,* trans. and ed. by Bruce H. Kirmmse, Princeton: Princeton University Press, 1996. p. 3.

5 Ibid., p. 15. 그리고 p. 273 각주.

6 다음을 보라. Tonny Aagaard Olesen, "Kierkegaard's Socrates Sources: Eighteenth- and Nineteenth-Century Danish Scholarship," in *Kierkegaard and the Greek World*, Tome I, *Socrates and Plato*, ed. by Jon Stewart and Katalin Nun, Aldershot: Ashgate 2010 (*Kierkegaard Research: Sources, Reception, and Resources*, vol. 2), pp. 221f.

던 것 같습니다. 다른 사람의 말에 따르면, 키르케고르에게는 친구가 없었고 때로는 특이한 옷차림으로 인해 괴롭힘을 당하기도 했다고 합니다. 두꺼운 양모 스타킹을 입고 다닌 탓에 '쇠렌의 양말'이라는 별명을 얻기도 했습니다. 그러나 어린 키르케고르는 가만히 앉아 당하고만 있을 사람은 아니었고 할 수만 있다면 오히려 적대감을 더 불러 일으켰다고 합니다.

동시대의 또 다른 보고에 따르면, 키르케고르는 자신의 뛰어난 지적 능력으로 동료 학생들을 괴롭히고 짜증나게 하는 경향이 있었다고 합니다. 다른 친구들을 어리석게 보이도록 함으로써 자신의 명석함을 입증하는 것을 즐겼습니다. 불행히도, 그 학급에서 덩치가 가장 크지는 못했다 보니, 이런 식의 도발은 오히려 자신에게 부정적인 결과를 몰고 왔습니다. 때로 다른 학생들에게 굴욕적으로 맞았던 것이죠. 그들은 키르케고르에게 고통당한 만큼 키르케고르를 때려 줬다고 합니다.[7] 그러나 학교에서 당한 이런 부정적인 일들조차도, 키르케고르가 졸업 후에 라틴어를 가르치기 위해 자신의 모교로 돌아가는 것을 막지는 못했습니다.

키르케고르의 형들과 누나들 모두 상당히 젊은 나이에 죽고 말았습니다. 형 피터 크리스티안만 제외되었지만 말입니다. 형제들 모두 일찍 죽다보니, 키르케고르의 집안에 드리운 우울의 그림자는 그의 가족 곁을 떠나지 않고 계속 머물게 됩니다. 1834년, 키르케고르의 나이 겨우 21세 때, 오직 자기 자신과 형 피터 크리스티안, 그리고 아버지 미카엘만 살아남아 있었습니다. 나머지 모든 가족들, 즉 다섯 형들과 누이들과 어머니는 벌써 세상에 남아 있지 않았습니다.

---

7 *Encounters with Kierkegaard,* pp. 4-5, p. 7, p. 10.

1.2.《아이러니의 개념》소개

시민미덕학교를 졸업한 키르케고르는 코펜하겐 대학에 입학하였습니다. 이 학교에서 석사 논문으로《아이러니의 개념》을 쓰게 됩니다. 이 책은 크게 두 부분으로 나누어집니다. 1부는 "아이러니의 관점에서의 소크라테스 입장"이라는 제목의 부분입니다. 젊은 저자는 여기에서, 세 개의 주요한 고대 자료로 제시된 소크라테스의 모습을 비교합니다. 플라톤과 크세노폰, 그리고 희극 작가 아리스토파네스입니다. 널리 알려진 대로 플라톤과 크세노폰은 모두 소크라테스의 제자였고, 스승을 주요한 화자로 소개했던 대화편을 썼습니다. 아리스토파네스는 희극《구름》에서 소크라테스를 유머러스하게 패러디했습니다. 이 고대 자료들을 비교하고 대조하면서 키르케고르는 소크라테스의 진정한 모습에 도달하고자 했습니다. 철저한 분석을 통해 일관적으로 주장한 것은, 소크라테스가 어떤 철학적 교리나 이론을 가진 것이 아니라, 오히려 어떤 건설적인 대안을 제시하지 않은 채 다른 사람들이 말한 것을 반박하기만 했다는 것이죠. 이런 의미에서 소크라테스는 부정적이고, 파괴적인 힘을 나타냅니다.

키르케고르에게 있어 소크라테스가 부정적이라고 말할 때, 이것은 우리가 부정적인 성향을 가진 사람, 즉 비관적인 사람을 언급할 때의 의미와 같은 것이 아닙니다. 다른 사람이 취한 입장을 약화시키고, 기존의 어떤 긍정적인 명제나 원칙도 거부하는 것을 뜻합니다. 그의 작품 1부에서, 키르케고르는 고대 자료의 분석을 통해 소크라테스에 대한 이런 해석의 토대를 제공합니다.

《아이러니의 개념》의 1부에는 "소크라테스에 대한 헤겔의 관점"이라 불리는 부록이 달려 있습니다. 독일의 철학자 헤겔이 그의 강의에서 소크라테스를 다룬 것을 언급하고 있습니다. 철학과 문화의 발전 과정에 있어서의 소크라테스 사상과 그의 역할에 대한 헤겔의 해석은 그 당시의 학문 전반적인 분야에 상당한 영향을 끼쳤습니다. 키르케고르는 이것을 알았기에, 소크라테스에 대한 헤겔의 다른 설명에 대해 집중적으로 공부했습니다. 이것을 토대로 하여, 석사 논문에서 더욱 발전시킨 것이지요. 소크라테스에 대한 키르케고르의 그림을 이해하기 위해서는 헤겔의 해석에서 일부의 통찰을 얻고, 이에 대한 키르케고르의 반응을 고찰해야 합니다. 이것이 이 책 2장의 주제가 될 것입니다.

키르케고르의 작품 2부의 제목은 "아이러니의 개념"입니다. 낭만주의자들이 말하는 아이러니의 현대적 형태를 다루면서, 프리드리히 폰 슐레겔, 칼 빌헬름 페르디난드 솔거 그리고 루트비히 티크과 같은 독일 작가들의 사상을 면밀히 조사하고 있는 곳이 바로 이곳입니다. 소크라테스의 아이러니는 일반적으로 긍정적으로 다루고 있는 반면, 낭만주의자들은 상대주의나 니힐리즘에 봉사하기 위해 아이러니를 사용하고 있다면서 비판하고 있습니다. 낭만주의자들의 목적은 부르주아 사회를 단지 붕괴시키는 것에 있었지만, 그것을 대체하기 위한 고무적인 어떤 진리나 깊은 의미는 더 이상 없었습니다.

《아이러니의 개념》의 마지막 작은 부분에는 "통제된 아이러니, 아이러니의 진리"라는 제목이 달려 있습니다. 이 부분은 2차 문헌에서 논란의 여지가 있었습니다. 이 부분에서 키르케고르는 아이러니의 적절하고 올바른 사용에 대해 자신의 관점을 제시한 것으로 보입니다. 키르케고르가 고대 아테네 시대로 돌아가서, 소크라테스가 했던 방식으로 아이러니를 사용하는 것은 불가능합니다. 사회, 문화, 역사를 비롯한 모든 상황이 급진적으로 변했기 때문입니다. 낭만주의 아이러니도 마찬가지로—이미 앞에서 키르케고르의 비판에서 보았듯이—어떤 대안이될 수 없었습니다. 이러한 이유로, 키르케고르는 아이러니의 제한된 형태를 제시합니다. 그가 믿기에, 이 형태는 그의 시대에 가장 적절했습니다. 바로 이것이 그가 "통제된 아이러니"(controlled irony)라 부르는 것이었습니다.

1.3. 소크라테스의 아이러니와 무지

《아이러니의 개념》에서 대부분의 관심의 초점은 틀림없이 소크라테스입니다. 그러나 키르케고르가 이 철학자의 가르침을 조사하는 것은 《아이러니의 개념》 안에 쓴 '개념' 안에만 들어있는 것이 아니었습니다. 오히려 키르케고르는 소크라테스의 모습에 매료되었습니다. 그는 자신의 생애 전반을 통해 소크라테스에게 돌아갔습니다. 도대체 이 고대 철학자의 어떤 모습이 키르케고르의 관심을 이토록 끌었을까요? 소크라테스의 아이러니는 무엇을 의미할까요?

소크라테스는 기원전 5세기 고대 아테네에 살았습니다. 이미 살펴보았듯이, 소크라테스의 작품은 제자 플라톤이 대화편의 형태로 기록하였습니다. 기원전 399년 소크라테스는 그의 동료 아테네인들에게 고발당해 사형에 처해졌습니다. 《변명》은 그의 재판에 대한 설명이고, 《파이돈》은 소크라테스의 최후의 시간, 그리고 독배를 마신 그의 죽음에 대한 설명입니다.

소크라테스는 도시 주변을 돌아다니며 사람들과 대화를 나누는 데 많은 시간을 보냈습니다. 어떤 주제에 대해 무언가를 알고 있다고 주장한 사람들을 만나, 그들에게 물었습니다. 자신은 무지하다고 주장하면서, 어떤 주제가 되었든 그들이 안다고 주장했던 것에 대해 자신도 깨달을 수 있도록 대화 상대자가 되어 달라고 간청했습니다. 그렇게 소크라테스는 그들과 대화를 시작하곤 했습니다.

"소크라테스의 아이러니"라고 알려진 것은 대개 이렇게 대화를 주고받는 시작점에서 나타납니다. 소크라테스가 대화 상대자에게 무언가를 설명해달라고 하거나, 무언가를 정의 내려달라고 할 때입니다. 이런 대화는 《에우튀프론》에서 특히 더 잘 나타나고 있습니다. 소크라테스는 자신에게 제기된 법적 절차를 다루기 위해 아테네의 법정으로 갑니다. 지인이었던 에우튀프론을 그곳에서 만납니다. 이 둘은 서로 반갑게 인사하며, 각자가 무슨 일로 법원에 왔는지 묻습니다.

소크라테스는 에우튀프론이 아버지를 고발했다는 말을 듣고 깜짝 놀랍니다. 말할 것도 없이, 이것은 특이한 사건입니다. 특별히 고대 그리스에서, 아버지를 존경하는 행위는 사실상 절대적인 가치를 지녔기 때문입니다. 소크라테스는 즉각적으로, 한 사람이 자신의 아버지에게 빚지고 있는 사랑과 존경, 그리고 에우튀프론의 행위 사이의 명백한 모순을 볼 수 있었습니다. 그러나 이런 모순을 지적하는 대신에, 오히려 자신이 이해하지 못했던 무언가 있는 척했고, 에우튀프론이 이 문제에 대해 어떤 특별한 지식을 가졌을 것이라 생각하는 척했습니다. 소크라테스는 외쳤습니다. "맙소사. 에우튀프론, 대부분의 사람은 이 일을 어떻게 처리해야 옳은지 알지 못할 걸세. 이 일을 제대로 처리하는 것은 아무나 할 수 있는 것이 아니라, 지혜의 길을 이미 상당히 나아간 사람만 할 수 있다는 말일세."[8] 마치 에우튀프론에게 최고의 찬사처럼 들립니다. 소크라테스의 말에 숨겨진 아이러니를 보는 데 실패한 에우튀프론은, 확신에 차서 말합니다. "그건 그렇습니다. 소크라테스 선생님."[9]

에우튀프론은 사실 이런 일에 자신이 전문가라고 소크라테스에게 장담합니다. 소크라테스도 이런 주장에 동의하는 것 같습니다. 이 대화의 끝에서도 소크라테스의 아이러니를 볼 수 있습니다. 에우튀프론이 내놓은 모든 답변마다 소크라테스가 반박을 하고 있으니 이에 지친 에우튀프론이 갑자기 달아날 때입니다. 에우튀프론이 급히 떠나자, 소크라테스는 경건에 대해 무언가를 배울 수 있다고 생각했는데 그렇지 못했다고 주장하며, 크게 실망한 척합니다. 에우튀프론이 지도해 주지 않기 때문에, 남은 삶은 무지 가운데 살 수밖에 없는 벌을 받았다고 말하는 소크라테스는, 이제 에우튀프론에게 마치 야유를 보내는 것 같습니다.

소크라테스는 스스로 아무것도 모른다고 주장함으로써, 에우튀프론이 전문 지식을 가지고 있는 것에 대해 자랑하게 합니다. 그러면서 에우튀프론에게 자유롭게 질문을 던지고, 그로부터 배우고 싶어하는 척합니다. 에우튀프론은 스스로

8 플라톤,《플라톤 전집 II》천병희 역 (파주: 도서출판 숲, 2019), 349쪽.
9 Ibid.

전문가라고 주장했기 때문에, 그가 답변을 거부한다면 어리석어 보일 것입니다. 상대가 전문가라고 돋보이게 할 때 스스로 말하게 하는 것이 쉽다는 것을 소크라테스는 깨달았던 것입니다. 이렇게 소크라테스는 대화를 시작하는 것입니다. 이 과정에서 소크라테스의 아이러니는 핵심 요소입니다. 첫째, 자신이 아무것도 모른다고 말하는 것이 아이러니입니다. 다음에 나오는 논의가 사실은 소크라테스가 무언가 알고 있는 것을 확실히 증명하고 있기 때문입니다. 둘째, 에우튀프론이 무언가를 잘 알거나 혹은 전문가라고 소크라테스가 인정한 것이 아이러니입니다.

키르케고르는 바로 여기에 매료되었습니다. 19세기 덴마크 사회에서 에우튀프론과 같은 사람들을 목격했기 때문입니다. 어떤 것에 실제로는 무지한 사람들이, 무언가 안다고 주장했습니다. 키르케고르는 이 사람들을 끌어내기 위해 미끼를 던질 수 있는 방법을, 소크라테스의 아이러니 활용법을 통해 관찰했던 것이죠. 그때, 무지한 자들이 이해했던 것을 스스로 설명하기 시작하면, 그들을 충분히 반박할 수 있었습니다. 키르케고르는 소크라테스의 방법을 주의 깊게 연구했고, 그 당시에 참여했던 논의에서 자신에게 유리하게 사용할 수 있는 방법을 찾았던 것입니다.

1.4. 소크라테스와 아포리아

소크라테스의 대화 중, 키르케고르에게 있어서 아이러니 외에 또 다른 중요한 요소는 *아포리아*(aporia)로 알려진 것입니다. 이것은 그리스어로, '당황스러운 것' 혹은 '대답할 수 없는 것'을 의미합니다. 소크라테스는 에우튀프론을 포함한 다른 상대들과 대화하는 중, 이들을 *아포리아* 상태로 만들어 버립니다. 소크라테스는 경건에 대한 정의를 묻고, 에우튀프론은 대답합니다. 그러나 소크라테스의 반대적인 질문에 대해 대화 상대 모두, 자신들의 대답이 만족스럽지 않다는 것에 동의합니다. 동일한 일이 두 번째, 세 번째 혹은 그 이상의 정의하는 과정에서 반복해서 일어납니다. 결론적으로 진짜 정의가 도출되지 않습니다. 소크라테스와의 대화에서 인내심을 상실한 데다, 자신이 점점 더 멍청해지기 시작한다는 것을 깨달은 에우튀프론은 중요한 약속이 있다고 말하면서 갑자기 자리를 뜨고 맙니다. 따라서 이 대화는 그 자체로 *아포리아*로 끝난 겁니다. 경건의 정의란 무엇인지에 대한 어떤 합의에도 도달하지 못했기 때문입니다. 이런 이유로 인해, 이것은 플라톤의 '*아포리아적 대화*' 중 하나로 알려져 있습니다. 다시 말해, 시험 중이던 질문에 대해 명확한 결론에 이르지 못한 채 대화가 끝나버린 것입니다.

일반적으로 철학적 논문이나 글을 쓸 때의 목표는, 특별한 명제(thesis)에 관해 이를 입증하고 바로 이 특별한 점을 정립하는 것입니다. 시작에서 명제를 언급한 후에, 그 작품 전체에 걸쳐 명제에 대해 논증해나가는 방식입니다. 하지만 이런 배경과는 반대로, 소크라테스가 진행해 나가는 과정은 매우 특이합니다. 아무것도 정립하지 않습니다. 결과는 순수하게 부정적입니다. 처음에 누군가에 의해 제안되었던 몇 안 되는 경건에 대한 정의가 정확하지 않았다는 것, 이것이 그들이 배웠던 전부입니다. 사람들은 여전히 경건이 무엇인지 알지 못하고 있습니다. 어떤 긍정적 정의도 비판적인 시험에서 살아남은 적이 없지요.

이것이 키르케고르의 관심을 끌었으며, 이런 의미에서 소크라테스와 같은 부정성의 사상가를 보고 즐거워했습니다. 소크라테스의 목표는 긍정적 학설(doctrine)을 정립하는 것이 아니라 오히려 다른 사람들이 그것을 불확실한 토대에 의지하고 있다는 것을 지적함으로써, 그들 자신이 오래 지켜왔던 관점을 재고해 보도록 만드는 것입니다. 《아이러니의 개념》을 쓰고 5년이 지난 후, 키르케고르는 다시 그의 《일기 JJ》에서 소크라테스의 철학적 특징으로 돌아왔습니다. 이 일기에서 그는 다음과 같이 쓰고 있습니다. "플라톤의 대화편 중 몇 편이 결과 없이 끝난다는 사실은 내가 생각했던 것보다 훨씬 더 깊은 이유가 있다.…산파술이 독자나 청중을 자기 능동적(self-active)이 되도록 만든다."[10] 키르케고르는 소크라테스가 단지 부정적인 것만을 시도하는데도 불구하고 오히려 다른 사람들로 하여금 스스로 돌아보도록(성찰) 이끌고, 그들의 신념과 삶의 어떤 면들에 대해 재고하도록 한다는 사실에 매료되었습니다. 소크라테스는 질문함으로써, 대화 상대자들이 스스로 철학적 사고를 할 수 있는 과정으로 안내합니다. 왜냐하면 그들은 소크라테스나 다른 사람들에 의해 제시된 가르침의 수동적인 수혜자로 남아 있을 수 없기 때문입니다. 키르케고르는 자신의 작품을 쓰면서, 소크라테스의 이런 방법론적인 측면을 본받는 데 영감을 받았습니다.

1.5. 소크라테스와 소피스트

기원전 5세기에 아테네에는 많은 순회하는 수사학자가 있었습니다. 그들은 수업료를 받고 부자의 자녀들에게 수업을 진행했습니다. 이 사람들이 소피스트로 알려져 있습니다. 그들은 일반적인 교육을 제공하는 것과 더불어, 대중 연설, 논리적 추론, 논증과 같은 여러 유용한 기술을 가르칠 수 있다고 주장했습니다. 이런 기술들은 아테네의 민주주의 체제에 있어 상당히 중요했습니다. 아테네에서 정치적인 문제는 언제나 논쟁의 대상이었기 때문입니다.

소피스트들은 이런 식으로 학생들을 끌어모으고 돈을 버는 데 성공했지만, 모든 사람에게 항상 인기가 있었던 것은 아니었습니다. 오늘날 일부 변호사들처럼 그들은 말을 비틀었고, 타당해 보이지 않거나 잘못된 입장에 있었음에도 소송에서 이길 수 있도록 함으로써, 어떤 면에서는 떳떳하지 못한 평판을 얻게 된 것

---

10 *Kierkegaard's Journal and Notebooks*, ed. by Niels Jørgen Cappelørn et al., vols 1-11, Princeton: Princeton University Press 2007ff., vol. 2, p. 276, JJ:482.《결론의 비학문적 후서》에서, 그는 다음과 같이 쓰고 있다. "한 사람이 다른 사람을 위해 할 수 있는 최선은 그를 불안정하게 하는 것이다."(Kierkegaard, *Concluding Unscientific Postscript*, vols 1-2, trans. by Howard V. Hong and Edna H. Hong, Princeton: Princeton University Press 1992, vol. 1, p. 387).

이지요. 그들은 카리스마가 있는 유명인들이자 달변가여서, 언어로 사람들을 유혹할 수 있었습니다. 그들은 논쟁에서 이기는 것만 생각했지, 진리를 추구하는 것에 대해서는 별로 흥미가 없었다고 전해집니다.

소크라테스는 아테네의 젊은이들에게 분명 무언가를 가르치면서 길거리에 종종 등장했기 때문에 많은 사람이 소피스트와 연관시킬 빌미를 주었고, 소크라테스에게 씌워진 많은 혐의 중 하나는 "빈약한 논증을 더 강하게 한다."라는 것이었습니다. 소피스트들이 바로 이런 일을 행했던 것으로 알려졌기 때문입니다. 그러나 소크라테스는 이런 관계를 격렬하게 거부했습니다.[11] 소피스트들과는 달리 자신은 아무것도 알지 못하며, 따라서 아무것도 가르치지 않았다고 주장했습니다. 젊은이들은 소크라테스가 특별한 방법으로 사람들을 추궁하는 것을 보고 놀랐기 때문에 그의 논의를 듣기 위해 모이게 된 것입니다. 소크라테스는 아무것도 가르치지 않는다고 주장했으므로, 가르침의 대가로 돈을 받고 생계를 유지했던 소피스트들과는 달리 어떤 종류의 수업료도 받지 않았습니다.

키르케고르는 플라톤의 많은 대화편에서 묘사되고 있는, 소크라테스와 소피스트들 간의 논쟁에 관심이 많았습니다. 키르케고르가 현대판 소피스트라 간주했던, 그 시대에 코펜하겐에 살던 수많은 사람들이 있었습니다. 그들은 기독교에 대해 무언가를 알고 있고 또 그것을 가르친다고 주장했던 반면, 덴마크 국교회 안에서 그들의 지위를 통해 물질적으로 많은 이득을 챙겼습니다. 재정적인 안전과 함께 안락한 삶을 누렸던 그들은, 키르케고르 관점에서 심각한 문제점을 가진 기독교를 가르쳤습니다. 게다가 키르케고르는 일부 과학자들과 학자들까지도 소피스트들로 간주했습니다. 그들이 사물에 대한 최종 진리를 발견했다고 주장했으나 그것과 관련해 그들 자신이 적절한 수준의 겸손함을 갖추지 못했다는 사실 때문이었습니다. 따라서 그는 소크라테스의 방법을 이용해, 자기만족에 빠져 자기 확신이 가득한 이런 사람들의 기반을 약화시키기로 결심했던 것입니다.

---

11 Plato, *Apology*, in *The Last Days of Socrates*, p. 48.

1.6. 소크라테스의 사명과 쇠파리

소크라테스는 사람들에게 질문하는 과정에서 많은 시민을 짜증나게 했습니다. 특별히 말문이 막힌 젊은이들과 군중 앞에서 소크라테스가 반박할 때면, 그들은 공개적으로 굴욕감을 느꼈습니다. 이것이 소크라테스의 적들 중 일부가 그를 고발하고 법정에서 자신을 변호하도록 강요한 몇 가지 이유 중 하나였습니다. 왜 아테네 주변을 돌아다니며 이렇게 같은 시민을 괴롭혔는지 설명을 요구받았을 때, 소크라테스는 델포이의 신탁소에 갔던 친구의 이야기를 전했습니다.[12] 고대 그리스 사회에서 신탁소는 존경받는 종교 기관이었습니다. 아폴로 신이 그곳에서 여사제들을 통해 말한다고 사람들은 믿었습니다. 어떤 개인적인 문제, 혹은 더 큰 국가의 문제에 대해 중대한 의사결정을 할 때마다, 계획하는 일이 번창할지 아폴로 신에게 묻기 위해, 신탁을 받으러 가는 것은 아테네인들의 관례였습니다. 소크라테스의 친구가 소크라테스보다 더 지혜로운 자가 있었는지 신에게 물었고, 신은 여사제를 통해 아무도 없다고 대답했던 것이죠.

친구가 아테네로 돌아와 이런 사실을 전하자, 소크라테스는 자신이 무언가에 대해 어떤 특별한 지식이 있다고 생각하지 않았기 때문에, 이 답변에 대해 당혹스러워 했습니다. 사실, 소크라테스는 다른 많은 것들에 대해 자신보다 더 지혜로운 사람이라 생각할 수 있는 수많은 사람을 봤습니다. 그래서 그는 이런 사람들이 알고 있었던 것에 대해 묻기 시작했던 것입니다. 그가 한 사람, 한 사람에게 물으며 다니기 시작하자, 그들이 각자 무언가에 대해 에우튀프론처럼, 대단한 전문가인 양 행세했다는 것이 드러나기 시작했습니다. 소크라테스가 질문을 한 후에, 결국 그들은 아무것도 모른다는 것이 분명해졌습니다. 그때, 자신들이 잘 안다고 잘못 주장했던 사람들에 비하면, 소크라테스는 적어도 자신이 알지 못한

---

12 Plato, *Apology,* pp. 49ff. 그의 친구 카이레폰을 말한다. 플라톤, 《소크라테스의 변명》 박문재 역 (파주: 현대지성, 2021), 18쪽(21a).

다는 것을 깨달았다는 점에서 더 지혜롭다는 결론에 이르게 되죠.[13] 그는 이것이 신탁의 의미였다고 생각했습니다. 소크라테스의 지식은 생각이나 활동의 어떤 구체적 영역에 대한 긍정적 지식이 아니라, 오히려 부정적인 지식이었습니다. 역설적으로, 소크라테스의 지식은 자신이 아무것도 모른다는 것이었습니다.

이런 통찰이 신탁소의 신으로부터 나왔으므로, 소크라테스는 자신이 신적 사명을 받았다고 믿게 되었습니다. 아테네를 돌아다니면서 사람들의 주장이 진짜 지식인지를 시험하는 것이 그의 종교적 의무였습니다. 다음의 내용은, 왜 자신이 그렇게 행동할 수밖에 없었는지를, 소크라테스가 배심원에게 설명한 것입니다. 소크라테스는 자신의 행동을 쇠파리의 이미지에 빗대어 말했습니다. 쇠파리는 언제나 윙윙거리며 날아다니다가 말에 앉기도 하면서 말을 괴롭힙니다. 플라톤은 소크라테스를 인용하면서 다음과 같이 말합니다. "신께서는 나같은 사람에게 쇠파리의 역할을 하라고 이 나라에 꼭 붙여놓으시고는, 여러분 한 사람 한 사람 옆에 꼭 붙어서 종일 끊임없이 설득하고 책망하여 정신이 번쩍 나게 하라고 하신 것입니다."[14] 소크라테스는 자신을 *아테네의 쇠파리*로 묘사한 것입니다. 아무리 아테네인들을 괴롭힌다 해도, 그들이 자기만족에 빠지지 않도록 막고, 그들이 안다고 주장한 것과 관련하여 언제나 보초를 서서 지키는 유익한 역할을 수행했던 것입니다. 소크라테스는 이 일이 자신에게 주어진 종교적 소명이라고 여겼습니다. 다른 사람을 추궁하는 것을 즐겼거나, 자신의 관점에서 좋은 생각이라고 여긴 것을 빌미로 길거리에서 사람들을 추궁한 것이 아니었습니다. 오히려 그렇게 하는 것이 신의 명령을 따르는 것으로 생각했습니다. 종교적 의무로 생각한 것입니다.

바로 이것이 키르케고르가 흥미를 가졌던 이미지였습니다. 키르케고르는 소크라테스와 같은 임무를 자신의 임무로 생각하게 되었습니다. 자신의 작품을 통해 동포들이 안일함에 빠지지 않도록, 스스로 *코펜하겐의 쇠파리*가 될 수 있다고

---

13 Ibid., p. 50. 위의 책, 20쪽(21d).
14 Ibid., p. 63. 플라톤,《소크라테스의 변명》, 39(30d-31a).

믿었습니다.[15] 당대의 사람들이 기독교의 개념을 오해했기 때문에, 그들의 관점을 비판적으로 시험하고 교정하도록 강제할 쇠파리가 필요하다고 믿었습니다. 회의적인 성향을 가진 독자들을 설득할 수 있도록, 광범위한 논증 수단을 가진 긍정적 이론으로 사람들을 설득하는 것이 목표가 아니었습니다. 저술을 통해 사람들의 인기를 끌거나, 사람들과 친분을 쌓는 것도 키르케고르의 목표가 아니었습니다. 오히려, 키르케고르의 목표는, 사람들이 자신들의 신념에 오류가 있다는 것을 볼 수 있도록, 그들을 도발하고 짜증나게 만들었던 소크라테스의 예를 따르는 것이었습니다.

1.7. 소크라테스의 다이몬

소크라테스에게 제기된 혐의 중 또 다른 하나는, 아테네에서 섬기지 않았던 이방신을 섬겼다는 것입니다. 이것은 소크라테스가 "다이몬"이라고 불렀던 어떤 존재를 의미합니다. 다이몬은 그리스어인데 문자적으로는 신 혹은 영을 의미합니다. 플라톤의 대화편에서는 소크라테스의 다이몬을 일종의 개인의 영 혹은 개인에게 충고해 주는 내적 음성으로 언급하고 있습니다. 현대 학자들은 이 의미를 해석하는 데 애를 먹고 있습니다. 어떤 이들은 이것을 양심의 소리로 해석하려고 하는 반면, 다른 이들은 이것을 수호천사와 같은 존재로 여깁니다. 소크라테스는 재판에서 다이몬에 대해 다음과 같이 말합니다. "내가 어떤 신의 음성 또는 신적인 음성을 듣고 거기에 따라 움직이기 때문입니다.…그런 일은 어릴 적부터 시작되었습니다. 그것은 어떤 음성으로 내게 들어와서, 언제나 막 하려는 일을 하지 못하게 막으면서도, 어떤 것을 하라고 강요한 적은 단 한 번도 없었습니다."[16] 소크라테스는 이렇듯 자신 안에 개인적인 내적 음성이 있다고 주장했습니다. 그 음

---

15 *Kierkegaard's Journals and Notebooks,* vol. 2, p. 275, JJ:477.
16 Plato, *Apology,* pp. 63f. 플라톤, 《소크라테스의 변명》, 40(31 c-d).

성이 그가 잘못 생각하는 것이나 부정적 결과를 낳을 수 있는 것을 하지 말라고 말함으로써, 소크라테스가 곤경에 처하지 않도록 막아 줍니다. 그러나 소크라테스 자신처럼, 다이몬 역시 소크라테스가 무엇을 해야 할지에 대해서는 어떤 긍정적 제안을 하지 않습니다.

소크라테스는 다이몬이 그의 신적 사명을 이룰 수 있도록 돕고 있다고 믿었습니다. 배심원이 소크라테스에게 혐의를 물어 사형을 선고할 때도, 그는 재판 내내 자신이 말하거나 행한 어떤 것에도 다이몬이 이의제기를 하지 않았기 때문에 아무 걱정이 없다고 주장합니다. 그는 이 모든 것이 신의 뜻에 따라 진행되었음을 의미하는 것으로 받아들인 것입니다.[17] 따라서 소크라테스는 두려워할 것은 아무것도 없다고 결론을 내립니다.

키르케고르도 같은 생각을 했습니다. 전통적인 기독교 관점으로 볼 때 우리는, 하나님이 특별한 목적을 갖고 우주를 운행하신다는 생각 혹은 신의 섭리와 같은 개념에 대해 이야기하는 것에 익숙합니다. 자신의 삶과 저자로서의 생애에 대해 성찰한 《저자로서 나의 작품에 대한 관점》이라는 작품에서, 키르케고르는 보이지 않는 하나님의 **"통치"**(governance, Styrelse)가 자신의 삶을 이끌었다는 확신을 말하고 있습니다. 하나님께서 그의 삶을 계획하셨고, 그가 자신도 모르게 그 삶을 실현시켜 온 것입니다. 키르케고르가 신적 계획을 언제나 이해했던 것은 아니었지만, 소크라테스의 다이몬이 소크라테스를 인도했던 것과 같은 방식으로, 어떤 의미에서 하나님께서는 자신의 저술 활동에서 그를 인도하셨다고 느꼈습니다. 소크라테스처럼 키르케고르도, 자신이 글을 쓰는 것을 일종의 신적 사명으로 여겼습니다. 자신이 해를 입지 않도록 다이몬이 지켜주었다고 소크라테스가 믿었던 것처럼, 키르케고르도 하나님께서 그를 올바른 방향으로 인도해 주셨다고 믿었습니다.

---

17 Ibid., p. 74.

1.8. 소크라테스의 마이유틱스

소크라테스 생각의 다른 특징은 "마이유틱스" 혹은 "산파술"이라고 부르는 것입니다. 이 말은 헬라어 형용사 $\mu\alpha\iota\epsilon\upsilon\tau\iota\kappa\sigma\sigma$에서 나왔는데, "산파술의"라는 뜻입니다. 소크라테스는 자신의 어머니가 산파였고, 어머니로부터 이 기술을 가져왔다고 설명했습니다. 소크라테스가 사람들에게 질문할 때 목표로 삼은 것은, 사람들이 소크라테스의 질문에 대답하는 과정에서 스스로 진리에 도달하도록 만드는 것이라고 주장했습니다. 사람은 누구나 자신 안에 진리를 가지고 있으나 의식적으로는 이를 알지 못한 채 있다고 믿었기 때문입니다. 그러나 각 사람마다 가진 지식은 소크라테스가 관여하는 질문의 과정을 통해 드러낼 수 있었습니다.

이것과 관련하여 유명한 예가 하나 있습니다. 《메논》이라는 대화편에 소크라테스가 전혀 배운 것이 없는 한 노예 소년에게 질문한 일화가 나옵니다. 어떤 긍정적인 것도 언급하지 않은 채 단지 소년에게 질문만 함으로써, 소크라테스는 노예 소년이 기하학의 기초원리 중 일부를 이해할 수 있도록 안내할 수 있었습니다. 함께 했던 모든 사람이 깜짝 놀랐습니다. 소년은 기하학에 대해 아무런 지도를 받은 적이 없었는데도, 기하학을 명확히 알았기 때문입니다. 이것은 소크라테스가 다른 사람에게 아무것도 가르친 것이 없었다고 반복적으로 주장했던 내용과 일치하는 것입니다. 소크라테스는 그 자신이 단지 이데아(ideas)의 탄생을 돕는 산파일 뿐이고 사람들에게 소크라테스의 이데아를 주입하는 것이 아니라고 주장했습니다. 사람들이 스스로 이데아를 생산하고 이후에 그것들을 평가할 수 있도록 다만 도울 뿐이라는 것입니다. 이 이데아는 개인 안에 숨겨진 상태로 있습니다. 그것들이 없다면, 그 존재조차 알 수 없었을 것입니다(이것이 소크라테스를 타고난 이데아의 교리로 이끌었습니다. 즉, 우리는 처음부터 어떤 이데아를 갖고 태어났고 실제로도 세상에서 무언가를 경험하기 전에 이미 그것들을 알고 있다는 개념입니다. 질문자는 각 사람이 이미 알고 있으나 까먹었던 것을 기억하도록 단지 도울 뿐입니다.).

소크라테스의 산파술 역시 키르케고르가 자신의 저술활동을 위해 사용하는 주제가 되었습니다. 그는 자신이 생각하는 기독교가 무엇인지 명확하게 언급하길 원하지 않았습니다. 오히려 다른 사람들로 하여금, 기독교의 개념에 대해 스스로 생각하여 도달하도록 돕기를 바랐습니다. 키르케고르는, 누군가를 가르치고 또 그 사람들이 키르케고르의 가르침을 따를 필요가 있는 것 같은, 그런 인상을 주고 싶어하지 않았습니다. 믿는 자라면, 기독교를 스스로 경험할 때만 진정한 의미를 갖는다고 믿었습니다. 다른 사람으로부터 받은 가르침의 권위에만 토대를 두고 있는 간접적인 믿음은, 믿음 그 자체로서도 충분하지 않을 뿐 아니라 도리어 오해를 불러오기 때문입니다. 키르케고르는 기독교란 각 개인 자신이 지닌 내적 관계가 그것의 전부라고 주장했습니다. 따라서 다른 사람들로 하여금 자신 안에서 이것을 찾도록 돕는 것을 자신의 목표로 삼았습니다. 소크라테스처럼 자신도 이것을 촉진할 수 있다고 믿었습니다. 그러나 결국 진리를 발견하거나, 자신 안에서의 내적 관계를 발견하는 것은 궁극적으로 각 사람 자신이었습니다.

1.9. 코펜하겐의 소크라테스

키르케고르에게 있어, 몇 안 되는 평생 친구 중 하나가 에밀 보에센(Emil Boesen)이었습니다. 그는 덴마크 교회의 목사였습니다. 보에센은 소크라테스의 후기 철학발전에 대한 키르케고르의 석사 학위 논문의 중요성을 떠올리며 다음과 같이 설명합니다. "이것은 아마도…키르케고르가 《아이러니의 개념》을 쓰고 있는 동안이었을 것입니다.…자신이 무엇을 하고 싶고 스스로 어떤 능력을 지녔는지 명확히 알기 시작한 때가 바로 그때였지요."[18] 보에센은 이 맥락에서 키르케고르의 작품에 특별한 무언가 있었다고 암시합니다. 즉, 이 작품이 키르케고르가

18　*Encounters with Kierkegaard,* p. 29.

작가가 되도록 도왔던 것이고, 특별히 '어떤' 작가가 될 것인지 발견하도록 도왔다는 것입니다. 이것은 무엇을 말하는 걸까요? 많은 증거가, 키르케고르에게 있어 소크라테스가 그 핵심 열쇠였다는 주장에 힘을 실어주고 있습니다. 우리가 지금까지 다루었던 모든 요점이 어떤 식으로든 키르케고르에게 중요하게 되었습니다. 즉, 무지, *아포리아*, 소피스트, 쇠파리, 다이몬, 산파술, 게다가 소크라테스의 아이러니는 물론입니다.

키르케고르는 자신의 많은 중요한 저술에서 소크라테스의 모습으로 돌아갑니다. 《철학의 부스러기》를 통해, 기독교와 대조되는 배움의 형태로서 소크라테스를 비교적 상세하게 논의합니다. 마찬가지로, 1844년에 쓴 풍자적 작품 《서문》에서도 역시 소크라테스를 언급합니다. 《인생길의 여러 단계》에서 "인 비노 베리타스(In Vino Veritas, 취중진담)"라는 제목의 긴 단원은 플라톤의 대화편 《심포지엄(향연)》을 모델로 삼고 있습니다. 건덕적 강화 전반을 통해, 간접적으로 "옛날의 단순한 현자"로 소크라테스를 언급하고 있습니다. 《결론의 비학문적 후서》에서도 소크라테스를 이따금씩 등장시킵니다. 또한 《사랑의 역사》에서 기독교 윤리의 이론과 연관지어 소크라테스를 논의합니다. 《죽음에 이르는 병》에서는 현대 시대의 대안으로, 소크라테스를 소환하고 있습니다. 마지막으로, 키르케고르가 죽기 직전 남긴 《순간》에서도, 최종 문제에서의 일종의 모델로 소크라테스를 언급하고 있습니다. 요약하자면, 소크라테스는 키르케고르의 작품에 언제나 등장합니다.

키르케고르는 기원전 5세기의 그리스인들이 직면한 문제와 유사한 문제를, 19세기 덴마크 사회에서 인식했던 사람이었습니다. 인간 본성이 무엇이든, 플라톤의 대화편에 등장한 인물들을 통해, 키르케고르는 수많은 동시대인을 인식했습니다. 그 시대에 필요한 것은 새로운 소크라테스라고 생각하게 됩니다. 이것은 키르케고르에게 있어, 새로운 철학이나 이론을 구성할 수 있는 누군가가 아닌, 사람들을 방해하고 도발할 수 있는 사람, 안일함에 빠진 사람들을 뒤흔들 수 있는 사람을 의미했습니다. 이것이 바로, 키르케고르가 달성할 것으로 홀로 결심했던 목표였습니다. 새로운 소크라테스가 되는 것입니다. 코펜하겐의 소크라테스 말입니다.

2

소크라테스에 대한 헤겔의 관점

키르케고르가 소크라테스를 이해한 것은 물론 그가 플라톤, 크세노폰과 아리스토파네스의 본문, 즉 주요 그리스 자료의 독해에 바탕하고 있습니다. 그러나 이 자료는 또한 독일 철학자 헤겔의 해석에 영향을 주기도 했는데, 《아이러니의 개념》에서 헤겔은 언제나 키르케고르에게 비판적 대화 상대였습니다. 키르케고르가 학생이었고 이 작품을 쓸 때였던 1830년대 후반 헤겔 철학은 코펜하겐 대학에서 꽤 인기가 있었습니다. 이 장에서 우리는 먼저 키르케고르 당시에 대학에서 헤겔의 존재가 어떠했는지를 탐구하게 될 것이고, 다음으로 이전 챕터에서 소개했던 소크라테스의 아이러니, *아포리아*, 다이몬 등의 주제를 다루면서 그가 소크라테스를 어떻게 분석했는지 살필 것입니다. 헤겔이 소크라테스라는 인물을 묘사한 중요한 역사적 역할에 의해, 키르케고르가 어떻게 영감을 받고 영향을 받았는지 우리가 여기서 보게 될 것입니다.

2.1. 마르텐센과 1830년대의 코펜하겐 대학

우리가 '자율적'이라고 말하는 것은 무엇을 의미하는 것일까요? 오늘날 대다

수 사람에게 '자율'은 단지 '자유'를 위한 멋진 어휘입니다. 문자 그대로 자율이란 스스로에게 어떤 법칙을 정할 수 있음을 의미합니다. 다시 말해, 자기가 하고 싶은 것을 스스로 결정할 수 있습니다. 누군가 자율적이지 않다고 말하는 것은 자기가 원하는 바와 종종 모순된 외적 법칙에 종속되어 있음을 뜻합니다. 이런 의미에서 우리는 자유가 좋은 것이라고 생각하듯, 일반적으로 자율이 좋은 것이라고 생각합니다. 나는 누군가 무엇을 해야 할지 말해주거나 나의 자유를 제한하는 임의적인 규칙이나 규정을 부과하기를 바라지 않습니다. 오늘날 자율이란 보편적으로 긍정적인 것으로 생각되는 반면, 이것은 언제나 사실은 아닙니다. 어떤 사회에서 주요 가치는 사람들이 밖에 나가 자신의 바람과 소원대로 행동하는 것이 아닙니다. 대신에 가장 중요한 것은 그들이 가족, 문화 혹은 사회에 의해 합의된 일련의 규칙을 따르는 것입니다. 이것은 모종의 옷차림을 포함하거나, 인정된 표준과 조화를 이루는 행위를 포함합니다. 이런 사회는 자율적 행동을 거만의 표시로 인식하기도 하고, 가족이나 전통을 무시하는 것으로 보기도 합니다.

이것은 종종 종교와 관련된 문제입니다. 예를 들어, 종교의식에서, 누구나 같은 방식으로 의식에 참여하고 수행하기를 기대합니다. 어떤 의식 절차 중에, 개인주의자가 되거나 비순응주의자가 될 수 없습니다. 마찬가지로, 종교에서도 일반적으로 따르는 모든 사람이 믿어야 하는 교리의 핵심 본체가 있습니다. 그것은 어떤 새로운 아이디어나 개인적인 진리를 창조하는 것과는 관련이 없습니다. 오히려 누구나 따르는 기존의 믿음을 따르는 것과 관련이 있습니다. 이런 이유로, 종교적인 회중이나 공동체는 종종 사고방식과 가치를 공유하는 긴밀한 그룹입니다.

기독교에서 인간은 유한하고 죄성이 있다고 생각합니다. 그들은 자신의 행위로 구원을 획득할 수 없고 하나님의 은혜의 도움이 필요합니다. 이런 맥락에서 스스로 진리를 결정할 수 있는 것처럼 행동하는 것은 거만할 뿐 아니라 비종교적인 것으로 여겨집니다. 이런 의미에서 자율은 부정적인 것으로 생각됩니다. 이 문제는 오늘날에도 여전히 살아 있어, 키르케고르의 시대만큼 중요합니다. 이 문제는 한스 라센 마르텐센이라는 젊은 덴마크 학자에 의해 논의되었습니다(그림 2.1. 참고).

그림2.1. 한스 라센 마르텐센
(1808-84년)

키르케고르가 1830년대 코펜하겐 대학의 학생이었을 때, 헤겔 철학이 학생들 사이에서 대유행이었습니다. 헤겔 사상에 휩싸인 흥분은 마르텐센이 주도하였는데, 그는 키르케고르보다 불과 다섯 살 더 많았습니다. 1834년 마르텐센은 베를린, 하이델베르크, 뮌헨, 비엔나와 파리로 향하는 2년의 여행을 시작했습니다. 여행 중에 마르텐센은 그 당시에 헤겔 철학을 논의하고 있었던 프러시아와 독일의 주요 인사 대부분을 만났습니다.[1] 이것은 그의 삶에 중요한 사건이었습니다.

1836년 코펜하겐에 돌아왔을 때, 마르텐센은 걸출한 학자의 삶을 시작하였습니다. 1837년 7월 12일, 논문 심사를 끝냈는데, 이 논문의 제목이 《인간의 자

---

1   물론, 그 당시 독일은 통일된 정치 실체가 아니라 자율적인 여러 공국, 대공국, 그리고 왕국의 조각으로 구성되어 있었다.

기의식의 자율성에 대하여》(*On the Autonomy of Human Self-Consciousness*)였습니다.[2] 그의 공개 구술 심사는 레겐센 대학(Regensen College)에서 열렸습니다. 여기에서 학생들 사이에서 가끔 일어날 그의 강좌에 대한 논의들이 불붙기 시작했던 것입니다(그림 2.2. 참고).

그림2.2. 둥근 타워가 있는 레겐센 대학의 캠퍼스(1840년 경)

그는 이 작품에서 독일 사상가 칸트, 슐라이어마허, 헤겔의 체계를 비판적으로 다룹니다. 마르텐센은 그들의 철학 모두가 그가 믿기에 개인의 능력의 한쪽 면만을 강조한 자율성의 체계를 제시했다고 주장합니다. 이것은 또한 인간이 하

---

2   이 작품은 영어로는 다음과 같은 작품으로 확인할 수 있다. *The Autonomy of Human Self-Consciousness in Modern Dogmatic Theology,* in *Between Hegel and Kierkegaard: Hans L. Martensen's Philosophy of Religion,* translations by Curtis L. Thompson and David J. Kangas, Atlanta: Scholar's Press 1997, pp. 73-147. 마르텐센에 대한 유용한 정보는 또한 다음을 참고하라. Robert Leslie Horn, *Positivity and Dialectic: A Study of the Theological Method of Hans Lassen Martensen,* Copenhagen: C. A Reitzel 2007 (*Danish Golden Age Studies,* vol. 2).

나님께 얼마나 깊이 의존했는지 인식하는 데 실패했다고 주장하는 것이죠. 어떤 의미에서 마르텐센은 이 주제로 키르케고르의 아이러니에 대한 주제를 예측했다고 말할 수 있습니다. 양자의 경우 문제가 되는 것은 개인 혹은 객관적 질서에 대한 주체의 역할입니다. 마르텐센과 키르케고르 모두 현대 주관성 혹은 상대주의가 너무 많이 나갔다는 데 동의합니다. 이에 대한 마르텐센의 핵심 용어는 '현대의 자율성'인 반면 키르케고르는 '아이러니'입니다. 그러나 결국 그들은 같은 종류의 문제를 이야기하고 있습니다.

마르텐센은 1837년 가을 코펜하겐 대학에서 강의를 시작했습니다(그림 2.3. 참고). 그의 강좌는 곧 대학의 화젯거리가 되었습니다. 그가 무슨 말을 하는지 듣기 위해 모든 분야에서 학생들이 몰려들었습니다. 어떤 의미에서 그는 철학에서의

그림2.3. 성모교회를 배경으로 한 코펜하겐대학의 캠퍼스

가장 최근의 발전과 독일어 국가에서 신학에 대해 여행 중에 배웠던 것을 설명하고 있었기 때문입니다. 나이가 많고 보수적인 교수진들을 경악시키고 놀라게한 것은 마르텐센이 일종의 학문적 유명 인사가 되었다는 점입니다. 학생들에게그는 흥미진진한 젊은 학자였는데, 그는 어떤 면에서는 그들이 전에 경험한 적이없는 것을 말할 수 있었습니다. 그는 모든 프러시아와 독일이 말하고 있는 헤겔의 기본적인 사상을 제시했습니다. 마르텐센의 학생들 중의 하나는 강좌에서 그와의 만남을 "지적 일깨움"[3]이라고 묘사했습니다. 그는 다음과 같이 썼습니다.

> 강좌를 통해 나와 수많은 사람에게 강한 인상을 주었던 그 사람은 젊은강사였다. 그는…최근의 역사철학 강좌를 위해 임명되었다.…우리는 첫해 학생인 셈이다. 그는 마르텐센이었다.…그는 새 대학 건물에 새로운 생기를 불어넣었다.…마르텐센…많은 세월을 가장 큰 강당에 열정적인 청강생들만 채웠다. 그에게 즉각적으로 매료되었던 것은 다른 강사에 비해 그를 휩싸고 있었던 신선한 열정이었다.…그는 명확하게 내가 듣기를 갈망했던 것을 말했다. 때로는 냉랭한 이 과학의 전당에서 내가 이중으로 인상 깊게 발견했던 온화함으로 말했다.[4]

마르텐센의 강의실에 있었던 학생 중에는 젊은 쇠렌 키르케고르가 있었습니다. 마르텐센의 강좌에 대한 그의 노트는 그의 《노트북 4》에서 찾을 수 있습니다.[5] 여기에서 키르케고르는 헤겔과 독일 철학이 동료 학생 중에 어떻게 센세이션을 일으켰는지 직접 목격할 수 있었습니다. 그는 마르텐센의 성공에 짜증이 났고 동료 학생들이 보여주었던 열렬한 관심에 좌절했습니다.

키르케고르는 마르텐센을 우상화한 학생들 그룹에서는 분명 소외감을 느꼈

3 Christian Hostrup, *Erindringer fra min Barndom og Ungdom, Copen*hagen: Gyldendalske Boghandels Forlag 1891, p. 80.
4 Ibid., pp. 81f.
5 *Kierkegaard's Journals and Notebooks*, ed. by Niels Jørgen Cappelørn et al., Princeton: Princeton University Press 2007, vol. 3. pp. 125-42, Not4:3-12.

던 반면, 아이러니에 대한 석사 논문을 쓴다면, 이 주제에 대한 헤겔의 관점을 심각하게 가져와야 한다는 것을 알았습니다. 몇몇 다른 본문에서 헤겔은 소크라테스와 낭만주의적 형태 둘 다에 있는 아이러니의 주제를 다루었습니다. 그래서 키르케고르는 이 문제에 대해 특별한 눈으로 헤겔의 본문을 면밀히 읽었습니다.

2.2. 헤겔 소개

헤겔은 1770년 슈투트가르트(stuttgart)에서 태어났습니다. 독일 관념론으로 알려진 철학 전통에서 주요 인물 중의 하나였습니다. 그는 서로 다른 주제로 몇 안 되는 중요한 작품을 썼습니다. 《정신 현상학》(1807년), 《논리학》(1812-16년), 《철학 강요》(1817년), 《법철학》(1821년)이 그것입니다. 튜빙겐, 베른, 프랑크푸르트, 제나, 뉘른베르그, 하이델베르크와 같은 중요한 문화 중심지에 살았던 이후, 헤겔의 생애는 왕립 프리드리히 빌헬름 대학(Royal Friedrich Wilhelm's University)의 교수직을 맡으면서 정점에 이릅니다. 오늘날 이 대학이 베를린의 훔볼트 대학입니다.

그림 2.4. 헤겔(1770-1831년)

그는 생애 마지막 10년을 베를린에서 보냈는데, 그곳에서 그의 철학은 큰 영향을 끼쳤습니다. 1820년대 그의 강좌를 듣기 위해 유럽 전역에서 학생들이 몰려들었습니다.

1831년 11월 14일 그가 죽은 후에, 그의 학생들이 작품 전체를 출판하는 데 공헌할 단체를 설립했습니다. 그들은 헤겔의 강좌가 그의 강의실 밖에 알려지지 않은 그의 사상의 중요한 측면을 구성하고 있다고 믿었습니다. 그리하여, 그들은 책을 편집할 때, 헤겔이 평생 출판했던 작품뿐 아니라, 그의 가장 중요한 강좌 과정 중에 4개를 포함하기로 결정했습니다. 헤겔이 강의 노트를 전혀 남겨 놓지 않았으므로, 개인 편집자들이 학생들의 노트를 수집하고 분석하는 작업과 그것들로 연속된 본문을 만드는 작업을 맡았습니다. 이것이 《종교 철학 강의》, 《미학 강의》, 《역사 철학 강의》, 《철학사 강의》로 출판된 것이지요. 키르케고르는 이 모든 작품의 복사본을 소장하고 있었고 《아이러니의 개념》에서 네 개 중 세 작품을 직접 인용하거나 언급하고 있습니다.

소크라테스에 대한 헤겔의 가장 긴 설명은 《철학사 강의》세 권의 책 중 첫 번째 책에 있는데, 이것은 1833년부터 1836년까지 진행되었던 강의로, 카를 루트비히 미켈레트(Karl Ludwig Michelet)가 편집했습니다. 우리는 헤겔의 분석을 볼 것이고, 《아이러니의 개념》에서 키르케고르가 소크라테스를 이해한 것과 어떤 관련이 있는지 살펴볼 것입니다. 헤겔은 소크라테스의 삶과 가르침에 대한 자료를 조사할 때, 세 가지 주요 자료를 조사합니다. 즉, 플라톤, 크세노폰, 아리스토파네스입니다. 이 세 가지 자료는 《아이러니의 개념》에서 소크라테스의 아이러니를 분석할 때 키르케고르가 사용한 것과 동일한 자료입니다.

2.3. 서양 문화사에서 소크라테스에 대한 헤겔의 이해

헤겔은 서양 철학과 문화의 발전에 대한 포괄적인 이야기를 전개합니다. 그러나 언제나 이 이야기를 그의 시대와의 관련성을 염두에 두는 방식으로 전개합니다.[6] 이때는 프랑스 혁명과 나폴레옹 전쟁 이후 시기였고, 학생들은 헤겔이 서술했던 역사의 힘을 공부하는 데 매료되어 있었습니다. 이것은 역사의 어떤 특별한 시기를 해명하는 것이 아니라, 그들이 자신 시대의 발전을 이해하는 데 도움을 주었기 때문입니다.

그는 강의에서 소크라테스를 철학과 문화의 역사에서 "정신적 전환점"이라 부르는 것으로 묘사했습니다.[7] 소크라테스에 앞선, 소위 소크라테스 이전의 철학자들은 자연의 세계를 이해하는 데 관심이 많았습니다. 그들은 어떤 의미에서는 첫 번째 자연과학자들이었는데, 어떤 신적 요인에 의존하지 않는 채 세계를 설명하려 했습니다. 따라서 그들은 자기 밖에서 그들이 발견한 대로의 객관적 세계에 우선적 관심이 있었습니다. 자연 세계를 '이해하기' 위해서, 우리는 먼저 무언가를 이해하는 것이 무엇인지를 알아야 했기 때문입니다. 키르케고르는 소크라테스의 생각과 자연과학의 이 차이에 집중했는데, 이것을 그의 일기에서 이야기하고 있습니다.[8]

헤겔에 의하면, 이것은 그리스 철학뿐 아니라 역사에서도 일반적으로 혁명적인 사상을 나타냈습니다. 그리스인들은 신성하게 승인받기 위해 그들이 받아들였던 유서 깊은 관습과 전통을 따라 살았습니다. 이것이 헤겔이 독일어로 "Sittlichkeit(인륜)"이라 부르는 광범위한 영역인데, 일반적으로는 "윤리" 혹은 "윤리적인 삶"으로 번역되었습니다. 하지만 그에게 이것은 그리스인들과 같은

---

6 소크라테스에 대한 헤겔의 설명은 다음을 참고하라. *Lectures on the History of Philosophy*, vols. 1-3, trans. by E. S. Haldane, London: K. Paul, Trench, Trübner 1892-6; Lincoln and London: University of Nebraska Press 1955, vol. 1. pp. 384-448.

7 Ibid., vol. 1, p. 384.

8 다음을 참고하라. *Kierkegaard's Journals and Notebooks*, vol. 4, pp. 57-73, NB:70-87.

특정 민족이 따라야 하는 관습적인 윤리를 의미할 뿐 아니라, 종교, 법, 전통과 기존의 사회적 상호작용에 대한 광범위한 영역을 의미합니다. 헤겔은 그리스인들이 관습적 윤리에 대한 이런 객관적 영역이 본질적으로 진실이라 믿었다는 것입니다. 다시 말해, 그들이 전통과 관습에 따라 행동했을 때, 이것은 일부 특별한 개인의 독단적인 의지가 아니라, 그 자체로 진실이었다는 것이죠. 이 전통과 관습은 신에 의해 규정된 것이므로 *실질적으로*(de facto) 진실했습니다. 이것이 오늘날 자연법(natural law)의 전통으로 알려진 것의 시작이었습니다. 즉, 어떤 것이 본질적으로 옳거나 그르다는 사상의 시작인 셈이죠.

헤겔에 의하면, 전통적이고 윤리적인 삶의 개념은 소포클레스의 비극《안티고네》(Antogone)에서 예로 제시됩니다. 이 작품에서 갈등은 젊은 여인 안티고네와 테베의 왕인 크레온(Creon) 사이에서 발생합니다. 안티고네의 남동생인 폴리네이케스(Polyneices)는 국가에 대한 실패한 반역죄로 인해 죽임을 당했습니다. 크레온은 반역자의 시체를 매장하지 말고 야생 동물과 비바람에 노출된 채로 남겨두라고 명령했습니다. 반역자 중 한 명이라도 매장하려다 붙잡힌 사람은 아무라도 사형에 처해질 것입니다. 장례 의식의 문제는 신성한 것으로 여겨졌으므로, 이것은 그리스 사회에 심각한 문제였습니다.

안티고네는 크레온의 명령을 독단적인 것으로, 독재자의 타락한 의견으로 보았습니다. 이것은 그 자체로 진실하지도 않았고 오히려 개인적인 견해에 불과했습니다. 그가 왕이고 그리하여 그의 배후에서 법의 처벌이 가능하다 해도, 그런 사실이 이것을 바꿀 수는 없습니다. 안티고네에게는 더 고차원적인 법이 존재합니다. 즉, 관습적인 장례 절차에 따라 죽은 가족을 매장해야 함을 명령하고 있는 신성하게 승인된 관례(sanctioned practice)입니다. 강의에서 헤겔은 이 작품을 인용하는데, 안티고네는 이것을 "신들의 영원한 법"이라고 부릅니다.[9] 안테고네에게, 장례 의식은 그녀가 복종해야 하는 자연의 객관적 사실입니다. 그녀의 행

---

9   Hegel, *Lectures on the History of Philosophy,* vol. 1, p. 386.

위가 인간의 법에 의해 불법적이라 할지라도 말입니다. 자연법은 절대적인 반면, 인간의 법은 독단적입니다.

헤겔은 이것을 소크라테스 이전의 그리스적 관점의 예로 여깁니다. 소크라테스가 일으킨 사고의 혁명이란 영원한 진실로 신에 의해 부여된 외재적인 객관적 영역에서 개인의 내적 영역으로 이 강조점을 이동시킨 것입니다. 헤겔이 설명하듯, "소크라테스의 원리는 사람이 자기 자신을 통해 진리에 도달하는 데 있습니다."[10] 소크라테스에게, 관습과 전통은 맹목적으로 받아야 들어야 하는 것이 아니라, 비판적으로 검토해야 하고, 스스로 그것들에 대한 결론에 도달해야 합니다.

그러나 이것은 주체가 무엇을 생각하든 그것이 진실하고 타당성을 갖는 것임을 의미하는 것이 아님을 주의해야 합니다. 헤겔은 객관적인 진리가 있지만 그것은 합리적인 시험을 통해 개인적인 주체에 의해 도달되고 인식되어야 한다고 믿습니다. 소크라테스 이전의 그리스적 관점이 가진 문제는 수용된 관습과 전통의 영역이 어떤 의미에서 독재적(tyrannical)이라는 데 있습니다. 이것은 의심의 여지가 없는 것으로 생각되었습니다. 이에 대한 개인의 의견은 중요하지 않았습니다. 안티고네에게, 살아 있는 가족이 죽은 친척에게 장례 의식을 집례하는 것은 절대적 진리였습니다. 크레온이나 다른 아무라도 이것에 대해 뭐라 하든 아무 상관이 없죠. 이것은 그 자체로 진실하니까요.

그러나 소크라테스와 현대의 관점에서, 각각의 개인은 진리에 대해 승인할 권리가 있습니다. 이것은 진리를 알고 이해하기 위한 개인의 합리성을 인정하는 것입니다. 그래서 그리스에서 소크라테스가 시작했던 혁명, 현대의 개념에까지 이른 이 혁명은 주체가 진리의 구성요소라는 데 있습니다. 그리스인들에게 이것은 결국 소크라테스의 목숨을 빼앗는 새롭고도 충격적인 사상이었습니다.

---

10 Ibid.

2.4. 살고 죽기 위한 진리(A Truth for Which to Live and Die)

주관적 진리의 사상은 젊은 키르케고르를 크게 사로잡았던 것이었습니다. 1835년 여름 그는 코펜하겐의 북쪽, 북부 질란드(Zealand)에 갔습니다. 그곳에서 휴가차 작은 도시와 마을을 방문했습니다. 그는 《일기 AA》라 부르는 그의 첫 번째 일기에 이 여행에 대한 인상을 기록했지요. 이것은 젊은 학생 키르케고르에게 중요한 시기였는데, 그때 그는 특별히 공부에 어떤 빠른 진전이 있었던 것 같지는 않았습니다. 한 이유는 아마도 그의 인생에서 무엇을 해야 할지 별로 확신이 없었던 것으로 보입니다. 그는 어떤 길로 가야 할지 약간의 의심과 불확실함을 설명하고 있습니다. 1835년 8월 1일 길렐레예(Gilleleje)의 어촌에서, 그는 다음과 같이 쓰고 있습니다.

> 나에게 정말로 필요한 것은 내가 무엇을 해야 할지 분명히 하는 것이다. 내가 알아야만 하는 것이 아니다.…이것은 나의 운명을 이해하는 문제고, 신이 내가 무엇을 하기를 바라는지를 아는 문제이다. 문제는 나를 위한 진리인 진리를 발견하는 것이고, 내가 기꺼이 살고 죽을 수 있는 사상을 발견하는 것이다.[11]

여기에서 젊은 키르케고르는 "나를 위한 진리"라고 말한 대로, 주관적이고 개인적인 진리를 발견할 필요가 있음을 명확하게 언급합니다. 소크라테스처럼, 그는 사회에 의해 받아들여진 객관적인 진리를 거부합니다. 그는 계속해서 다음과 같이 쓰고 있습니다.

> 이런 점에서 내가 소위 객관적 진리를 발견한다 한들 무슨 소용이 있는가? 혹은 철학자들의 체계를 통해 성공한다 한들 무슨 소용이 있는가? 이런 점에서 국가의 이론을 만들 수 있다 한들 무슨 소용이 있는가? 내가 거기에

---

11 *Kierkegaard's Journals and Notebooks,* vol. 1, p.19, AA:12.

거주한 것이 아니라 단지 다른 사람이 볼 수 있도록 떠받치고 있을 뿐이다.[12]

여기에서 그는 **객관적인 지식**을 거부하는데, 그가 믿기에 이것은 근본적인 것이 결핍되어 있습니다. 소크라테스처럼, 그는 진리는 자기 자신 안에서 발견되어야 함을 믿습니다.

또한 키르케고르가 객관적인 진리에 대한 설명에 기독교를 포함하는 방식에 주목하는 것은 흥미롭습니다. 그는 "기독교가 나와 나의 삶을 위해 더 깊은 의미가 없다면, 수많은 분리된 사실을 설명한다 한들, 기독교의 의미를 제시한다 한들 무슨 소용이 있는가?"[13]라고 쓰고 있습니다. 여기에서 그는 기독교를 다른 것들의 객관적인 진리처럼 외적이고 피상적인 것으로 간주할 수 있음을 인정합니다. 교리나 교회 역사처럼 신학의 학문적 영역이 이 범주에 속할 수 있을 것이라 생각합니다. 예를 들어, 일부 교회 공의회(Church Council)가 결정한 것이 객관적인 사실이지만, 이것은 이 사실과 개인의 관계와는 아무런 관련이 없습니다. 다시 소크라테스처럼, 키르케고르는 더 깊은 진리는 객관적인 것이 아니라, 안에 있는 주관적 진리라고 믿습니다.

일기의 이런 구절에서 키르케고르는 지금까지 자신의 관점에 대해 설명하면서, 직접적으로 이런 논의를 소크라테스와 연결하고 있습니다. 소크라테스처럼 키르케고르에게, 외적인 것에 대한 지식은 주체로서 자기 자신에 대한 지식 없이는 무의미합니다. 그는 "다른 무언가를 알기 전에 먼저 자기 자신을 아는 법을 배워야 한다.…사람이 내면적으로 자기 자신을 이해할 때만, 그때만 나아가야 할 그의 길을 볼 수 있고, 그의 삶의 안식과 의미를 획득할 수 있다."[14]라고 쓰고 있습니다. 키르케고르는 이 길을 통과하기 위해 먼저 회의주의나 '아이러니'로 시작해야 함을 주장합니다. 그는 "진정한 앎은 무지(not-knowing)에서 시작한다(소크

---

12 Ibid.
13 Ibid.
14 Ibid., 22.

라테스)"[15]라고 쓰고 있습니다. 전통적인 진리 가운데 있는 개인의 신념(belief)은 소크라테스적 방법론에 의해 흔들린 후, 그는 자신의 주관적 진리를 확인하는 입장에 서게 됩니다. 따라서 키르케고르가 "무지(not-knowing)"라 부르는 입장에서 시작해야 합니다. 그리하여 평생 교육받고 살게 했던 전통적 신념으로부터 자유롭게 됩니다.

많은 세월이 흐르고 1846년 《결론의 비학문적 후서》(Concluding Unscientific Postscript)에서, 키르케고르는 이 차이를 구체적으로 발전시킵니다. 이 작품의 서두에서 그는 '객관적 이슈'는 '기독교의 진리에 대한 것'이라고 설명합니다.[16] 이 것은 예를 들어, 역사적 기록, 자료 등과 같은 것에 의해 결정되는 것과 같은 기독교에 대한 객관적인 진리입니다. 대조적으로, 주관적 진리도 있는데, 이것은 '기독교와 개인과의 관계에 대한 것'[17]입니다. 키르케고르에게, 기독교에 대한 개인적이고, 내적이고, 주관적인 관계에 대한 문제는 정립될 수 있는 모든 외적이고 객관적인 진리보다 훨씬 더 깊고 중요한 진리입니다. 주관적인 것과 객관적인 것의 이 근본적인 차이가 《결론의 비학문적 후서》에서 논의되고 있는데, 키르케고르가 한 성찰(reflections)의 기원은 1835년 길렐레예에서 찾을 수가 있죠. 이 성찰은 외적인 관습과 전통에서 돌아선 다음 내적이고 주관적인 것에 타당성을 부여했던 소크라테스의 사고 혁명과 관련이 깊습니다.

2.5. 소크라테스의 방법과 아이러니에 대한 헤겔의 관점

헤겔은 소크라테스의 방법을 논의한 후, 두 가지 중요한 특징을 확인합니

---

15 Ibid.
16 *Kierkegaard, Concluding Unscientific Postscript,* vols. 1-2, trans. by Howard V. Hong and Edna H. Hong, Princeton University Press 1992, vol. 1, p. 17.
17 Ibid.

다.[18] 먼저, 소크라테스는 일상생활 속에서 다양한 부류의 사람들을 찾아다닙니다. 그때, 그들의 직업이나 관심사로 그들과 대화를 시작합니다. 이런 식으로 그는 어떻게 해서든 그들을 대화로 이끌어냅니다. 그다음 개별적이고 개인적인 사례를 갖는 직접적 경험에서 보편적 진리로 옮겨가게 합니다. 이것이 개별적인 것으로부터 보편적인 것으로의 운동인데, 헤겔에 의하면, 소크라테스의 방법의 첫 번째 요소를 구성하는 것입니다. 우리는 대화편 《에우튀프론》에서 이것을 볼 수 있습니다. 에우튀프론은 경건에 대한 많은 예를 소크라테스에게 제시합니다. 소크라테스는 모든 개별적인 사례의 공통점이 무엇인지 묻습니다.[19] 소크라테스는 경건의 구체적인 사례를 듣는 대신 경건의 본질 또는 본성이 무엇인지 그 자체를 알고 싶어 합니다. 마찬가지로 다른 대화편에서도 그는 아름다움의 예가 아니라 아름다움 그 자체에, 정의의 예가 아니라 정의 그 자체에 관심을 가집니다.

소크라테스 방법의 두 번째 부분은 제안된 관념이나 정의와 개인의 실제 경험 사이에 혼란을 불러일으키는 것, 즉 보편적인 것과 개별적인 것 사이에서 갈등을 드러내는 것입니다. 소크라테스의 암묵적인 목표는 대화 상대가 어떤 것을 면밀하게 검토하지 않고 무비판적으로 그것을 진실로 받아들였다는 것을 보여주는 것입니다. 따라서 소크라테스는 그들의 견해에 모순이 있음을 지적함으로써 사실상 개인이 돌아가서 비판적으로 검토할 것을 요구합니다. 핵심은 개인이 자신의 이성을 가지고 진실이라고 주장되는 모든 것을 시험해야 한다는 것입니다.

헤겔은 키르케고르에게 매우 중요했던 소크라테스의 아이러니에 대해서도 살펴봅니다. 그는 소크라테스가 대화 상대방이 일반적으로 받아들여지는 사안에 대한 이해를 바탕으로 주제에 대해 말하도록 하는 것으로 시작했다고 설명합

---

18 헤겔의 소크라테스 방법에 대한 설명을 더 보기 원하면 다음을 참고하라. *Lectures on the History of Philosophy,* vol. 1, pp. 397-406.

19 Plato, *Euthyphro,* in *The Last Days of Socrates,* trans. by Hugh Tredennick, Harmondsworth: Penguin 1954, p. 26.

니다. 상대방이 그렇게 하도록 하려고 소크라테스는 자신이 그 사안의 문제에 대해 무지하고 그것에 대한 가르침이 필요한 척 가장합니다. 상대방이 이미 받아들여진 견해를 제시하기 시작하면 소크라테스는 그 견해를 탐구하고 그에 관련된 모순을 입증할 수 있습니다. 이런 식으로 소크라테스는 상대방 자신이 아무것도 모른다는 사실을 깨닫도록 돕는다고 믿었습니다.

소크라테스의 아이러니 사용에 대한 핵심 질문은 소크라테스가 아무것도 모르기 때문에 가르침이 필요하다고 한 말이 정말인지 아닌지입니다. 즉, 그 말이 아이러니로 한 것인지, 아니면 소크라테스 자신이 정말 아무것도 모른다고 믿기에 한 말인지가 핵심 질문입니다. 이어지는 토론 과정에서 그는 대담자보다 훨씬 더 뛰어난 지적 통찰력을 분명히 보여주기 때문에 아무것도 모른다는 그의 주장을 의심할 수 있습니다. 그는 특정 사안에 대한 지식을 은근히 드러내는 것처럼 보이는 예를 끊임없이 제시하거나, 호머의 작품에서 본문을 인용하거나 관련 내용을 알고 있음을 드러냅니다. 또는 최소한 그는 추론의 결함을 효과적으로 지적해야 하기에 논증의 형식에 대한 지식이 있는 것으로 보입니다. 그러나 헤겔은 "소크라테스는 철학의 체계적인 구성에 도달하지 못했기 때문에 실제로는 아무것도 알지 못했다고 말할 수 있다."[20]라고 말합니다. 여기서 헤겔은 *아포리아*, 즉 《에우튀프론》에서 드러난 대로 그들이 나눈 대화가 긍정적인 결과로 끝나지 않는다는 사실을 언급합니다. 이것은 결국 소크라테스가 알면서 모르는 척하는 아이러니를 사용한 것이 아니라, 오히려 대화 상대가 진리를 알고 있으며, 소크라테스는 그를 가르칠 수 있다는 가장된 믿음을 가지고 있다는 것을 의미합니다.

헤겔은 우리가 진리, 정의, 아름다움과 같은 보편적인 용어를 사용할 때 우리는 이러한 용어가 무엇을 의미하는지 막연하게나마 알고 있으며, 이러한 용어를 사용하는 언어를 통해 서로 소통할 수 있다고 지적합니다. 그러나 우리 각자는 이러한 용어가 의미하는 바에 대해 서로 다른 직관을 가지기에 그 의미를 더 정

---

20 Hegel, *Lectures on the History of Philosophy*, vol. 1, p. 399.

확하게 파악하기 위해서는 이러한 용어를 더 자세히 분석해야 합니다. 이것이 바로 소크라테스의 방법이 시도하는 것입니다. 소크라테스는 아이러니를 통해 대담자가 주어진 개념을 구체화하거나 헤겔이 언급한 것처럼 모호하고 추상적이지 않도록 개념을 발전시키려고 시도합니다.[21]

2.6. 헤겔의 소크라테스 마이유틱스와 *아포리아* 해석

헤겔은 또한 소크라테스 방법론의 중요한 요소로 "마이유틱스"(maieutics) 또는 산파술을 언급합니다. 그의 해석에 따르면, 이것은 개별적인 것에서 보편적인 것을 산출해내는 것에 해당합니다.[22] 경험이 없거나 훈련되지 않은 마음은 즉각적인 지각의 세계, 즉 특정한 감각 인상의 영역에 살고 있습니다. 그러나 이러한 개별성은 필연적으로 보편성을 내포하는데, 그렇지 않으면 개별성이 무엇인지 알 수 없기 때문입니다. 예를 들어, 개별적인 개를 여러 마리 보았지만 개라는 보편적 관념이 마음속에 없다면 개를 개로 인식할 수 없습니다. 우리가 사물을 분류하고 그 사물이 무엇인지 이해하기 위해서는 범주가 필요합니다. 따라서 소크라테스가 마이유틱스 또는 산파술을 사용할 때, 그는 대화 상대가 그 자신의 마음에 내재한 보편적인 것에 도달하거나 회복하도록 돕고 있는 것입니다.

헤겔에게 이것은 모든 사람이 성장함에 따라 일어나는 일종의 교육 과정입니다. 우리는 지각과 구체적인 사례, 보기, 이미지의 세계에서 시작하여 나중에야 추상적으로 사고하고 추상적인 아이디어나 보편적인 것에 대해 이야기하는 법을 배우게 됩니다.[23] 이미 사고의 영역에 익숙한 교양 있는 사람에게는 플라톤 대화편에 나오는 끝없는 예시들이 지루하고 불필요하게 보일 수 있습니다. 그

---

21 Ibid., p. 400.
22 Ibid., p. 402.
23 Ibid., p. 403.

러나 중요한 것은 이러한 예들이 교훈적인 기능을 수행하여, 교육받지 못했거나 숙고하지 않는 개인을 사고의 영역으로 이끌어야 한다는 점입니다. 모든 인간은 이성의 능력이 있기에 누구나 추상적 사고를 할 수 있지만, 마찬가지로 모든 사람이 이 영역을 인식하기 위해서는 교육이나 소크라테스식 질문으로부터 도움이 필요합니다.

헤겔은 소크라테스의 대화에서 *아포리아* 또는 부정적 결말의 개념에 대해서도 논의합니다.[24] 그는 소크라테스가 대담자들의 견해에 모순이 있음을 보여줌으로써 그들을 혼란에 빠뜨리려 한다고 지적합니다. 종종 그는 어떤 것에 대한 예비 정의를 제시하게 한 다음 그 정의가 제안된 정의와 정반대라는 것을 보여줍니다. 이런 일이 몇 번 반복되면 소크라테스의 대화 상대는 좌절감을 느끼고 포기하여 긍정적인 결과를 얻지 못한 채 토론을 떠나게 됩니다. 이렇게 우리는 *아포리아적*으로 대화합니다. 헤겔은 풀어야 할 수수께끼나 퍼즐에서 시작하는 것이 철학의 본질이라고 말합니다. 그래서 소크라테스는 이런 식으로 철학의 길을 준비했습니다.

그러나 헤겔의 암묵적 비판은 소크라테스가 부정에만 머물러, 부정 속에 있는 긍정 또는 건설적인 요소를 깨닫지 못했다는 것입니다. 헤겔은 존재(being)와 무(nothing)의 모순을 예로 들었습니다.[25] 우리는 존재는 그 자체로 독립적으로 있으며 무와는 아무런 관련이 없다는 식으로 이 두 가지 개념을 서로 절대적으로 독립된 것으로 생각하는 데 익숙합니다. 반대로, 무를 생각할 때, 무는 존재라는 개념과는 무관하게 그 자체로 있는 개념입니다. 따라서 존재와 무라는 두 용어는 모두 고립되고 독립적이며 환원할 수 없는 것으로 생각됩니다. 실제로 존재는 무와 모순되며 그 반대의 경우도 마찬가지입니다. 하나가 있으면 다른 하나는 없습니다. 그러나 헤겔은 이러한 개념을 좀 더 자세히 살펴보면 무의 개념 없이는 존재의 개념을 생각할 수 없으며, 그 반대의 경우도 마찬가지라고 주장합니다. 하

---

24 Ibid., p. 404-6.
25 Ibid., p. 404.

나는 반드시 다른 하나를 암시합니다. 따라서 이 두 개념은 고립된 두 개의 원자적 개념이 아니라 실제로는 하나의 더 높고 복잡한 개념인 됨(becoming)을 구성합니다. 됨에는 존재와 무가 모두 포함됩니다. 어떤 것이 생겨날 때 존재가 되고, 똑같이 소멸하여 있지 않을 때도 무가 됩니다. 이런 식으로 처음에는 풀 수 없는 모순처럼 보였던 것에서, 새롭고 긍정적인 개념이 등장합니다. 이 운동은 처음에는 모순과 부정에 갇혀 있는 것처럼 보였고, 마치 존재와 무의 모순에 빠진 것처럼 보였습니다. 그러나 궁극적으로 이것은 지나가는 단계에 불과하다는 것이 증명되었고 결국에는 긍정적이고 건설적인 결과를 낳았습니다. 이것이 헤겔 형이상학의 근본적인 아이디어입니다. 부정의 개념은 단순히 부정하는 것이 아니라 긍정적 전개를 위한 토대를 형성합니다. 그래서 헤겔은 소크라테스가 모순에서 비롯되는 긍정적 발전을 인정하지 않고 부정에서 멈춘 것에 대해 비판합니다.

그러나 이것이 바로 키르케고르가 소크라테스에게 매료된 지점입니다. 그 그리스 철학자는 계속해서 긍정적인 것을 발전시키려고 하지 않고 의도적으로 모순된 부정적인 것에 머물렀습니다. 키르케고르는 무엇보다도 마르텐센의 열성적인 학생들이 "더 멀리 가고 싶다." 좀 더 구체적으로 말하자면, "소크라테스보다 더 멀리 가고 싶다."라는 욕망에 대해 비판합니다. 이러한 비판은 헤겔의 이 지점에서 그 기원을 찾을 수 있습니다. 헤겔에 따르면 소크라테스는 부정을 통해 철학의 토대를 마련했습니다. 그는 잘못된 신념을 제거하여 철학이 기초부터 작동할 수 있도록 했습니다. 하지만 소크라테스 자신은 부정의 단계를 넘어서지 못했습니다. 그는 변증법의 긍정적 차원을 인식하지 못했습니다. 따라서 소크라테스를 뛰어넘어 긍정적 요소를 공급하고 철학적 입장이나 이론을 구성하기 시작하는 것이 필요했습니다. 그러나 키르케고르에게 소크라테스의 핵심은 부정이었고, 그 너머에 대한 모든 이야기는 부조리한 것이었습니다. 따라서 헤겔과 키르케고르는 소크라테스가 부정의 입장을 대표하는 것은 동의하지만, 이에 대한 규범적 평가는 완전히 달랐습니다.

2.7. 소크라테스, 선, 소피스트에 대한 헤겔의 해석

소크라테스는 선(the Good)이라는 추상적 개념을 정의하려 노력했습니다.[26] 헤겔에 따르면, 그가 인간 사유의 발전에 크게 공헌한 것은, 선은 개인에 의해 개발되어야 하며 단순히 문화, 확립된 전통, 가족 등에 의해 주어진 것으로 맹목적으로 받아들일 수 없다는 점을 깨달은 것입니다. 이 주제에 집중함으로써 소크라테스는 외부의 절대적인 진리를 인정하지 않았던 소피스트들과 비슷한 것처럼 보였습니다. 헤겔은 소피스트 프로타고라스(Protagoras)의 유명한 말인 "인간은 만물의 척도다."[27]를 인용합니다. 헤겔에게 이것은 각 개인이 자신만의 진리를 가지고 있다는 것을 의미합니다. 이것은 상대주의에 대한 진술입니다. 그러나 이것이 소크라테스의 입장은 아닙니다. 소크라테스의 견해에 따르면 선은 주관적 진리와 연관되어 있더라도, 그 자체로 절대적이고 보편적입니다. 그러나 핵심은 그 절대적이고 보편적인 진리를 개인이 이성과 비판적 성찰을 통해 도달해야 한다는 것입니다. 헤겔이 말했듯이 소크라테스에게 있어 "인간은 내면에 이성을 가지고 있다."[28]라고 할 수 있습니다. 객관적인 진리는 단순히 우리 주변의 외부 영역에서 찾을 수 있는 것이 아니라 각 개인의 마음속에서도 찾을 수 있다는 것입니다. 소피스트들은 자신의 자의적이고 이기적인 주장을 정당화하기 위해 비판적 성찰을 사용하지만, 소크라테스는 이 도구가 모든 사람이 동의할 수 있는 객관적 진리에 도달하는 데 사용될 수 있다고 믿었습니다.

소크라테스에게는 바깥쪽에서 안쪽으로의 이동이 있지만 진리라는 개념은 항상 유지됩니다. 헤겔은 이를 "주관과 객관의 통일"(Unity of the subjective and the objective)[29]이라고 부릅니다. 개인은 사고와 이성을 통해 자신 안에서 진리 또는

---

26 헤겔의 소크라테스와 선에 대한 설명은 Ibid, pp. 406-25를 보라.

27 Ibid., p. 406.

28 Ibid., p. 387.

29 Ibid.

보편적 윤리를 찾아야 합니다. 그러나 사고와 이성은 다른 이성적인 사람들도 도달할 수 있는 보편적인 것입니다. 이런 의미에서 윤리는 외적이고 공적이기도 합니다. 그래서 헤겔은 내적 보편과 외적 보편 사이에는 관계가 있다고 주장합니다. 이 둘은 모순될 수도 있지만 조화할 수도 있고 일치할 수도 있습니다. 주관적인 측면이 합리성에 기반하는 한, 그것은 개인의 자의적인 변덕이나 기분 그 이상입니다. 헤겔은 "소크라테스는 우연적이고 가변적 내면에 반대하고, 보편적이고 참된 사유의 내면에 동의했다. 소크라테스는 인간이 만물의 척도일 뿐만 아니라 사고로서의 인간이 만물의 척도라고 말함으로써 이 진정한 양심을 일깨웠다."[30]라고 설명합니다. 소피스트들은 주관성이 개인의 우연성, 즉 감정, 변덕, 기분 등을 의미하기 때문에 상대주의자라고 할 수 있습니다. 그러나 소크라테스에게 주관과 내면은 생각에 관한 것이며, 생각은 보편에 관한 것이기 때문에 또한 우리를 다른 사람 및 "객관적" 진리와 연결할 수 있습니다.

소크라테스 철학의 혁명적인 측면은 그가 기존의 도덕 또는 윤리(Sittlichkeit)와는 대조적으로 반성적 도덕(Moralität)을 도입했다는 점입니다. 반성적 도덕은 부모, 조상 또는 사회로부터 무비판적으로 받아들이는 것이 아니라 개인이 스스로 무엇이 선한 것인지 의식적으로 판단하는 것입니다. 헤겔에게 이것은 오늘날까지 계속되는 완전히 새로운 사고의 움직임을 촉발한 중요한 역사적 전환점이었습니다. "[소크라테스]가 속한 사람들의 보편적 의식 속에서 우리는 자연스럽게 반성적 도덕으로 향하는 것을 볼 수 있다.…여기서 세계의 정신은 변화하기 시작하고, 그 변화는 나중에 완성으로 이어진다."[31] 그러나 대부분의 혁명 운동이 그렇듯 이 운동도 당시 사람들에게는 두려운 것이었습니다. 소크라테스 이전의 그리스인들에게 윤리는 전통, 관습, 국가에 의해 확립된 문제였습니다. 이에 대한 개인의 성찰이나 동의는 아무런 역할을 하지 못했습니다. 하지만 소크라테스가 등장하면서 이러한 것들에 대해 비판적 질문을 던지고 개인의 중요성을 주

---

30 Ibid., p. 411.
31 Ibid., p. 407.

장하기 시작했습니다. 그리스인들에게 이것은 그들이 가장 소중하게 여겼던 모든 전통, 관습, 진리를 훼손할 수 있는 무서운 일이었습니다. 따라서 소크라테스는 단순한 골칫거리가 아니라 그리스인의 삶에 실질적이고 심각한 위협으로 여겨졌습니다.

이전에는 윤리의 진리가 국가와 사회라는 외적인 영역에서 볼 수 있다고 생각했습니다. 그러나 이제 소크라테스는 윤리는 개인 내면에서 찾아야 한다고 주장합니다. 이것은 급진적인 새로운 사고입니다. 더 이상 도덕에 대해 안주하고 전통과 관습이 지시하는 것을 단순하게 받아들일 수 없었습니다. 이제 각 개인은 비판적이고 성찰적인 자세로 윤리의 진리에 도달하기 위해 스스로 여정에 나서야 했습니다. 소크라테스 혁명은 공적 도덕의 종말을 의미한다는 점에서 파괴적이기도 하지만, 관습의 폭압으로부터 사람들에게 자유를 주었다는 점에서 해방이기도 합니다. 더 이상 관습이라는 이유만으로 관습을 따를 필요가 없습니다. 이제 관습과 전통에 의문을 제기하여 동의할 수 없는 관습과 전통의 측면을 거부할 수 있습니다. 이것이 바로 소크라테스가 고대에 시작한 현대의 원리입니다.

소크라테스의 공공 도덕성(public morality)에 대한 비판은 아무것도 가르치지 않는다는 그의 주장과 일치하는 것으로 볼 수 있습니다. 윤리와 도덕에 관해서는 외부에서 배울 수 있는 것은 아무것도 없습니다. 공공 도덕의 모든 영역은 외부로부터 자신에 부과합니다. 헤겔은 우리가 어렸을 때 공공 도덕을 배우는 방식을 설명하기 위해 밀랍에 도장을 찍는 예를 사용합니다.[32] 그러나 이것이 윤리의 본질은 아닙니다. 오히려 본질적인 것은 내면의 차원입니다. 개인은 자신 내면에서 스스로 노력해야 합니다. 그들은 윤리의 진리를 내면에서 찾아야 합니다. 말하자면 소크라테스는 산파로서 그들이 윤리의 진리를 찾도록 도와주지만, 그 자신이 무언가를 가르치거나 긍정적인 것을 제공하지는 않습니다.

---

32 Ibid., p. 410.

2.8. 소크라테스의 다이몬에 대한 헤겔의 해석

헤겔은 소크라테스의 다이몬을 그가 그리스 생활에서 수행한 혁명적 역할의 관점에서 해석합니다.[33] 그는 다이몬이 소크라테스 자신의 의지나 지성과는 다르다고 지적합니다.[34] 다이몬은 소크라테스가 하고 싶었던 일을 하지 말라고 말합니다. 헤겔은 소크라테스가 중요한 개인적인 문제에 대해 자문을 듣고자 했던 다이몬과 그리스인들이 다양한 종류의 중요한 문제에 대해 자문을 듣고자 했던 델포이의 신탁을 비교합니다. 헤겔은 델포이의 신탁은 공적인 것, 즉 공개적으로 이용할 수 있고 객관적이라는 점에서 차이가 있다고 설명합니다. 반면에 소크라테스의 신탁은 자신에게만 말하는 신탁입니다. 이러한 생각은 그의 동료 아테네 시민들의 종교적 민감성을 자극했습니다.

그리스인들에게 법과 관습은 신들에 의해 승인된 것이었습니다. 그것들은 개인의 개인적이거나 주관적인 결정이 아니었으며, 개인은 여기서 아무런 역할을 하지 않았습니다. 마찬가지로 개인의 사적인 일이나 국가 또는 공동체의 문제와 관련하여 중대한 결정을 내려야 할 때도 이는 개인이 결정할 문제가 아니라 신들만이 결정할 수 있는 문제라고 생각했습니다. 그리스인들은 헤겔이 말하는 "주관적 자유,"(subjective freedom) 즉 개인이 중요한 문제에 대해 스스로 결정할 권리가 있다고 생각하지 않았습니다. 따라서 그리스인들은 특정 개인이 스스로 그러한 결정을 내릴 수 있다고 주장하거나, 다른 사람이 보거나 들을 수 없는 자신만의 신탁을 받았다고 주장하는 것은 매우 오만하고 부적절하다고 생각했습니다. 소크라테스가 전통적인 법과 관습보다 자신의 다이몬의 권위를 주장한 것이 바로 이런 경우였습니다.

헤겔에 따르면 소크라테스의 다이몬은 신탁의 외면성과 개인의 내면성 사이의 중간 지점에 있는 입장을 나타냅니다. 이는 객관적 도덕에서 주관적 도덕으로

---

33 헤겔의 다이몬에 대한 설명을 더 보기 원하면, Ibid., pp. 421-5를 참고하라.
34 Ibid., p. 422.

넘어가는 과도기적 형태입니다. 한편으로 다이몬은 델피의 신탁처럼 외부에 있는 것이 아니라 내면에 있는 것입니다. 마치 신탁이 객관적이고 외부적인 영역에서 소크라테스라는 인격의 내적 영역으로 이전된 것과 같습니다. 그러나 다른 한편으로 다이몬은 소크라테스 내면의 어떤 것이지만 소크라테스의 의지 자체와 똑같지는 않습니다. 다이몬은 소크라테스가 옳지 않은 일을 하고자 할 때 반대합니다. 따라서 소크라테스 자신의 주관적 의지는 그를 한 방향으로 이끌지만, 다이몬은 그의 의지와 모순되어 그를 다른 방향으로 이끕니다. 이런 의미에서 다이몬은 소크라테스 자신 내면에 있는 것이지만, 그의 의지와는 구별되는 외적 존재이기도 합니다. 다이몬은 신탁과 같은 외부의 권위자로서 그의 의지를 바로잡고 무엇을 해야 할지 조언합니다. 이런 의미에서 다이몬은 신탁처럼 객관적으로 외부에 있는 것도 아니고, 소크라테스의 주관적 의지를 직설적으로 긍정하는 것도 아니며, 오히려 그 중간 어딘가에 있는 것입니다.

헤겔에 따르면 다이몬은 외부에서 내부로 이동하는 것으로 볼 수 있지만, 그이동은 아직 완전하지 않습니다. 소크라테스는 주관의 무한하고 환원할 수 없는 가치를 보여주는 위대한 사상적 혁명을 상징합니다. 하지만 어떤 혁명도 하루아침에 시작되고 끝나는 것은 아닙니다. 소크라테스는 혁명의 시작을 알렸지만, 이후 역사의 흐름은 이를 더욱 발전시켜야 했습니다. 소크라테스는 아직 자신의 사적 의지를 진리로 제시하고 옹호할 수 있는 위치에 있지 않았기 때문에 주관적이고 내면적인 면을 가리키는 다이몬에 의지했지만, 자신의 의지와 동일시하기에는 역부족이었습니다. 현대에 와서야 개인 의지의 진리와 타당성을 인정하는 시점에 도달했지만, 여기까지 도달하기까지 소크라테스 이후 2000여 년의 문화적, 역사적 발전 과정이 필요했습니다. 소크라테스는 혁명 운동을 시작했지만 완성하지는 않았습니다.

2.9. 소크라테스의 재판에 대한 헤겔의 분석

《아이러니의 개념》에서 키르케고르는 플라톤의 작품 《변명》에 나오는 소크
라테스의 재판 이야기를 살펴봅니다. 키르케고르는 헤겔의 《철학사 강의》[35]에서
같은 사건에 대한 그의 분석에 크게 의존하고 있으므로, 우리는 여기서부터 시
작해야 합니다. 헤겔은 소크라테스 재판에 대한 설명에서 키르케고르의 고대 철
학에 대한 가장 중요한 자료 중 하나였던 철학사학자 빌헬름 고틀리프 텐네만
(Wilhelm Gottlieb Tennemann)을 언급합니다. 헤겔에게 텐네만은 소크라테스가 도
덕적으로 의롭고 정직한 사람이며 그에 대한 단죄는 폭도나 파벌이 민주주의에
서 어떻게 권력을 행사할 수 있는지를 보여주는 심각한 불의라고 주장하는 당시
의 지배적인 견해를 대변했습니다. 오랫동안 소크라테스는 그에게 동조하는 학
자들에 의해 이런 식으로 칭송받아왔습니다. 헤겔은 이러한 견해가 그리스 사회
에서 소크라테스의 중요한 혁명적 역할을 이해하지 못하기 때문에 나타난 천진
한 생각이라 했습니다.

소크라테스에 대한 첫 번째 혐의는 그가 아테네의 국가 신들을 공경하지 않
고 대신 새로운 신들을 도입했다는 것입니다.[36] 방금 논의했듯이 이것은 소크라
테스가 다이몬을 가지고 있다고 주장한 것과 관련이 있습니다. 그리스인들에게
소크라테스는 신탁을 자신의 사적인 자의식으로 대체하고 자신의 개인적인 의
견과 견해를 신들보다 우위에 두겠다고 주장한 셈이죠. "너 자신을 알라."라는 유
명한 말은 소크라테스에게 있어 각 개인이 자신 내면을 들여다보고 참된 것을
발견해야 한다는 의미였습니다. 이는 신들이 승인한 전통적 공공 도덕을 무시해
야 한다는 것을 의미했습니다. 소크라테스는 이러한 관념의 타당성을 부정하고
개인이 외부가 아닌 내면에서 진리를 찾도록 독려한 것으로 보입니다. 헤겔의 견
해에 따르면 이는 혁명적인 아이디어였습니다. 국가 신들의 신탁과 대조되는 개

35 소크라테스 재판에 대한 헤겔의 설명을 더 보기 원하면, Ibid., pp. 425-48을 참고하라.
36 Ibid., pp. 432-5.

인 다이몬의 개념은 하나의 새로운 신 도입에 해당합니다. 헤겔은 이 점에서 소크라테스가 기소된 대로 유죄라고 결론지었습니다.

두 번째 혐의는 소크라테스가 젊은이들을 타락시켰다는 것입니다.[37] 이 혐의는 소크라테스가 아니투스라는 사람의 아들에게, 그의 아버지가 그에게 계획한 직업보다 더 나은 직업에 적합하다고 말함으로써 아들이 그의 아버지에게 불순종하도록 이끌었다는 주장을 말합니다. 아니투스는 무두장이였는데, 그리스인들 사이에서 무두장이라는 직업은 천한 노동으로 경멸받았습니다. 아니투스는 아들이 자신을 따라 무두장이 일을 하도록 계획했지만, 아들은 소크라테스의 권유로 무두장이라는 직업이 자신 적성에 맞지 않고 자신은 훨씬 더 권위 있는 직업에 적합한 재능과 지성을 가지고 있다고 생각했기 때문에 그렇게 하기를 꺼려했습니다.

헤겔은 그 증언에 근거하여 이 혐의 역시 근거가 충분하다고 믿습니다. 그는 당시 그리스 사회에서 부모와 자식 간의 유대는 신성한 것이었다는 점을 지적합니다. 부모에 대한 순종은 최고의 가치 중 하나였습니다. 소크라테스는 아니투스의 아들에게 특정한 재능과 은사를 가진 개인의 역할이 의무와 임무가 명확히 규정된 아들의 역할보다 더 중요하다는 생각으로 그를 격려함으로써 이러한 가치관을 약화하였습니다. 우리 현대 사회에서는 개인의 중요성을 중요하게 생각하기 때문에 소크라테스의 행동을 그다지 불쾌하게 여기지 않지만, 고대 아테네에서 소크라테스의 이 행동은 윤리와 관습에 대한 심각한 위반이었습니다. 소크라테스가 주장한 혁명은 개인을 기존의 관습과 전통보다 우위에 두는 것이었습니다.

헤겔은 또한 소크라테스 재판의 마지막 에피소드를 분석합니다. 아테네 법에 따르면 피고는 유죄 판결을 받고 예비 형을 선고받은 후 대체 형벌을 제안할

---

37 Ibid., pp. 435-8. 아니투스와 그의 아들 이야기는 플라톤의 《변명》이 아니라 크세노폰의 병행 저술에 나온다. Xenophon, *Socrates' Defense,* in *Conversations of Socrates,* trans, by Hugh Tredennick and Robin Waterfield, Harmondsworth: Penguin 1990, pp. 48-9를 참고하라.

수 있었습니다.[38] 이 절차를 통해 배심원단은 피고인이 어느 정도 참회하는 모습을 보인다면 자비를 베풀 수 있었습니다. 대체 형벌을 제안함으로써 유죄 판결을 받은 피고인은 자신의 유죄를 인정하고 법원의 정당성과 권위를 인정한 셈입니다. 그러나 소크라테스는 아이러니하게도 자신에게 무료 급식을 제공하고 자신이 제공하는 공공 서비스에 대해 국가로부터 재정적 지원을 받을 것을 제안함으로써 상황을 사실상 한낱 웃음거리로 만들어 버렸습니다. 헤겔에 따르면, 이렇게 함으로써 소크라테스는 법원 판결의 타당성을 인정하지 않았고, 따라서 자신의 죄책감도 인정하지 않았습니다. 여기서도 헤겔은 소크라테스의 입장에 문제가 있음을 발견합니다. 어떤 국가도 개인이 법 위에 군림하거나 사회의 확립된 관습, 전통, 법률에 반대하거나 모순되는 사적인 견해에 근거하여 스스로 판단하는 것을 허용할 수 없습니다. 이런 점을 고려할 때 아테네 시민들이 소크라테스에 대한 인내심을 잃고 사형 선고를 고수한 것은 그리 놀라운 일이 아닙니다.

헤겔이 소크라테스가 실제로 유죄를 선고받았다고 주장할 때, 그의 요점은 이 상황에서 그가 소크라테스에 대하여 동정심을 갖지 않았다거나 그의 입장을 전혀 이해하지 못했다는 것이 아닙니다. 오히려 헤겔이 말하고자 하는 것은 역사적 관점에서, 당시 그리스 사회의 전통과 가치관을 고려할 때 소크라테스에 대한 혐의는 충분히 근거가 있다는 것입니다. 헤겔은 이 갈등을 다음과 같이 설명합니다.

> [아테네인의] 정신은 그 자체로, 그 헌법으로, 그 삶 전체로 놓여 있다.… 그것은 도덕적 근거, 종교 위에 있으며, 이 절대적으로 안전한 근거 없이 그것은 존재할 수 없다. 따라서 소크라테스는 진리를 내적 의식의 판단에 맡겼기 때문에 무엇이 옳고 참된 것인지에 대해 아테네 시민들과 투쟁에 들어간다.[39]

---

38 Hegel, *Lectures on the History of Philosophy,* vol. 1, pp. 440-5
39 Ibid., p. 426.

소크라테스가 한 일은 국가의 전통, 공공의 도덕, 가치를 훼손하는 것이었습니다. 소크라테스는 개인을 절대적이고 환원할 수 없는 존재로 인식하는 혁명을 일으켰습니다. 이런 의미에서 그는 현대 세계의 일부 가치의 선구자입니다. 따라서 오늘날 우리의 관점에서 볼 때 소크라테스가 동정적 인물로 여겨지는 것은 당연한 일입니다. 그러나 헤겔은 소크라테스 당시 전했던 메시지의 급진성을 놓쳐서는 안 된다는 점을 상기시킵니다.

2.10. 전통과 개인적 자유의 충돌

어떤 사람들은 헤겔이 소크라테스에 대한 해석과 관련하여 언급한 이 일련의 문제들이 왜 그렇게 중요한지 의문을 가질 수 있습니다. 이러한 질문은 오늘날 우리와 어떤 관련이 있을까요? 헤겔과 키르케고르 둘 다 소크라테스와 그리스 사회와의 갈등 이야기에서 소크라테스를 근대성의 문제를 제시한 한 중요한 선구자로 인식했습니다. 즉, 소크라테스의 이야기는 기원전 5세기 아테네의 한 인간의 운명에 관한 이야기일 뿐만 아니라 현대인의 실존에 관한 이야기이기도 합니다.

우리는 모두 빠르게 변화하는 세상에서 성장해 왔으며, 이러한 변화는 종종 전통적인 관습과 관행에 충돌을 일으켰습니다. 오늘날 개인의 역할과 문화의 요구와 관련하여 논란이 되는 문제를 파악하기 위해 너무 어렵게 생각할 필요는 없습니다. 전 세계적으로 문화적 전통과 개인의 자율성 사이에 갈등이 존재합니다. 어떤 사람들은 젊은 남성이 아버지의 직업을 따라야 한다거나, 여성이 공공 장소에서 머리를 가려야 한다거나, 부모가 자녀의 결혼을 미리 정하거나, 특정 계층의 사람들이 특정 종류의 일을 하는 것이 금지되는 것을 불쾌하게 여깁니다. 오늘날 사람들이 자신의 양심에 반하는 행동을 할 때 군중을 따르라고 강요받는 것은 불쾌감을 줍니다. 이러한 관행은 개인의 자유를 침해한다고 알려져 있습니다. 이러한 긴장은 헤겔이 주관적 자유라는 개념으로 이해하는 것의 핵심과 맞닿아 있습니다. 헤겔은 모든 개인에게는 존중되어야 할 고유하고 환원할 수 없는 어떤 것이 있음을 믿었습니다. 개인은 자신의 이성을 사용하여 자신의 문화에서 물려받은 관행과 가치에 동의하거나 동의하지 않을 수 있는 권리를 부여받아야 합니다.

주관적 자유의 탄생은 세계사에서 중요한 전환점이었지만, 개인의 권리와 사회 및 전통의 요구 사이의 어려운 관계를 협상하기 위해 자유의 혁명은 계속되고 있습니다. 여기서 우리는 헤겔이 소크라테스에서 주목한 문제들이 사실 오늘날 우리 세계에서 가장 중요한 문제임을 알 수 있습니다. 소크라테스는 기존 관습의 목소리에 맞서 개인의 권리를 대변했습니다. 그는 사람들에게 받아들여진 신념에 의문을 제기하고 자신 내면에서 진리를 찾으라고 요구했습니다. 소크라테스와 아테네 국가 간의 갈등은 오늘날까지 계속되고 있는 수많은 갈등의 전조였습니다.

키르케고르는 헤겔에게서 이 주관적 자유에 관한 생각을 받아들여 자신만의 방식으로 사회와 종교의 맥락에서 개인에 대한 이론으로 발전시켰습니다. 헤겔이 그랬던 것처럼, 키르케고르의 소크라테스를 향한 관심은 순수하거나 일차적으로 역사적인 것은 아니었습니다. 소크라테스는 21세기 우리 세계의 문제인 자유, 소외, 상대주의와 관련된 현대적 이슈의 상징이었습니다.

3

소크라테스에 대한 키르케고르의 관점

    지난 2장를 통해 우리는, 그리스 문화와 세계 역사에 있어서의 소크라테스의 중요성을 분석한 헤겔에 대해 살펴보았습니다. 키르케고르는 헤겔의 설명을 주의 깊게 공부하였고, 《아이러니의 개념》에서 이에 대해 하나하나 비교하면서 설명하였습니다. 이 장에서 우리의 목표는, 소크라테스에 대한 키르케고르의 이해에 도달하는 것이고, 키르케고르가 어디에서 헤겔에 동의했고 어떤 점에서는 동의하지 못하는지를 살피는 것입니다. 또한 키르케고르가 소크라테스의 다이몬을 어떻게 분석했는지를 알아보고, 소크라테스의 재판과 판결, 소크라테스와 소피스트와의 관계, 소크라테스와 이후의 학파와의 관계를 살펴볼 것입니다. 또한 덴마크 신학자이자 철학자인 한스 라센 마르텐센이 코펜하겐 대학에서 강의한 내용을 통해 키르케고르가 상당히 많은 영향을 받았음을 살펴볼 것입니다. 마르텐센의 파우스트에 대한 기사에 대해 키르케고르가 반응한 것에 대해 우리가 탐구할 것이고, 마르텐센과 그의 학생들을 겨냥한 키르케고르의 풍자적인 두 작품도 살필 것입니다. 《옛 비누 저장고와 새 비누 저장고 간의 갈등》(The Conflict between the Old and the New Soap Cellars) 그리고 《요하네스 클리마쿠스, 혹은 *De omnibus dubitandum est*》가 그것입니다. 우리는 마지막으로 잘 알려지지 않은 덴마크의 인물 안드레아스 프레데릭 벡(Andreas Frederik Beck)을 만나볼 것입니다. 그는 《아이러니의 개념》에 대해 통찰력 있는 비평을 썼습니다. 이 비평문을 통해, 이 작품에 대해 키르케고르 당대이 평가를 살짝 엿볼 수 있을 것입니다.

3.1. 소크라테스의 다이몬에 대한 키르케고르의 관점

키르케고르는 이 현상을 이해하기 위해 먼저 2차 문헌이 시도한 해석을 조롱하며 다이몬에 대한 설명을 시작합니다.[1] 키르케고르는 곧바로 고대 자료 분석으로 넘어갑니다. 키르케고르는 이 자료에서 상당한 불일치를 발견합니다. 플라톤에 의하면, 다이몬은 순수하게 부정적입니다. 다이몬은 소크라테스에게 무언가를 하지 못하도록 경고합니다. 하지만 크세노폰의 설명에 따르면, 다이몬은 긍정적입니다. 소크라테스가 무언가 특별한 것을 행하도록 격려하기도 하고 혹은 명령하기도 합니다. 키르케고르는 이 지점에서 어떤 고대 자료에 따라야 할지 판단을 내려야 했습니다. 그는 전적으로 플라톤의 관점을 지지했습니다. "내가 독자에게 지적하고 싶은 것은 소크라테스의 전체 개념을 위해 중요하다. 이 다이몬은 명령이 아닌 오직 경고로서만 나타난다. 즉, 긍정적인 것이 아니고 부정적인 것으로 나타난다."[2] 키르케고르는, 소크라테스는 근본적으로 부정적인 인물이기에 그에게서 어떤 긍정적인 것을 찾으려 할 때 그것은 오해라고 믿었습니다.

키르케고르에게 있어 이것은 매우 중요합니다. 왜냐하면 키르케고르는, 그리스 철학자가 정의하는 특징으로서 소크라테스의 아이러니를 알고 싶어했기 때문입니다. 본질상 아이러니는 부정적이거나 파괴적입니다. 아이러니는 기존 질

1　다이몬에 대한 키르케고르의 설명은 다음을 참고하라. *The Concept of Irony,* trans. by Howard V. Hong and Edna H. Hong, Princeton: Princeton University Press, 1989, pp. 157-67.

2　Ibid., p. 159. 여기에서와 이후에서, 키르케고르의 텍스트를 번역할 때, 나는 "다이모니온(Daimonion)"을 보다 관습적인 "다이몬(daimon)"으로 대체했다.

서를 부정하므로, 기존 질서의 다양한 요소들을 비판하는 데에 활용될 수 있습니다. 키르케고르는, 크세노폰이 소크라테스의 중대한 부정적 사명을 올바르게 파악하지 못했고 오해한 나머지, 소크라테스의 다이몬에서 어떤 긍정적인 것을 찾았다고 믿었습니다. 이와는 대조적으로 플라톤은 조금 더 통찰력 있는 학생이었고, 소크라테스가 지닌 부정적인 것의 중요성을 인식했다고 생각한 것입니다.

헤겔은 아테네의 전통적 가치와 관습적 윤리에 반대했던 소크라테스의 주관성의 일부로서 소크라테스의 다이몬을 이해했는데, 키르케고르는 이것에 동의했습니다. 키르케고르는 다음과 같이 질문합니다. "소크라테스를 고소했던 자들의 주장대로, 소크라테스가 이 다이몬에 사로잡혀 국가 종교와 충돌하였는가?"[3] 키르케고르는 헤겔에 동의하면서 다음과 같이 대답합니다. "명확히 그렇다. 무엇보다, 신들의 구체적인 개성(individuality)을 완전히 추상적인 것으로 대체하는 것은, 그리스 국가종교와 전적으로 논쟁적인 관계에 있었다."[4] 헤겔은 또한 그리스인들이 존경했던 공공의 신탁에 대한 개인적인 대안으로 다이몬을 간주했는데, 키르케고르는 이 의견에도 동의합니다.[5] 당대의 입장은, 이 주제의 2차 자료에 대해 일반적으로 꽤 비판적이었는데,[6] 키르케고르는 자신의 관점을 지지하는 헤겔의 설명을 넓게 인용하고 있습니다.[7]

---

3 Ibid., 160.
4 Ibid.
5 Ibid., pp. 160f. "다음으로, 침묵으로 대체하는 것은 국가 종교와 논쟁적 관계를 만들었다. 이 침묵이 있는 곳에 경고하는 소리는 아주 가끔만 들을 수 있다. 이 소리는 정치적 관심사하고는 전혀 상관이 없으며…그런 것들에 대해서는 단 한 마디도 없었다. 다만, 소크라테스와 기껏해야 그의 친구들의 완전히 개인적이고 특별한 일들만을 다룬다. 가장 시시한 것을 나타낼 때조차, 신-의식(god-consciousness)에 의해 그리스의 삶에 스며들어 있는 것을 이것으로 대체하는 것, 모든 일에 메아리치는 이런 신적 웅변을 침묵으로 대체하는 것, 바로 이것이 국가 종교와 논쟁적 관계로 만든 것이다."
   또한 헤겔의 해석에 대한 키르케고르의 설명은 다음을 참고하라. Ibidl., pp. 163f. "이제 소크라테스는 신탁 대신에, 다이몬이 있다. 이 경우 다이몬은 신탁과 개인의 외재적인 관계로부터 자유의 완전한 내면성으로의 이행 가운데 있다. 이런 이행 가운데 있을 때, 다이몬은 표현(representation)을 위한 주체이다."
6 이 맥락에서 그는 "하루살이는 걸러내고 낙타를 삼키는 바리새인 같은 학자들"을 언급한다. Ibid., p. 161.
7 Ibid., p. 161, p. 162, 163, 164, 165.

키르케고르가 분석하여 내린 결론은 명확합니다. 그의 중요한 목표는 다이몬이 소크라테스의 아이러니와 일치한다는 것을 입증하는 것이었습니다. 헤겔은 다이몬이 지닌 부정적 측면에는 특별히 관심을 두지 않은 것으로 보이는데, 키르케고르는 이를 위해 그토록 예리하게 집중한 것입니다. 다이몬은 소크라테스의 주관성의 한 측면을 나타내고, 그 자체로 소크라테스가 그리스의 전통적인 문화와 거리를 두게 합니다. 다이몬은 주관성에 대한 소크라테스적 혁명의 일부였던 것입니다.

3.2. 마르텐센의 파우스트

키르케고르의 성장기에, 유명한 독일 작가 요한 볼프강 폰 괴테의 작품이 덴마크에서 꽤 인기가 있었습니다.[8] 특별히, 괴테의 비극인 《파우스트》가 종종 인용되고 많이 논의되었습니다. 알다시피 이 비극은, 무제한으로 지식을 얻기 위해 자신의 영혼을 악마에게 팔아버린 어느 학자의 이야기입니다. 키르케고르는 코펜하겐대 재학 시절, 이 전설과 파우스트라는 인물에 대해 관심이 많았습니다. 1836년 《일기 BB》에 괴테의 작품과 파우스트에 대해 일반적으로 알려진 것과는 다른 해석을 내놓습니다.[9] 분명 파우스트에 대해 뭔가를 쓸 계획이 있었습니다. 아마도 키르케고르가 이것을 석사 논문의 가능한 주제로 고려했던 것 같습니다.

1837년 6월 한스 라센 마르텐센이 "레나우(Lenau)의 *파우스트* 인용에 나타나는 파우스트의 이념에 대한 고찰"이라는 제목으로 학술지 《페르세우스》(*Perseus*)

---

8 덴마크의 황금기에 괴테와 괴테를 향한 열광에 대한 키르케고르의 활용에 대해서는 다음을 참고하라. Katalin Nun and Jon Stewart, "Goethe: A Geman Classic through the Filter of the Danish Golden Age," in *Kierkegaard and his German Contemporaries,* Tome III, *Literature and Aesthetics,* ed. by Jon Stewart, Aldershot: Ashgate 2007 (*Kierkegaard Research: Sources, Reception, and Resources,* vol. 6), pp. 51-96.

9 *Kierkegaard's Journals and Notebooks,* ed. by Niels Jørgen Capelørn et al., vols 1-11, Princeton: Princeton University Press 2007ff., vol. 2, pp. 85-99, BB:12-15.

의 첫 번째 기사를 출판하자,[10] 키르케고르는 굉장히 화를 냈습니다. 이어서 자신의 일기에 다음과 같이 씁니다. "오, 나는 얼마나 불행한가! 마르텐센이 레나우의 **파우스트**에 대한 에세이를 써버렸다!"[11] 왜 키르케고르가 이것 때문에 짜증이 났을까요? 무엇보다 파우스트라는 인물에 키르케고르가 관심을 가진 이유가 무엇일까요? 우리가 마르텐센의 글을 잠깐만 보기라도 한다면, 이 질문에 명확히 대답할 수 있습니다. 마르텐센은, 파우스트에 대해 잘 알려진 괴테의 버전을 다루기보다 오스트리아계 헝가리 시인인 님브슈 폰 스트렐레나우(Niembsch von Strehlenau)가 쓴 버전을 선택하여 조사했습니다. 이 시인은 가명 니콜라우스 레나우(Nicolaus Lenau)라는 가명을 썼죠. 여행 중에 마르텐센은 비엔나에서 개인적으로 레나우를 만났고, 그의 작품에 관심을 갖게 되었습니다. 마르텐센은 레나우가 그린 것처럼, 파우스트라는 인물에서 현대 세계의 전형을 보았습니다.

앞의 2장에서 다루었듯이, 마르텐센은 박사논문인 《현대 교의신학》에서 인간의 자기의식의 자율성에 대하여》에서 자율성의 개념을 조사했습니다. 스스로 행동하고 진리를 결정하는 인간에 대한 이념이, 기독교 믿음에서 벗어난 광범위하고도 위험한 현대의 개념이라고 결론을 내립니다. 동시에 파우스트를 자율성의 원리의 전형적인 예로, 현대 세속 지식의 상징으로 간주합니다. "인간 의지의 타락에 대한 깊은 감정, 신의 율법을 위반하고자 하는 욕망, 신 대신 스스로 중심이 되고자 하는 교만한 노력"[12]을 파우스트가 상징한다고 말합니다. 기독교 관점에 의하면, 인간은 본질상 죄인이고 무지합니다. 인간은 하나님의 도움 없이 아무것도 알 수가 없습니다. 따라서 인간이 스스로 진리를 발견할 수 있다고 믿는 것은 인간적인 교만과 오만일 뿐입니다. 파우스트는, 세속적이고 과학적인 지식

---

10 Hans Lassen Martensen, "Betragtninger over Ideen af Faust med Hensyn paa Lenaus Faust," *Pereus, Journal for den speculative Idee*, no. 1, 1837, pp. 91-164.

11 *Søren Kierkegaard's Journals and Papers,* vols 1-6, ed. and trans. by Howard V. Hong and Edna H. Hong, Bloomington and London: Indiana University Press 1967-78, vol. 5, p. 100, no. 5225.

12 Martensen, "Betragtninger over Ideen af Faust med Hensyn paa Lenaus *Faust*," p. 94.

으로 진리를 발견할 수 있으므로 기독교가 쓸모없다고 생각했습니다. 마르텐센은 "파우스트는 하나님이 없는 지성(intelligence)의 영역을 구축하려는 인류의 투쟁을 대표한다."[13]고 썼습니다.

또한 파우스트는 현대 의심의 원리를 대표합니다. 과학에 의해 입증될 수 없는 것은 회의주의에 빠질 수밖에 없고 여기에 종교 교리도 포함됩니다. 이러한 관점은 전통적인 믿음을 거부하고, 모든 것을 무자비한 의심에 노출시킵니다. 이로 인해 파우스트가 절망하게 된 것입니다. 그는 사회에서 분리되고 소외된 상태에서 윤리를 받아들입니다. 따라서 마르텐센은 파우스트를, 현대 세계가 선사한 병에 걸린 대표환자로 묘사하고 있는 것입니다.

키르케고르가 마르텐센의 기사에 대해 짜증나는 반응을 보인 이유는, 키르케고르 역시 파우스트를 현대 실존의 전형적인 예로 제시하는 데 관심이 많았다는 사실로 설명할 수 있습니다. 마르텐센이 먼저 그 일을 했고, 이후에 키르케고르가 현대 시대에 대해 비판적 평가를 내린 것으로 예상할 수 있습니다. 소크라테스에게 관심을 보였던 것과 같은 이유로 키르케고르는 파우스트에도 관심이 있었습니다. 둘 다 부정적인 인물이었으며, 전통적인 신념과 가치에 의문을 표했습니다. 소크라테스와 파우스트 둘 다 각 개인의 비판적 추론이 문제의 진리를 결정해야 한다고 믿었습니다. 소크라테스가 사람들을 *아포리아*로 축소시키면서 부정적인 결론으로 끝을 맺은 것처럼, 파우스트의 회의주의는 자신을 절망으로 이끕니다.

키르케고르는 소크라테스와 파우스트 모두 현대 정신에 대한 무언가 핵심을 표현한다는 사실에 주의를 기울였습니다. 마르텐센이 논문을 썼던 1837년, 《일기 AA》에서 키르케고르는 명확하게 이 관계를 설명합니다. "파우스트는 소크라테스와 평행인 관계로 볼 수 있다. 소크라테스가 국가로부터 개인을 단절시키는 것을 표현한 것처럼, 파우스트 역시 스스로 교회를 폐기한 후 그 안내로부터 단

---

13 Ibid., p. 97.

절되어 홀로 남겨진 개인을 묘사하기 때문이다."[14] 파우스트와 소크라테스 둘 다, 더 큰 제도나 객관적 세계의 측면을 희생시키면서도 개인에 대한 강조점을 표현하고 있습니다.

3.3. 소크라테스의 재판에 대한 키르케고르의 분석

키르케고르는 소크라테스의 유죄판결을 언급합니다.[15] 헤겔 역시도 이 판결에 대해 "학문적이고 전문적인 애도자들과 피상적이지만 잘 우는 인도주의적인 군중"[16]이라 부르며 비판했는데, 키르케고르도 같은 생각이었습니다. 대중에 의해 불공평하게 핍박당한, 정직하고 의로운 사람이라고 소크라테스를 여기는 의견 또한 같습니다. 헤겔과 마찬가지로, 소크라테스의 다이몬이 당시 아테네의 전통적인 종교와 충돌을 일으켰던 것으로 키르케고르는 간주합니다.

소크라테스가 국가의 신들을 거부했던 무신론자인지에 대한 질문과 관련하여, 키르케고르는 오해라고 주장합니다. 자연 현상을 탐구하는 데 관심이 많았던 아낙사고라스와 같은 고대 그리스 철학자에게 내려진 것과 동일하게, 전형적인 혐의였습니다. 그리스의 신들은 자연의 힘과 매우 관계가 깊은 것으로 여겨집니다. 예를 들어, 제우스는 번개, 포세이돈은 바다와 지진으로 생각되어지곤 했습니다. 자연을 연구하기로 자청했던 고대 그리스 철학자들은, 자연의 우발적 대리자로서의 신을 믿었던 전통적 종교로부터 자신들을 구별했습니다. 이 철학자들이 자연 현상을 설명할 때 신들에게 아무런 호소도 하지 않았기에, 신을 믿지 않는다는 혐의로 가끔 고발당하곤 했습니다. 소크라테스가 무신론자라는 혐의 또한 잘못된 믿음으로부터 비롯된 것으로, 키르케고르는 결론을 내렸습니다. 소크

---

14 *Kierkegaard's Journals and Notebooks,* vol. 1, p. 44, AA:41.
15 Kierkegaard, *The Concept of Irony,* pp. 167-97.
16 Ibid., 167.

라테스가 실제로 인간적인 지식과 윤리에만 관심을 갖자, 소크라테스도 역시 이런 자연 철학자의 부류라고 동시대인들이 간주했기 때문이었습니다.

소크라테스의 행동(agenda)에 대한 오해는, 자신이 무지하다고 스스로 주장해 온 것이 널리 알려지자 더욱 악화되고 말았습니다. 자신은 아무것도 알지 못한다고 주장했을 때, 국가에 의해 경배를 받는 신들에 대해 아무것도 모른다는 뜻으로 잘못 받아들여졌습니다. 물론 이것이 소크라테스 홀로 주장했던 무지의 핵심이 아닙니다. 소크라테스는 자신의 주변에 있는 특별한 것들에 대해 오히려 많은 것을 알고 있었습니다. 그는 다만 보편적인 것을 알지 못했다고 주장했던 것이고, 이것들에 대해 언제나 다른 사람들로 하여금 명확한 정의를 내려달라고 부탁했던 것입니다. 예를 들어, "경건이란 무엇인가? 정의란 무엇인가? 아름다움이란 무엇인가?"[17]와 같은 정의(definition) 말입니다.

당대 그리스 사회가 소크라테스에게 유죄를 선고한 이유는, 개인들을 국가로부터 소외시키려던 소크라테스의 시도 때문이라고 키르케고르는 주장했습니다. 저 유명한 격언, "너 자신을 알라." 때문입니다. 소크라테스가 의미한 것은, 각 개인은 오직 자기 안에 있는 진리를 찾아야 한다는 뜻이었다고 그는 말했습니다. 이것은 곧 전통 윤리와 종교를 포함했던 객관적인 진리의 세계로부터 돌아서는 것을 의미했습니다. "'너 자신을 알라'라는 표현은 '너 자신과 다른 것을 분리하라'는 것을 뜻한다."[18]라고 키르케고르는 말합니다. 결국 개인은 주류 사회로부터 소외됩니다. 소크라테스적인 질문이 끝나고 나면, 전통 가치와 관습을 따르던 예전으로 돌아가기가 불가능해지기 때문입니다. 모든 것에 의문을 제기함으로써, 소크라테스는 사회를 유지하는 것들에 대한 개인의 믿음을 파괴했습니다. 이것이 곧바로 위험한 문제로 간주되었다고 키르케고르는 말합니다. "소크라테스가 국가의 관점과 충돌한 것은 명백하다. 국가의 관점에 따르면, 그의 공격은 가장 위험한 것으로 고려되어야 한다. 이것은 국가의 피를 빨아 먹고, 국가를 그림

---

17 Ibid., p. 169.
18 Ibid., p. 177.

자로 바꾸려는 시도와 같다."[19]

소크라테스의 혁명적인 행위가 당시 아테네 사회의 토대를 약화하였기에, 그에 대한 유죄판결을 정당화한 것은 바로 국가였다고 말한 헤겔의 의견에 키르케고르도 동의합니다.[20] 그러나 여기서 우리는 주의해야 합니다. 소크라테스가 혁명적이었다는 의미는, 그가 어떤 적극적인 형태를 띠고 특별한 정치적 정당을 형성했다는 뜻이 아닙니다. 오히려, 그의 사명은 순수하게 부정적이었습니다. 각 개인을 국가로부터 분리시켰고, 전통 안에서 그들이 수용해 왔던 신념을 약화함으로써 개인 각자를 서로 고립시켰던 것이죠.

키르케고르는 또한 소크라테스 재판의 마지막 부분을 평가합니다. 그 그리스 철학자는 자신의 재판에 대안적 형벌을 제안합니다. 키르케고르는 《변명》을 공부하면서, 당시 재판에서 무죄판결과 유죄판결에 각각 투표했던 사람들의 특별한 숫자에 대해 소크라테스가 숙고했던 사실에 집중합니다. 집단 전체로서가 아니고, 아테네 국가의 비인격적 도구로서도 아닌, 개인들의 그룹으로서의 배심원단입니다.[21] 그들 각각은 개인적으로 결정했고 투표했습니다. 소크라테스는 주관성의 중요성 혹은 각 사람의 개인성(individuality)의 중요성을 인정했던 것이지요. 추상적 국가나 어떤 다른 집단적 단위가 갖는 권위를 인정하는 것은 거부했습니다.

여기에서 키르케고르는 헤겔의 설명에 동의합니다. 헤겔은 소크라테스의 유죄판결에 대해, 법정의 합법성을 받아들이는 것을 거부한 결과로 봅니다.[22] "국가의 객관적 권력, 개인의 활동에 대한 국가의 요구, 법, 법정 등, 이 모든 것은 소크라테스에게 있어 절대적 타당성을 상실한다."[23]라고 키르케고르는 설명합니다. 소크라테스가 국가에 대해 완전히 부정적인 입장을 유지하고 있었다고 봅니

---

19 Ibid., p. 178.
20 Ibid., p. 181f.
21 Ibid., p. 194.
22 Ibid., p. 193.
23 Ibid., p. 196.

다.[24] 소크라테스는 각 개인의 타당성과 진리를 받아들이지만, 어떤 집단적인 그룹 안에서 받아들이는 것을 거부했습니다. 국가, 배심원, 정치 정당과 같은 것들입니다. 아테네 사회는 공동체와 민주주의의 원리에 입각해 건설되었습니다. 이것에 문제를 제기하는 것은 대부분의 사람들을 놀라게 하는 것이었죠. 따라서 이런 해석에 따르면, 그리스 사회에 대한 큰 위협은 어떤 외부의 자원으로부터 온 것이 아니라, 오히려 소크라테스로부터, 한 개인의 무자비한 아이러니의 활용으로부터 나온 것이었습니다.

3.4. 의심 그리고 《옛 비누 저장고와 새 저장고 간의 갈등》

우리가 앞서 살펴보았듯이 마르텐센이 코펜하겐 대학에서 학생들 사이에서 대단히 성공적이었다는 사실에 키르케고르는 짜증이 났는데, 마르텐센도 역시 키르케고르처럼 파우스트라는 인물에 관심이 많았습니다. 마르텐센의 생각의 중요한 한 측면은 의심의 원리로 시작하는 현대 철학의 특징을 잘 묘사했다는 점에 있습니다. 중세 철학은 무비판적이었으며 오직 신앙에 그 관점을 두고 있었던 반면, 데카르트로 시작된 현대 철학은 모든 것을 의심함으로써 아예 기초부터 시작하는 것이 필연적임을 일깨워주고 있습니다. 데카르트는, 그동안 일반적으로 사실로 받아들여졌던 수많은 것들을 실제로 면밀히 조사해 보면 잘못 알려졌던 것으로 입증된다고 했습니다. 이것은, 인류가 당연한 것으로 받아들여 왔던 많은 것들이 사실은 불안정한 기초에 놓여 있음을 뜻합니다. 데카르트는 자신의 책 《제일철학에 관한 성찰》을 통해, 이미 알고 있었거나 배웠던 모든 것을 절대적으로 의심하기 시작합니다. 사실로 확고하게 정립될 수 있는 것을 출발부터 다시 결정하기 위한 시도였던 것입니다.

---

24 Ibid.

현대 철학적 사유를 위한 모델로 의심에 대한 체계적 방법을 적용했던 데 카르트의 이런 이미지를 마르텐센이 포착하였습니다. 이것을 표현하기 위해 데 카르트의 본문에서 라틴어 구문을 가져왔습니다. *"De omnibus dubitandum est."* 또는 "모든 것을 의심해야 한다." 마르텐센은 이 구문을 반복적으로 사용했 습니다. 이것은 마르텐센의 학생들 사이에서 일종의 간단한 슬로건이 됩니다. 인 류의 사고에 대해 거의 비판이 없었던 철학의 초기 시대와 대조적으로, 현대 철 학의 시기에 대한 특징을 핵심적으로 묘사하기 위해 사용된 것처럼 보이는 문구 입니다. 그러나 이 문구를 반복적으로 사용하게 되니, 점차 어떤 규정적인 의미 를 지니게 되었습니다. 데카르트의 방법적 회의를 적용하는 것이 현대 사상가들 에게 있어 실제로 적절하게 무장하는 것과 같아진 것입니다. 모든 것을 의심해야 한다는 마르텐센의 명령(injunction)은 모든 것에 질문을 제기해야 한다는 소크라 테스적 방법론과 깊은 관계가 있습니다. 소크라테스가 그의 질문에 대해 만족할 만한 대답을 얻을 때까지 질문하기를 멈추지 않았던 것처럼, 데카르트 역시 모든 것에 의문을 제기할 때까지 의심하기를 멈추지 않았습니다.

키르케고르는 마르텐센과 그의 학생들에 대해 풍자하는 두 개의 작품을 썼 는데 결국 출판하지 못했습니다. 그는 이 두 작품의 중심 주제를 데카르트의 보 편적 의심에서 가져왔습니다. 이 작품 중 첫 번째는《옛 비누 저장고와 새 저장고 간의 갈등》이라는 제목의 코미디 작품이었습니다. 그는 이 작품을《일기 DD》에 썼는데 아마도 학생 시절인 1838년 1월경으로 추정됩니다. 키르케고르는 이 단 편에 대한 영감을 그로브뢰드레 토르브(Gråbrødre Torv)라 불린 코펜하겐의 광장 에서 얻었습니다. 당시 이 광장에 판매 경쟁이 붙은 두 비누 가게가 있었다고 합 니다. 기존 비누 업자가 영업하고 있던 건물의 지하에 새로운 비누 업자가 이사 왔습니다. 비누 가게가 두 개가 되다 보니, 고객이 혼돈을 일으켜 사업이 잘 안 되는 일을 피하기 위해, 옛 비누가게가 자신들이야말로 예전부터 있던 전통적인 비누 저장고임을 알리는 표시를 붙이게 됩니다.[25] 키르케고르의 관심을 사로잡았던 흥미로운 경쟁의 시작이었습니다.

그림3.1. 《일기 DD》의 《옛 비누 저장고와 새 비누 저장고 간의 갈등》 첫 페이지(1837-8년)

이것은 우리에게 소크라테스의 재판을 상기시킵니다. 재판에서 소크라테스는 프리타네이온(Prytaneum)에서 무료 식사를 제공받고 공공의 비용으로 부양받을 것을 자신이 받을 형벌로 제안합니다. 프리타네이온은 아테네의 공공건물로, 일종의 시청사였습니다. 국가를 위해 위대한 일을 했던 사람들, 예를 들어 승리

---

25 *Kierkegaard's Journals and Notebooks*, vol. 1. pp. 550f., 설명 참고.

한 올림픽 선수들이 거기에서 공공의 비용으로 무료 식사를 제공받곤 했습니다. 키르케고르는 이 아이디어를 활용해 풍자의 글을 씁니다. 소크라테스 대신, 마르텐센과 그의 학생들을 등장시킵니다. 약간의 재미있는 인물들이 나타나 터무니없는 철학적 대화에 몰두합니다. 그들은 언제나 "De omnibus dubitandum est"(모든 것을 의심해야 한다)와 같은 슬로건을 사용했는데, 당시의 사람들은 이것이 마르텐센의 강의와 그가 쓴 작품에서 나온 것임을 모두 알고 있었지요. 이 코믹한 철학자들을 프리타네이온에 등장시켜, 그들이 소크라테스처럼 모든 것을 의심하려고 시도하는 철학을 함으로써 어떤 중대한 공공의 서비스를 제공한다는 것으로 착각하고 있다는 것을 암시하는 것 같은 풍자작품을 쓴 것입니다. 그러나 그들은 실제로 의미 있는 무언가를 하는 대신에, 단순히 혼란스럽고 터무니없는 철학적 대화에만 몰두했던 것입니다. 한층 더욱 심각하게 말입니다. 키르케고르는 마르텐센과 그의 제자들이 자만에 빠진 것으로 풍자한 것입니다.

이 작품이 쓰인 시기 동안 마르텐센이 당시 광장의 비누 저장고 바로 맞은편 집에 살았다는 사실이 주목할 만한 일입니다. 1837년 9월, 키르케고르가 코펜하겐 대학 시절, 비누 저장고에 대한 코미디를 쓸 생각을 했을 무렵, 류스트에으(Løvstræde)와 닐스 헤밍슨스 거리(Niels Hemmingsens Gade, Løvstræde 7번가)의 코너에 있던 아파트로 이사했습니다. 마르텐센의 집을 탁 트인 광경으로 볼 수 있는 광장 바로 옆 아파트였습니다.

3.5. 키르케고르의 요하네스 클리마쿠스, 혹은 *De omnibus dubitandum est*

키르케고르가 썼으나 출판하지 못했던 다른 풍자 작품은, 《요하네스 클리마쿠스, 혹은 *De omnibus dubitandum est*》라는 제목의 작품이었습니다(그림 3.2.

참고). 요하네스 클리마쿠스는 키르케고르가 《철학의 부스러기》와 《결론의 비학문적 후서》를 출판할 때 사용했던 가명의 저자입니다. 그러나 디 옴니버스(De omnibus)의 풍자 본문은 이 두 개의 잘 알려진 가명의 저자의 책이 나오기 전 1843년의 어느 시점에서 저술되었습니다.

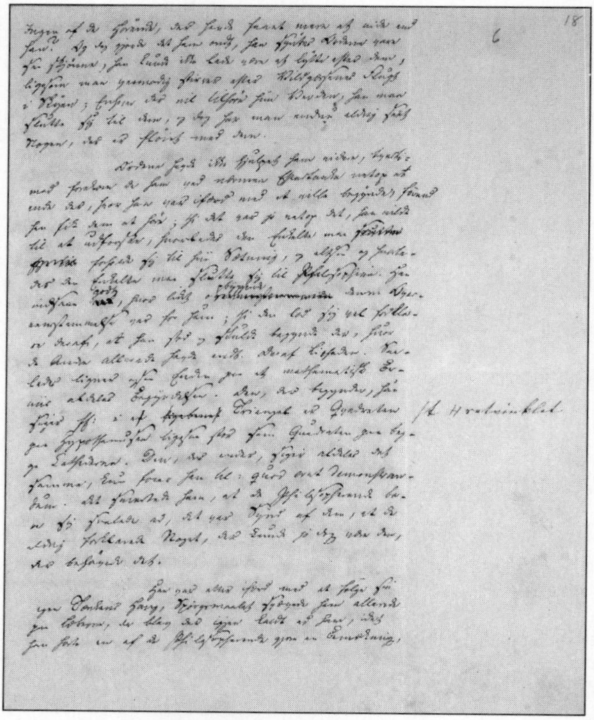

그림 3.2. 《요하네스 클리마쿠스, 혹은 *De omnibus dubitandum est*》의 원고(1842-3년)

《디 옴니버스》(De omnibus)는 요하네스 클리마쿠스라는 한 젊은 학생에 대한 이야기로, 그는 코펜하겐 대학의 강의에 참여하였고, 모든 것을 의심함으로써 시작해야 할 필요가 있는 철학적 담론에 대해 관심이 많았습니다. 키르케고르는 분명 클리마쿠스를, 마르텐센 강의를 듣는 재미에 휩쓸린 학생들 중 한 명을 나타내기 위해 기획했을 것입니다. 많은 본문이 약간 지루한 철학적 고찰로 채워져 있는데, 요하네스는 철학에서 모든 것을 의심해야 한다는 요구가 무엇을 의미하는지, 정확하게 정의하려고 노력합니다. 결국 여기에 클리마쿠스가 탐구하는 다음과 같은 세 가지 다른 변형이 있습니다. "(1) 철학은 의심으로 시작한다. (2) 철학하기 위해서, 의심해야만 한다. (3) 현대 철학은 의심으로 시작한다."[26] 각각은 결국 부조리로 이어집니다.

키르케고르는 이 작품을 끝내지 못했고 중간에 중단되었을지라도, 이 기획은 명확히 요하네스가 모든 것을 의심하라는 명령을 따르기 위해 시도하다가 어떻게 절망에 빠지게 되었는지를 보여줄 목적을 갖고 있었습니다. 노트에서 키르케고르는 그가 이루지 못한 작품에 대한 계획을 설명하고 있습니다.

> 요하네스는 우리가 들었던 바를 행한다. 즉, 그는 실제로 모든 것을 의심한다. 그는 이것을 행하기 위해 모든 고통을 감수한다.…그가 갈 수 있고 또 돌아가고 싶어 했던 그 방향으로 여기까지 왔을 때, 그는 그렇게 할 수 없었다.…그는 지금 절망하고 있다. 그의 삶은 낭비되었다. 그는 이런 고찰을 하다가 모든 젊음의 시간을 허비하고 말았다. 삶은 그에게 아무런 의미도 가져다 주지 못했다. 이 모든 것은 철학의 과실이었다.[27]

마르텐센은 무책임하게 학생들이 모든 것을 의심하도록 부추겼습니다. 모든 것은 종교, 가족 관계, 공동체 등과 같은 것들도 의심하게 되는 것이었습니다. 이런 것들에조차 의문을 제기하는 것은 결국 자기 자신을 소외시키는 것이었습니다. 모든 것을 의심하는 것은 일종의 학문적 훈련으로 의도된 반면, 젊은 학생들이 이것을 삶의 방식으로 심각하게 가져가서 자신의 신념을 약화시켰던 것입니다. 그러나 일단 이 지점에 도달하고 나면, 다시 돌아가는 것은 불가능합니다. 비

---

26 Kierkegaard, *Johannes Climacus, or De omnibus dubitandum est,* trans. by Howard V. Hong and Edna H. Hong, Princeton: Princeton University Press, 1985, p. 132.

27 Kierkegaard, *Johannes Climacus, or De omnibus dubitandum est,* trans. by Howard V. Hong and Edna H. Hong, Princeton: Princeton University Press, 1985, Supplement, pp. 234-5.

판적 반성을 시작하고 나면, 더 이상 이전의 신념을 갖고 무비판적으로 살 수가 없습니다. 이것이 새로운 지식이 가져오는 결과에 대해 두려워하면서 이 지식을 의심스러워하는 관점입니다. 소크라테스의 경우처럼, 이 지식은 개인을 가족과 공통체로부터 분리시킵니다. 키르케고르가 이 이야기에서 내리는 결론은 요하네스가 철학적 의심에 의해 무너졌고 결국 절망으로 끝났다는 것입니다.

3.6. 소피스트 그리고 소크라테스의 유산

키르케고르는 헤겔이 소크라테스에 대해 "역사의 전환점"[28]이라고 특징을 묘사한 것에 대해 동의합니다. 소피스트의 운동과 소크라테스와의 관계를 분석하고, 소크라테스의 뒤를 이었던 철학의 다른 학파들을 분석함으로써 이에 대한 자신만의 평가를 제안합니다. 이 두 개의 양 극단 사이에서 소크라테스를 봄으로써, 우리는 그리스적 사고와 문화의 발전 과정 가운데 전환점으로서의 소크라테스의 역할에 대해 더 나은 이해에 도달할 수 있습니다.

그리스 삶이 몰락한 이유에 대해, 키르케고르는 헤겔의 의견을 따르면서 "유한한 주관성의 독단(arbitrariness)"[29]으로 묘사하고 있습니다. 이것은 소피스트와 관련된 것으로, 상대주의자로 잘 알려진 그들은 어떠한 절대적 혹은 항구적 진리도 거부하였습니다. 키르케고르는 다음과 같이 설명합니다. "소피스트는 일깨우는 반성의 도움을 받아 잡다한 다양성에 파묻힌 자기 자신을, 실재하는 도덕성(substantial morality)으로부터 분리시키는 지식을 대표한다. 대체로 그들은 분리된 문화를 대표한다. 직접성의 환상이 사라져버린 누구나 이 문화에 대한 필요를 느낀다."[30] 소피스트들도 역시 소크라테스처럼 그리스 전통 문화에 대해 의문을 품

28　Kierkegaard, *The Concept of Irony*, p. 200.
29　Ibid., p.201.
30　Ibid., p.201f.

고 비판했으며, 키르케고르는 이것을 "실재하는 도덕성"이라 불렀습니다.

소피스트들은 젊은이들에게 정치와 사업에 있어 유익한 실천적 지식을 가르친다고 주장했습니다. 특별히 그들은 말 잘하는 기술과 논증하는 기술을 가르쳤습니다. 이런 기술을 통해 그들은 당시의 자신들에게 유리하다고 생각되는 것은 무엇이든지 논증적으로 정당함을, 효과적으로 입증할 수 있었을 것입니다. 그러나 이 논증의 목적은 언제나 논증을 수행하는 자가 받을 이익에 있었지, 어떤 더 고차원적인 진리에 대한 관심에 있지 않았습니다. 소피스트들이 세계에 대한 입장을 주장한다는 점에서는 긍정적 역할을 담당했지만, 자신들의 이익을 추구하는 과정에서 전통적인 신념과 더 높은 차원의 진리에 의문을 제기하거나 혹은 그것을 무시한다는 점에서는 부정적 역할을 했습니다.

절대적 진리가 부재할 때 거기에는 독단이나 우연적인 진리만 존재하며, 개인의 이익 추구에 의해 영향을 받습니다. 소피스트들은 이런 독단적이고 우연적인 진리를 본질적인 목적으로 고양시켰습니다. 절대적 진리가 없었기에, 그 부류들은 우연적인 진리가 자신들의 목적에 봉사하는 한 그것을 마음껏 즐겼습니다. 키르케고르는 다음과 같이 설명하고 있습니다. "첫 번째 형태에서, 소피스트들에게 제공받은 이 교육은 모든 것의 기반을 흔든다. 그러나 두 번째 형태에서, 모든 학생이…모든 것을 다시 확고하고 견고하게 할 수 있다. 따라서 소피스트는 모든 것이 사실이라고 입증한다."[31] 그리하여 소피스트들은 어떤 것이든 이유와 논거를 제공할 수 있습니다. 오늘날에도 의문스러운 의견이나 행동을 방어하기 위해 탁월한 언변이나 특별한 추론을 사용하는 사람을 일컬어, 경멸적인 의미로 '소피스트'라는 말을 사용하는 것도 바로 이런 의미에서입니다.

키르케고르는 마르텐센이 마치 소피스트처럼 행동한다고 생각했습니다. 마르텐센이 자신을 유명하게 만든 *De omnibus dubitandum est*"을 주장하면서, 어떤 급진적이면서도 생각을 바로 잡아주는 회의주의 입장을 취하는 척했다는

---

31 Ibid., p. 205.

점이 키르케고르를 화나게 했습니다. 키르케고르가 생각할 때 이것은 공허한 슬로건에 불과했습니다. 마르텐센의 목적은 데카르트처럼, 회의주의에서 벗어나 교리, 논증 혹은 기본적 진리의 요구(truth claim, 프래그머티즘에서 아직 경험적으로 실증되지 않은 가설(假說). 역자 주)와 같은 긍정적인 것을 세우는 데 있었습니다. 키르케고르가 소피스트를 '모든 것의 기반을 흔들지만 그 후 모든 것을 다시 확고하게 세우는 자들'로 서술했던 것처럼, 소피스트와 정확히 같은 방법을 사용한 것입니다. 키르케고르가 생각한 소크라테스의 심오함과 천재성이란, 그가 회의주의와 부정성에 남은 채, 긍정적 진리의 요구를 이끌어 내기를 거부했다는 사실에 있었습니다. 따라서 키르케고르는, 소크라테스가 순수하게 부정성에 머물렀던 반면, 소피스트들은 긍정적 주장을 했음을 언급하면서 소크라테스와 소피스트들을 비교했습니다. 예를 들어, 프로타고라스는 덕이 무엇인지를 안다고 주장했고, 그것을 가르칠 수 있었습니다. 반면, 소크라테스는 덕이 무엇인지 모른다고 주장했고, 그것을 가르칠 수 없었습니다.[32]

키르케고르는 소크라테스의 아이러니가 '세계 역사적 타당성(world-historical validity)'[33]을 갖는다고 주장합니다. 소크라테스가 주어진 역사적 상황에서 아이러니를 사용한 것은 타당하다는 것입니다. 소크라테스의 아이러니는 두 가지 공격 목표를 겨냥하고 있었습니다. 첫째는 전통적인 아테네적 삶에 대해 전혀 성찰이 없는 지지자들(unreflective proponents)이었고, 둘째는 근거 없는 긍정적 주장을 펼쳤던 자만한 소피스트들이었습니다.[34] 소크라테스가 볼 때, 더 이상 적합하지 않거나 유용하지 않은 전통의 수렁에 빠진 자들이 전자요, 얄팍한 자기 편향적 상대주의를 고양시키는 자들이 후자였던 것입니다. 그래서, 동시대 사람들이 잘못 이해하고 있는 것을 교정해 주는 도구로 아이러니를 사용했던 것입니다. 이것은 그 당시 그리스인의 삶에 두 가지 중요한 측면이었고, 소크라테스는 이러한 맥락

---

32 Ibid., p. 208.
33 Ibid., 211.
34 Ibid., 214.

에서 핵심적인 역사적 역할을 아이러니로 감당했던 것이죠. 그는 단지 경박하게 굴거나, 누군가를 짜증나게 하거나, 혹은 강한 인상을 남기고 싶어서 아이러니를 사용한 것이 아닙니다. 오히려, 그 시대가 소크라테스로 하여금 아이러니를 사용하도록 부추긴 것이나 다름없습니다.

이제 키르케고르는 소크라테스의 사상에 대한 다른 측면을 그가 남긴 귀중한 유산으로 언급합니다. 소크라테스는 이후의 대립적인 고대 철학 학파를 많이 탄생시켰습니다. 키르케고르는 바로 여기에서 의문을 제기합니다. 그렇게도 많고 다양한 관점들이, 어떻게 이 한 사람의 사상에 기원을 두고 있다고 주장할 수 있느냐는 것입니다. 소크라테스가 다양하고 많은 이론(doctrines)을 갖고 있었더라면, 이런 다양한 이론이 이후의 다양한 철학적 학파의 관심을 사로잡았기 때문이라고 생각할 수 있을 텐데 말입니다. 키르케고르는 이와 반대로 주장합니다. 소크라테스가 남긴 이런 이질적 유산이야말로 그가 순수한 부정성을 대표한다는 주장에 더 많은 근거를 준다는 것입니다. 그가 약간의 건설적인 명제를 갖고 긍정적 이론을 만들어 냈다면, 이것이 일부 사람들에게는 매력적일지 몰라도, 다른 사람들에게는 역겨운 것이 될 수도 있었을 것입니다. 어떤 이가 가진 긍정적인 본질은 언제나 그를 따르는 제자들의 숫자만큼이나 제한적인 영향을 끼칠 뿐입니다. 키르케고르는 소크라테스가 긍정적인 이론을 내세우지 않았기 때문에, 사람들이 자신이 바라던 것을 자신의 생각대로 자유롭게 볼 수 있었던 것이라고 주장합니다.[35] 따라서 기존의 철학 학파들이 어떤 관점을 갖고 있었든 자신이 원하는 대로 소크라테스를 끌어들일 수 있었던 것이죠. 소크라테스는 다양한 긍정적 이론을 갖고 있는 많은 철학 학파를 탄생시켰고 또 한편으로는 키르케고르가 헤겔과 의견을 동일시하며 "무한한 부정성"(infinite negativity)이라 부른 입장을 대표합니다.[36]

---

35 Ibid., 215.
36 Ibid., 216, 218.

3.7. 소크라테스와 그리스도

키르케고르 당시에 소크라테스와 그 삶을 그리스도의 운명과 비교하는 것은 일반적인 관례였습니다. 양자 모두 윤리적으로 의로운 개인이었고, 법적 절차에 따라 고발당했고 결국 처형되었습니다. 이런 비교 자체가 하나의 큰 문학이었습니다. 키르케고르 역시 이런 비교에 익숙했습니다. 이런 작품들 중 가장 중요한 하나가 1837년 독일 신학자 페르디난트 크리스티안 바우어(Ferdinand Christian Baur)가 쓴 《소크라테스와 그리스도: 플라톤주의 기독교에 대하여》(On Christianity in Platonism: Socrates and Christ)라는 책이었습니다.[37] 키르케고르는 《아이러니의 개념》에서 이 책을 몇 번 언급합니다.[38]

신약성경은 그리스도께서 바리새인이라 알려진 율법사와 서기관들과 싸운 것으로 묘사하는데, 그들은 종교적 관습과 의식을 엄격하게 준수해야 한다고 주장했습니다. 바우어의 평행적인 비교 연구는 종종 그리스도가 바리새인들과 충돌한 것과 소크라테스가 소피스트들과 충돌한 것에서 나왔습니다. 키르케고르가 "소피스트들이 바리새인을 상기시킨다."[39]라고 말할 때, 이 관계를 언급한 것이었습니다.

이는 키르케고르가 소크라테스를 얼마나 중요하게 보았는지에 대해 우리에게 유용한 통찰을 주는 대목입니다. 이방 철학자인 소크라테스에게 키르케고르가 왜 그렇게 관심이 있었는지 처음에는 명확하지 않았습니다. 키르케고르가 중요하게 삼은 목표가 기독교를 이해하는 것과 관련이 있는 것이라면 말입니다. 여기에서 이 관계가 명확해 집니다. 즉, 소크라테스는 그리스도와 같고, 소피스트는 바리새인과 같습니다. 키르케고르가 믿기에, 비록 소크라테스가 이방의 철학

---

37 Ferdinand Christian Baur, *Das Christliche des Platonismus oder Sokrates und Christus. Eine religionsphilosophische Untersuchung,* Tübingen: Ludw. Friedr. Fues 1837.
38 Kierkegaard, *The Concept of Irony,* pp. 13-15, p. 31, p. 52, p. 99. p. 220.
39 Ibid., 213.

자였지만, 그가 남긴 메시지가 우리에게 잊혀진 그리스도의 메시지와 상당히 중요한 점에서 공통점을 나타냈습니다. 따라서 소크라테스의 사상과 도구를 활용함으로써, 그 당시 기독교가 혼란스러운 이해로 받아들인 것들에 대해 어떤 통찰을 가져다 줄 수 있다고 믿었던 것입니다.

3.8. 안드레아스 프레데릭 벡과 《아이러니의 개념》에 대한 첫 번째 비평

안드레아스 프레데릭 벡(Andreas Frederik Beck)은 키르케고르와 같은 시기에 코펜하겐 대학의 학생이었습니다. 그는 헤겔의 학생이자 베를린에 살던 독일 신학자 다비드 프리드리히 슈트라우스(David Friedrich Strauss)에게 영향을 받았습니다. 슈트라우스는 《비판적으로 시험받았던 예수의 생애》(*The Life of Jesus Critically Examined*)라는 제목의 기념비적 연구로 유명해졌습니다.[40] 이 작품은 복음서의 본문을 구체적으로 조사했고, 예수와 관련된 이야기가 대체로 신화였다고 결론을 지으면서 독일어권 세계에 상당한 논쟁을 일으켰습니다. 이 책 때문에 슈트라우스는 튀빙겐 대학에서 직위를 상실했습니다. 1839년 논쟁이 잦아들었다고 생각되었을 때, 슈트라우스는 스위스 취리히 대학에 한 직책에 임명되었습니다. 그러나 이 임명이 대중에게 알려지자, 큰 저항에 부딪히게 되었고 대학은 이를 견딜 수 없어 결국 그에게 준 직위를 취소해야 했습니다.

벡은 슈트라우스의 접근 방법을 덴마크에 가져오는 데 관심이 많았습니다. 1841년 키르케고르가 석사 논문을 쓸 당시에, 벡은 《신화의 개념 혹은 종교적 정신의 형태》(*The Cocept of Myth or the Form of Religious Spirit*)라는 제목으로 책을

---

40 David Friedrich Strauss, *Das Leben Jesu,* vols 1-2, Tübingen: C. F. Osiander 1835-6.(영어로 는 *The Life of Jesus Critically Examined,* trans. by George Eliot, ed. by Peter C. Hodgson, Ramsey, New Jersey: Sigler Press 1994.)

집필하고 있었고, 다음 해에 출판 예정이었습니다.[41] 벡은 개인적으로 키르케고르를 알았고, 《아이러니의 개념》에 대해 상당히 관심이 많았습니다. 그 당시에는 논문 심사를 하는 동안, 청중들이 일어나서 논문에 대한 질문을 하는 것이 가능했고, 벡도 키르케고르의 학위논문에 대해 질문했던 사람들 중 하나였습니다. 다음 해에 벡은 《아이러니의 개념》에 대한 비평을 썼는데, 《조국》(The Fatherland)이라는 정기 간행물에 실렸습니다.[42]

오늘날 우리는 《아이러니의 개념》을 현대 세계를 이해하는 중요한 작품으로 인정합니다. 그러나 그 당시에 이 작품은 회의적인 반응을 얻었습니다. 키르케고르의 논문 위원들 중 다섯 사람 모두 논문 일부의 심각한 단점으로 인해 자신들이 고통 받았다고 불평했습니다. 특별히 문체와 관련된 것이었습니다. 그들의 공식적인 발언의 어조는 마치 마지못해 키르케고르 석사논문을 통과시킨 것처럼 들립니다. 또한 몇 가지 중요한 부분을 수정할 것을 키르케고르에게 요청한 것 같습니다. 하지만 벡은 이 작품을 비평할 때 더 많은 것을 보았습니다. 그것은 무엇이었을까요? 다른 사람은 그것을 보지 못한 반면, 벡은 어떻게 그것을 봤던 걸까요?

벡은 슈트라우스가 서로 다른 복음서들의 기술을 비교하면서 예수의 생애를 이해하려 노력하는 것을 보았습니다. 이렇게 설명이 서로 다른 곳에서, 역사적 진실성에 대한 질문으로 제기될 수 있었던 것이죠. 벡은 키르케고르가 소크라테스의 모습을 역사적으로 재건하려는 시도를 하는 가운데, 슈트라우스와 동일한 종류의 방법론을 사용하는 것을 보았습니다. 말하자면, 마태, 마가, 누가와 요한 대신에, 그의 복음서에서는 플라톤, 크세노폰, 아리스토파네스였던 것이고, 그들 각자가 소크라테스에 대한 다른 그림을 보여주었던 것이죠. 슈트라우스처럼, 키

---

41   Frederik Adreas Beck, *Begrebet Mythus eller den religiøse Aands Form,* Copenhagen: P. G. Philipsen 1842.

42   Frederik Adreas Beck, "[Review of] *Begrebet Ironi, med stadigt Hensyn til Socrates* af Søren Kierkegaard," *Fædrelandet,* nos. 890 and 897, May 29, and June 5, 1842, cols. 7133-40, 7189-91.

르케고르는 **진짜 소크라테스**를 얻기 위해 그의 자료들을 철저하게 추려내야 했습니다.

슈트라우스의 제자로서, 벡은 키르케고르가 역사를 다루는 중요성을 볼 수 있었습니다. 추상적인 것이 아니라, 구체적인 역사적 발전에서 개념을 다루는 키르케고르의 방법론을 벡은 인정한 것입니다. 개념들이 발전하고 시간이 지나면서 변한다는 것을 키르케고르처럼 깨달았습니다. 사물에 대한 우리의 현대적 이해가, 길고도 여전히 진행 중인 발전의 결과였음을 깨달았습니다. 고대 세계는 복음서의 이야기를 무비판적으로 사실로 받아들였던 반면, 현대 정신은 그것들이 사실인지 아닌지를 결정하기 위해 학문적인 방법으로 분석해야 했음을 알게된 것입니다. 현대 정신은 진리를 스스로 결정하기 원했습니다. 키르케고르가 내면성과 주관성을 강조한 것과 궁극적으로는 같은 맥락이었던 것입니다.

키르케고르는 "공개 고백(Public Confession)"[43]이라는 기사 후기를 통해 벡의 비평에 답했습니다. 벡의 설명이 일반적으로 상당히 긍정적일지라도, 키르케고르는 몇 개의 작은 비판적 요점에 민감했고, 그것들에 대해 풍자와 아이러니로 반응했습니다. 이런 일이 벌어지는 중간에 출판된 신화에 대한 벡의 책이, 키르케고르의 《아이러니의 개념》을 슈트라우스와 헤겔 좌파와 관련시키고 있는 것에 반대했습니다. 이 그룹의 사상가들은 헤겔이 전통적이고 종교적인 믿음을 비판했던 것으로 이해했으며, 헤겔의 철학적 방법론을 기독교를 훼손하는 데 사용했습니다. 슈트라우스와 더불어, 루드비히 포이어바흐와 브루노 바우어 같은 영향력 있는 작가들도 이 그룹에 속해 있었습니다. 키르케고르는 자신이 이 그룹과 관계되어 지는 것을 피하기 위해 언제나 노력했고, 기독교에 대해 세속적인 이해를 가졌던 헤겔 좌파의 의견에 동의하지 않았습니다.

《아이러니의 개념》은 어떤 특정 학파의 사상과도 관련이 없을 뿐 아니라 독

43　Kierkegaard, "Public Confession," in *The Corsair Affair and Articles Related to the Writings,* trans. by Howard V. Hong and Edna H. Hong, Princeton: Princeton University Press 1982, pp. 3-12, 또한 pp. 9-12도 참고.

립적이면서 독창적 작품으로 인정받기 원했습니다. 게다가, 키르케고르는 이 작품이 이해하기 힘든 것 같다는 암시를 주는 듯한 벡의 불평에 대해 부정적으로 반응했습니다. 벡이 무언가를 이해하는 데 실패한다면 그것은 벡의 잘못이지, 이 책에 대한 비판으로 고려되어서는 안 된다고 비꼬는 투로 대답했습니다. 비평이 통찰력 있을 뿐 아니라 긍정적이었다는 사실에도 불구하고, 이 작품이 가져야 할 찬양의 요소로서의 벡의 비평을 키르케고르는 인정할 수 없었습니다.

3.9. 양날의 검으로서의 지식

키르케고르가 소크라테스를 이해한 방식이 오늘 우리의 삶과 어떤 관련이 있는 것일까요? 우리는 지식, 의심, 전통적 가치에 대해 이야기하고 있습니다. 결국 이런 문제들은 인간의 삶에서의 지식과 그것의 역할 그리고 지위에 대한 근본적 문제에 이르게 됩니다. 우리에게 잘 알려진 가장 오래된 고대 이야기 중 하나에서 이것을 볼 수 있습니다. 구약 성서 창세기에 나오는 타락의 이야기입니다. 우리는 첫 번째 사람인 아담과 하와에 대해 들었는데, 그들의 모든 필요가 충족되도록, 요구하는 모든 것이 제공되는 멋진 동산에 살았습니다. 그들은 자신을 둘러싼 세계와 자연에 조화를 이루고 살았죠. 그러나 그들은 한 가지를 갖지 못했습니다. 바로 지식입니다. 그들은 일종의 무지의 행복 속에 살았습니다. 하나님은 그들이 좋아하는 모든 것을 동산 안에서 즐길 수 있으나, 지식의 나무에서 열리는 것은 먹을 수 없다고 말했습니다.[44] 우리가 알다시피, 이 이야기에 따르면, 아담과 하와는 뱀의 유혹을 받아 이 금기를 무시했고 이 나무의 열매를 먹었으며, 지식을 얻었습니다. 갑자기 모든 것은 변했고, 그들은 세상을 이전과 다

---

44   창세기 2:16-17, "여호와 하나님이 그 사람에게 명하여 이르시되 동산 각종 나무의 열매는 네가 임의로 먹되, 선악을 알게 하는 나무의 열매는 먹지 말라. 네가 먹는 날에는 반드시 죽으리라 하시니라."

른 눈으로 보게 됩니다. 먼저 자신들이 벗었다는 것을 깨닫게 되고 수치를 느꼈습니다. 그들은 더 이상 세상과 조화를 이룰 수 없었습니다. 동산에 있는 집에 있는 대신, 동산에서 소외되었습니다. 그들의 죄를 발견한 후, 하나님은 그들을 동산에서 추방하여 더 넓은 세상인 '에덴의 동쪽'으로 몰아냈습니다.[45] 이 이야기가 우리에게 말해주는 것은 지식은 위험하다는 것입니다. 하나님은 이를 잘 알고 계셨고, 바로 이런 이유에서 아담과 하와에게 이 나무의 열매를 먹지 말라고 하셨던 것입니다. 일단 사람이 이 단계를 거치고 나면, 뒤로 돌아갈 수 없습니다. 이 이야기의 교훈은 사람이 지식을 소유하도록 의도되지 않았다는 것입니다. 그들은 지식 없이 더 행복했습니다.

창세기의 이야기는 개인의 성장과 성숙의 과정에서 언제나 재현되었습니다. 우리가 아이였을 때는 가족, 문화, 사회와 직접적으로 조화를 이루며 살아갑니다. 그러나 우리가 성장하게 되면, 어렸을 때는 당연한 것으로 받아들였던 것들에 대해 자연스럽게 의문을 제기하는 지점에 이르게 됩니다. 우리의 부모와 지도자들 역시 잘못을 범할 수 있으며, 우리의 문화에도 문제점이 있음을 깨닫게 되지요. 이런 지식이 우리를 둘러싼 세계로부터 우리를 소외시킵니다. 소크라테스, 파우스트, 요하네스 클리마쿠스와 같은 인물들은 그들 각자의 문화에 대한 기존의 진리에서 등을 돌리면서 지식을 추구합니다. 이런 추구로 인해 그들은 세계로부터 멀어집니다. 지식은 위험한 것입니다. 전통적인 가치와 제도를 옹호하는 사람들은 지식을 두려워합니다.

이 문제에 대한 다른 관점은 계몽주의에서 나타납니다. 이 관점에 따르면, 아리스토텔레스가 말했듯이 인간은 본성적으로 알고자 하는 욕구가 있습니다. 지식은 우리를 동물과 구분 짓는 요소이며, 우리의 인간성은 이성적으로 사고하고 우리의 신념을 비판적으로 검토하는 능력에 있습니다. 소크라테스가 말했듯이

---

45 창세기 3:24, "이같이 하나님이 그 사람을 쫓아내시고 에덴동산 동쪽에 그룹들과 두루 도는 불 칼을 두어 생명나무의 길을 지키게 하시니라."

"[이성적] 시험이 없는 삶은 살 가치가 없습니다."[46] 지식은 인간이 자신의 환경을 재구성할 수 있게 해주며 역사상 위대한 기술적, 사회적 발전을 가능하게 했습니다. 모든 역사를 통틀어 인간은 새로운 지식을 습득하는 능력을 통해 사물을 개선해 왔습니다. 예를 들어, 천연두와 소아마비와 같은 질병의 퇴치, 치과 및 마취학의 발전 등 인류의 삶을 구체적으로 개선한 다양한 과학 분야에서 큰 발전이 있었습니다. 이 관점을 지지하는 사람들은 이러한 발전을 부정하는 것은 완전히 터무니없는 일이며, 인류 역사의 전체 무게가 지식이 곧 힘이라는 유명한 격언을 뒷받침한다고 주장합니다. 이 관점에 따르면 지식을 억압하려는 사람은 시대에 뒤떨어진 미신에 눈이 먼 사람입니다.

오늘날 우리 대부분은 계몽주의적 관점에 동의할 것입니다. 우리는 이전에는 몰랐던 **새로운 지식**을 얻기 위해 쇠렌 키르케고르에 관한 책을 읽습니다. 우리는 지식을 소중히 여기고 지식을 갖는 것이 중요하다고 믿습니다. 인터넷에서 자유롭게 이용할 수 있는 정보의 양이 지속적으로 증가하는 것은 정보에 대한 강한 수요와 정보 보급을 우선시하는 문화를 증명하며, 모든 사람이 새로운 지식을 배우고 습득할 기회를 가져야 한다는 데는 논란의 여지가 없는 것 같습니다.

이것이 간단한 것처럼 보이는 반면, 현대 세계는 이 그림을 해결하기 어려운 문제로 만들었습니다. 지식은 양날의 검입니다. 마천루와 백신과 같은 것을 뛰어난 발명품으로 자랑스러워했던 서양 문화가 동일하게 강제수용소와 생물학적 무기를 만들기도 했습니다. 오늘날 우리는 인간 기술의 부산물로 발생된 오존층 파괴와 지구 온난화와 같은 중요한 환경문제에 직면했습니다. 지식과 기술이 우리에게 환경을 개선할 수 있도록 도운 것도 사실인 반면, 그것들이 동일하게 파괴하는 데에도 효과적이었다는 것을 입증하고 있습니다.

지식에 대한 개방된 접근의 문제는 까다로운 문제입니다. 나는 이 책의 독자들에게 키르케고르의 사상에 대한 일부의 지식을 공유할 수 있습니다. 이것은 문

---

46 Plato, *Apology*, in *The Last Days of Socrates,* trans. by Hugh Tredennick, Harmondsworth: Penguin 1954, p. 72.

제가 될 수 없는 것처럼 보입니다. 그러나 인터넷으로 들어가서 지식을 공유하는 사람들을 찾아보세요. 예를 들어, 폭탄 제조법에 대한 지식을 공유하는 사람을 찾아볼 수 있습니다. 이런 종류의 지식은 우리를 상당히 불안하게 합니다. 이런 지식에 누구나 자유롭게 접근할 수 있도록 해야 할까요?

일단 사람이 이성, 과학, 기술에 이르는 길에서 시작하면, 뒤로 돌아갈 수 없습니다. 이것은 일방통행의 길입니다. 램프요정(genie)이 병에서 나오면 다시 제자리로 갈 수 없습니다. 키르케고르가 요하네스 클리마쿠스라는 인물에 대해 말하듯, 일단 그가 의심하기 시작하면, 이 과정을 시작하고 그의 주변 세계에서 소외되고 나면, 순수했던 이전 상태로 다시는 돌아갈 수 없습니다. 이런 종류의 고찰을 통해, 우리는 창세기의 타락 이야기 뒤에 있는 핵심을 보기 시작합니다. 에덴의 동쪽의 세계는 위험하고 불안정한 세계입니다. 마찬가지로, 소크라테스, 파우스트와 요하네스 클리마쿠스의 이야기는 먼 과거에서 들려오는 동화가 아닙니다. 이 이야기는 21세기의 위험한 우리 세계에 대한 이야기입니다.

4

키르케고르, 하이버그 그리고 역사

우리는 오늘날 전통 가치의 상실과 현대 삶에서 의미의 결핍에 대한 이야기를 종종 듣습니다. 오늘날 이런 문제가 왜 널리 퍼진 것일까요? 과거에 지구는 우주의 중심이었고, 인류에게 편의를 제공해주기 위해 창조되었다고 생각했습니다. 인류와 인류를 구성하고 있는 개인은 하나님의 주된 관심이었습니다. 물론 그 당시의 사람들도 질병, 고통과 죽음을 잘 알고 있었습니다. 그러나 이런 것들이 있음에도 지구는 하나님께서 개인적으로 관심을 두고 계신, 절대적으로 독특하고 특별한 장소였다고 생각하는 것이 큰 위로였습니다. 하나님은 개인의 분투와 운명에 대해 관심을 두고 계십니다.

역사적이고 과학적인 발전은 수많은 사람들의 이런 관점을 바꾸어 놓았습니다. 오늘날 지질학자는 우리에게 어느 날 지구의 핵에서 녹은 상태로 존재하는 암석이 식을 것이라고 말합니다. 지구는 축을 중심으로 회전하기를 멈출 것이며, 자기장은 상실될 것입니다. 이런 일이 일어날 때, 보호를 받던 대기는 태양풍을 맞고 우주로 발산할 것이며, 바로 그 시점에서 지구는 태양의 위험한 광선에 직접적으로 노출될 것이므로, 더 이상 생명체가 거주하기 어려운 곳이 될 것입니다. 천문학자들은 또 우리에게 말합니다. 어느 날 태양을 움직이던 에너지가

다 소진되기 시작할 것이고 태양의 생애의 마지막 단계에 진입할 것이라고요. 이런 일이 일어날 때, 태양은 급속도로 팽창할 것이고 적색 거성이 될 것입니다. 그 때 태양은 지구를 삼킨 다음, 소각해 버리고 말 것입니다. 우리의 사랑스러운 행성은 존재하기를 멈출 것입니다. 언젠가 이 일 후에 태양은 신성(nova)이라 부르는 사건으로 폭발할 것입니다. 이와 함께 우리의 태양계는 더 이상 존재하지 않을 것이고, 우리 역시 존재하지 않았던 것처럼 될 것입니다.

이전 관점과 달리, 이런 그림은 별로 그렇게 중요한 위로를 제공하지 못합니다. 인간의 역사가 광대하고 무심한 우주 속에서 순간적이고 보잘것없는 에피소드에 불과하다면, 도대체 우리의 삶의 의미는 무엇입니까? 행성, 별과 은하수들의 우주 공간의 놀이 속에서, 나의 소망과 꿈, 분투와 성취는 도대체 무슨 중요성을 갖는 것일까요? 내게 있어 개인적으로 가장 중요한 것들에 대해 이 우주는 잔인하게 무관심한 것 같습니다. 맥베스가 말하듯, 모든 인간의 삶의 소음과 격노는 아무것도 아닌 것과 같습니다. 큰 그림에서, 인간의 존재란 겨우 꺼져가는 양초의 심지 같습니다.

이런 새로운 관점이 결국 니힐리즘(nihilism, 허무주의)으로 안내할 수 있습니다. 니힐리즘은 삶이 아무런 목적이나 의미를 지니지 않는다는 신념입니다. 우리가 이런 관점으로 사물을 볼 때, 우리의 매일의 삶을 구성했던 사건과 관습에 대해 비판하는 것은 쉽습니다. 자기 자신이나 삶에서 행위를 심각하게 받아들인 사람들은 갑자기 관점을 상실한 것처럼 보입니다. 웅장하고 기념비적인 것을 성취한 척하지만, 보잘것없는 삶에서 보잘것없는 목표를 추구하는 것 같습니다. 그들은 결국 온갖 노력도 아무것도 아닌 것과 같다는 것을 보지 못합니다. 바로 이것이 현대 니힐리스트의 관점입니다.

키르케고르는 삶의 무의미함의 문제에 관심이 많았습니다. 그는 이 문제를, 심각하게 받아들여야 하는 중요한 현대적 현상이라 여겼습니다. 《아이러니의 개념》 2부는 키르케고르가 "현대 아이러니"라 부르는 것의 다른 형태들을 다룹니다. 이런 맥락에서 그가 보는 입장은 우리가 현대 니힐리즘이라 부르는 것과 같습니다. 21세기 의미의 부재에 대한 현대 문제에 대해 이것이 어떤 통찰을 가져다줄지 알아보기 위해, 우리는 이 분석에 의지할 것입니다.

4.1. 키르케고르의 《아이러니의 개념》 2부 서론

《아이러니의 개념》 2부의 서론에서, 키르케고르는 이 작품의 목표가 역사적 형태로서의 아이러니의 발전을 조사하는 것임을 반복해서 말합니다. 키르케고르가 이 책의 서문에서 언급한 것처럼,[1] 이 분석을 위해 두 가지 요소가 필요합니다. 첫째로 아이러니의 개념 혹은 이념이고, 둘째, 이 세계에서의 아이러니의 실제 출현입니다.[2] 한편으로, 우리가 아이러니의 특별한 예를 인식할 수 있기 위해서 개념이 필요합니다. 우리 마음속에 아이러니에 대한 개념이 없다면, 이 세상에서 아이러니의 구체적 예를 결정하는 것이 불가능할 것입니다. 다른 한편으로, 우리는 아이러니의 경험적 현상이 필요합니다. 이 현상이 없다면, 아이러니에 대한 개념 혹은 이념은 단지 공기 중에 떠 있는 것이고 실제 세상과는 아무런 접촉점을 갖지 않습니다. 따라서 키르케고르는, 아이러니의 개념을 통해 세상에 지속적으로 영향을 끼쳐야 하지만 현실에서 아이러니의 특별한 예에 초점을 맞추어야 한다고 주장합니다. 이 두 측면은 서로 얽혀 있습니다. 개념은 현상에 의해 정의되고, 현상은 개념에 의해 정의됩니다.

키르케고르가 이 작품의 1부에서 탐구했던 아이러니의 첫 번째 현상은 물론 소크라테스의 것입니다. 이 그리스 철학자는 아이러니를 사용했고, 주관성의 개념을 세상에 소개했습니다. 이 지점에서 헤겔과 의견을 함께 하는 키르케고르에

---

1 Kierkegaard, *The Concept of Irony,* trans. by Howard V. Hong and Edna H. Hong, Princeton: Princeton University Press 1989, pp. 9-12.

2 Ibid., pp. 241f.

의하면, 이것은 인간적 사고의 발전 과정에서 중요한 단계를 나타냅니다. 소크라테스 이후, 주관성의 이념은 단순히 사라지지 않았습니다. 오히려 인기를 얻었고, 시간이 지나면서 점점 더 중요해졌습니다. 사람들은 관습 및 전통과는 대조적인, 이러한 주관성의 중요성과 가치를 인식하기 시작했습니다.

아이러니의 새로운 형태가 현대 세계에 나타났으나, 소크라테스의 아이러니와 동일하지 않다고 키르케고르는 말합니다. 주관성은, 소크라테스 시대 이후 몇 세기 동안 발전과정을 거쳤습니다. 현대 세계는 주관성의 역할을 인정했지만 그것을 거부했던 고대 그리스인과는 달랐습니다. 소크라테스만은 예외였죠. 그래서 현대 아이러니는 다른 상황에서 완전히 다른 출발점으로 나타났습니다. 각 경우, 아이러니는 주관성에 대한 주장(assertion)이었습니다. 그러나 현대 세계에서 주관성은 이미 정립되어 있었기에, 더 급진적인 형태로 자기 자신을 주장해야 했습니다. 키르케고르는 다음과 같이 쓰고 있습니다.

"새로운 양식의 아이러니가 나타나도록 하기 위해, 그것은 더 고차원적인 형태에서 주관성에 대한 주장으로부터 비롯되어야 한다. 그것은 두 번째 능력으로 고양된 주관성, 즉 주관성의 주관성이 되어야 한다. 이것은 반성의 반성과 일치한다."[3]

키르케고르는 현대 아이러니를 독일의 낭만주의 운동과 관련시키고 있습니다. 이것은 프리드리히 폰 슐레겔(Friedrich von Schlegel), 칼 빌헬름 페르디난트 솔거(Karl Wilhelm Ferdinand Solger)와 루트비히 티크(Ludwig Tieck)과 같은 인물로 나타났습니다. 이 세 명의 인물 각각은 자신의 특별한 분야에서 아이러니를 활용하기 위해 시도했습니다. 헤겔 또한 낭만주의자를 중요하게 비판했다는 점에 키르케고르는 주목합니다. 그는 자신의 분석에서 이것을 고려하고자 합니다. 우리가 지금 의지하는 것이 바로 이 형태의 현대적 아이러니입니다.

---

3 Ibid., 242.

4.2. 독일의 낭만주의

독일의 낭만주의는 몇 마디 말로는 정의하기 어려운 지적 운동입니다. 왜냐하면 그 자체로 그만큼 다양하며, 또한 수많은 다양한 요소들을 포함하고 있기 때문입니다. 낭만주의는 계몽주의에 대한 반발로 프랑스, 영국, 독일과 같은 국가들에서 18세기 중반에 일어났다고 대체로 알고 있습니다. 계몽주의는 교회와 절대 군주제를 비판하기 위한 이성의 능력에 중점을 두고 있는 반면, 낭만주의는 개인의 감정과 느낌에 중점을 둡니다. 계몽주의는 미신, 구식의 관습과 제도들을 청산하는 정치적이고 진보적인 힘으로 간주되었습니다. 그러나 낭만주의의 주된 인물들은 그러한 것들 속에 들어 있는 어떤 추상적이고 메마른 것을 발견하였습니다.

이성의 능력은 모든 사람이 공유하는 것입니다. 과학과 수학에서의 진보는 객관적인 증명과 증거에 의존했습니다. 과학자들은 적어도 이론에서, 그들의 개인적인 선호도나 편견과는 아무런 상관없이, 순수하게 합리적인 기준에 토대를 둔 참과 거짓을 평가할 수 있습니다. 우리 모두는 이성의 능력을 소유하고 있기 때문에, 같은 방식으로 수학을 이해할 수 있습니다. 어떤 의미에서 이런 것들에 대한 나 자신의 개인적인 의견은 별로 중요하지도 않습니다. 그것들은 나와 아무 상관없이 참이기 때문입니다. 나의 이성을 사용할 때, 그것들의 진실을 알아볼 수 있습니다. 그러나 낭만주의자들에 따르면, 무언가를 이해하기 위해 나는 나 자신부터 추상화해야 합니다. 내가 가진 합리적 능력 안에는 특별한 사람으로서의 나에 대한 어떤 특별하거나 독특한 것은 아무것도 없습니다. 다른 누구라도 모두 갖고 있는 이런 능력을 공유할 뿐이죠. 나의 진짜 자아가 나타나는 곳은 오직 감정과 느낌뿐이라고 낭만주의자들은 주장했습니다. 어느 시점에서든 오직 나만 갖고 있는 특별한 감정이 있습니다. 이것이 나의 주관성을 정의하는 것이고, 계발되어야 하는 것입니다. 계몽주의는 이성에 대해 지나치게 칭찬함으로써 이런 식으로 이해할 수 있는 각 개인을 무시하고 말았다고 낭만주의는 생각합니다.

그러므로 낭만주의자들은 개성을 찬양하면서 계몽주의를 반박하려 했습니다. 이것은 과학과 이성을 강조한 계몽주의를 비판했음을 뜻합니다. 이것은 또한 다양한 종류의 사회 순응주의를 거부함을 뜻합니다. 따라서 낭만주의자들은 부르주아의 삶과 가치에 대해 적극적인 공격을 시작하게 됩니다. 예를 들어, 프리드리히 폰 슐레겔은 혼외에서의 성적 행위의 자유를 암시하는 《루신데》(Lucinde)라는 작품을 써서, 당시 중산층 사회에 상당한 충격을 안겨주었습니다. 낭만주의자들은 각 개인이 사회와 관습에서 벗어나 진정한 자아를 표현할 수 있는 세상을 꿈꿨습니다. 계몽주의와 주류 사회를 비판하면서, 낭만주의자들은 종종 아이러니를 사용했습니다.

낭만주의는 키르케고르가 살던 당시 덴마크의 주된 경향이었습니다. 덴마크의 철학자 헨리크 슈테펜스(Henrik Steffens)는 1798년부터 1802년까지 프러시아와 독일을 여행하였고, 여행기간을 연장하여 제나에 머물렀는데 그곳은 당시 독일 낭만주의 운동의 온상이었습니다. 그는 개인적으로 아우구스트 빌헬름 폰 슐레겔(August Wilhelm von Schlegel), 프리드리히 폰 슐레겔(Friedrich von Schlegel), 루트비히 티크(Ludwig Tieck), 노발리스(Novalis), 괴테(Goethe), 쉴러(Schiller)와 피히테(Fichte)를 만났습니다. 1802년 코펜하겐에 돌아온 후, 그는 에흘러(Ehler) 대학에서 일련의 강의를 시작했는데, 독일 낭만주의자들의 작품을 덴마크에 소개했던 것이죠. 이 강의에는 덴마크의 황금기를 이끌었던 저명한 인사들의 일부가 참여했습니다. 바로 이 순간부터, 낭만주의는 덴마크의 문학, 예술, 철학 및 종교적 사고에 이르기까지 아주 중요한 역할을 했습니다.

4.3. 키르케고르의 '방향을 위한 관찰'

낭만주의자들은 정확하게 개인의 가치와 진실성을 강조합니다. 아이러니는 개인을 고립시키고 사회 전체의 기반을 훼손하는 것이었습니다. 왜 이런 일이 일어난 것일까요? 전략적 수단으로 아이러니를 사용하려면 심사숙고하는 반성이 필요하다고 키르케고르는 지적합니다. 아이러니스트들은 대다수의 사람들이 언어를 사용하는 방식을 보고, 대화 속에 아이러니를 교묘한 방식으로 주입합니다. 일반인들보다 자기들이 더 영리하다고 생각한다는 점에서 아이러니스트에게 어떤 '우월성'[4]이 있다고 키르케고르는 주장합니다. 아이러니스트의 언어 사용은 일상생활의 언어보다 더 미묘하고 복잡합니다. 아이러니스트는 아이러니를 사용한 후 누가 그것을 이해할지 기다리며 지켜보는 것을 즐깁니다. 사람들이 그것을 알아차리지 못한 채, 아이러니스트의 관점을 단도직입적으로 언급하는 것을 보면서 특별한 기쁨을 만끽합니다. 자신이 그들보다 우월하다고 느끼면서 말입니다. 현대 아이러니스트는 부르주아의 삶을 비판할 뿐 아니라 비판 그 자체를 즐깁니다. 그는 아무것도 성찰하지 못하면서 관련된 사소한 일들에 사로잡힌 다른 사람들을 업신여깁니다. 그들과 달리 자신만은 부르주아의 공허함을 보고 있고, 그 단점을 폭로할 용기를 지녔다고 믿습니다. 이런 성향이 대다수의 다른 사람들로부터 아이러니스트 자신을 분리시킵니다. 스스로를 주류의 일부로 여길 수 없으며, 주류가 된다는 것은 결국 개성의 기반을 훼손하는 것을 뜻하는 것이기에, 오히려 스스로를 아웃사이더 즉, 외톨이로 여깁니다. 이것이 그의 눈에 유일하게 신뢰할 만한 삶입니다.

현대 아이러니의 목표는 어떤 의미에서는 소크라테스적 아이러니와 같습니다. 즉, 안일하거나 지나치게 자만심이 가득한 사람들을 폭로하는 것입니다. 아이러니스트는 그런 사람들과 함께하는 척합니다. 그러나 아이러니를 미묘하게

---

4 Kierkegaard, *The Concept of Irony*, p. 248.

도구 삼아, 그들의 주장과 거만한 성향을 간접적으로 훼손합니다. 이런 식으로 아이러니스트는 사회적으로 존경 받는 입장은 아니었음에도 불구하고, 당시 부르주아 사회의 기둥이라 여겨졌던 사람들보다 자신이 더 우월하다고 입증할 수 있었습니다. 당대에 존경받던 사람들이나, 명망 높았던 사람들을 어리석게 만들어 버림으로써 특별한 기쁨을 만끽했습니다.

대부분의 사람들은 자신의 행동을 지시하는 특정 관습과 풍습에 제한받습니다. 그러나 아이러니스트는 이러한 기존의 관습과 풍습을 전부 거부합니다. 그것들로부터 자유로운 존재로 스스로를 정합니다. 그것들의 적법성의 겉모습을 자신만은 꿰뚫어 보았기 때문입니다. 그것들을 요구하는 사회 밖에서는 적용할 수 없음을 알았고, 그런 요구가 독단이라 간주하였습니다. 키르케고르의 말로 옮기자면, 아이러니스트에게 "현실성은 그 타당성을 상실한다."[5]입니다. 자신들은 그런 관습적인 관행을 꿰뚫어 보았으므로, 현실을 무시하는 데 자유로웠고, 오직 자기가 좋아하는 대로만 행동했던 사람들입니다. 키르케고르는 헤겔의 용어를 빌려 이것을 "주관적 자유"라고 묘사하면서 다음과 같이 씁니다. "아이러니의 현저한 특징은 주관적 자유다. 언제나 그 능력에서 시작의 가능성을 갖고 있으며, 이전 상황에 의해 제한받지 않는다는 점이다."[6]

우리의 거의 모든 행동은 관습과 전통에 의해 지배되고 있던 이전 행동의 패턴을 따르게 됩니다. 아이러니스트는 이것을 믿지 않기에 새롭게 출발하는 데 자유롭거나, 혹은 항상 *무로부터*(ex nihilo) 시작합니다. 그는 자신의 결단과 성향에만 바탕을 두고 행동하며, 외재적인 관습이나 전통에서 나온 어떤 기준을 따라 행동하지 않는다는 점에서 주관적으로 자유롭습니다.

키르케고르는 다양한 형태의 아이러니를 묘사합니다. 이중 핵심적인 것은 그가 "탁월한 의미에서의 아이러니"[7]라 부르는 것입니다. 사람은 스스로 반대하

---

5 Ibid., 253.
6 Ibid.
7 Ibid., 254.

는 문화의 몇 가지 것들에 대해 아이러니컬할 수 있습니다. 이처럼 특별한 목표, 예를 들어 타락한 제도나 위선적 개인을 아이러니의 대상으로 삼을 수 있습니다. 그러나 탁월한 의미에서 아이러니는 몇 가지 것들만 겨냥하는 것이 아니라, 사회 전체의 문화와 삶의 방식을 대상으로 삼습니다.

독일의 낭만주의자들이 부르주아의 삶 중에서 특별한 요소들만 비판하고 나머지는 간직하려 했던 것만은 아니라고 키르케고르는 보았습니다. 오히려 사회 전체의 기반을 약화하려 했습니다. 이런 형태의 아이러니는 "이런 저런 특별하게 존재하는 개체(entity)를 겨냥한 것이 아니라, 어떤 시기와 어떤 조건 하에 주어진 전체 현실성을 겨냥한다."[8]라고 키르케고르는 말합니다. 그는 헤겔에게서 한 구절을 가져와, 이런 형태의 아이러니를 "무한하고, 절대적인 부정성"[9]이라고 부릅니다.

아이러니는 본질상, 무언가를 비판하거나 부정하는 것입니다. 이런 형태의 아이러니는 어떤 특정하고 유한한 것만 비판하거나 부정하는 것에 만족하는 것이 아니라, 오히려 모든 것을 비판하기 원하므로 무한합니다(infinite). 비판하는 모든 것을 유한한 관습에 불과한 것으로 간주한다는 점에서는 또한 절대적(absolute)이기까지 합니다. 그것들은 독단적이며, 관습 이상의 다른 어떤 것으로도 지지를 받지 못합니다. 현대 아이러니스트는 소피스트처럼 이 모든 진리들을 상대적인 것으로 여겼습니다. 그러나 아이러니스트 본인의 입장은 절대적입니다. 모든 진리는 상대적인 것에 불과하며 절대적인 것은 존재하지 않는다고 말하는 것 자체가 유일하게 절대적인 것입니다.[10]

키르케고르는 종교적 믿음과 현대 아이러니 사이의 예상치 못한 공통점에 주목합니다. 언뜻 보면, 이 두 개의 관점은 서로 정반대인 것으로 생각할 수 있습니다. 왜냐하면 종교는 아이러니스트가 언제나 훼손하려 했던 사회의 관습과 전

---

8   Ibid.
9   Ibid., 254, 259, 261.
10   Ibid., 261.

통의 일부를 대표했기 때문입니다. 그러나 키르케고르는 우리에게 좀 더 꼼꼼히 살펴보라고 요구합니다. 전도서 말씀인 "모든 것은 헛되다."[11]라는 말씀을 우리에게 상기시킵니다. 인간 삶의 모든 측면이 헛되다는 것, 진정으로 중요한 것인 하나님과 비교할 때, 이 모든 것들이 덧없다는 것을 말하고 있는 것입니다. 인간 사회의 일상적 세계에 대해 아이러니가 내린 결론 역시 동일합니다. 아이러니는 이 모든 것이 헛되다는 것에 동의하지만, 하나님이 절대적이라고 믿기 때문에 그런 것은 아닙니다. 그러나 아이러니의 절대성은 절대적인 것들이 없다는 것입니다.

종교적 믿음과 현대 아이러니 모두 대부분의 인간적 활동을 거부하게 했던 절대적 관점으로 그 활동들을 고려하고 있습니다. 양자 모두 모든 것이 헛되다는 것에 동의하지만, 종교적 믿음은 세상에는 신적 절대성이 결핍되어 있기 때문에 헛되다고 결론을 내리는 반면, 현대 아이러니스트는 절대적인 것이 없기 때문에 세상이 헛되다고 결론을 내립니다. 흥미로운 점은 경건한 종교적 신자와 아이러니스트 둘 다 세상의 주류 사회와 일상의 삶으로부터 그들을 분리시키는데, 그들은 이것들을 심각하게 받아들이지 않습니다. 현대 아이러니스트의 니힐리즘이 종교적 신자의 신앙을 직접적으로 반대하는 것처럼 보일지라도, 이것은 특이하게도 반대가 수렴하는 경우인 것처럼 보입니다. 종교적인 신자처럼, 아이러니스트 역시 자신의 진리가 스스로를 자유롭게 할 것이라고 믿습니다. 특별히 이 세상에서의 관습, 전통, 위선의 폭정에서 말입니다.

4.4. 요한 루드비그 하이버그의 《현시대 철학의 의의에 대하여》

코펜하겐 대학 재학 시절, 젊은 키르케고르에게 있어 중요한 인물은 요한 루

---

11   Ibid., 257. 전도서 1:2, "전도자가 가로되 헛되고 헛되며 헛되고 헛되니 모든 것이 헛되도다."

드비그 하이버그(Johan Ludvig Heiberg)라는 사람이었습니다. 하이버그는 지식인 가문 출신이었고, 1830년대와 1840년대 덴마크를 주름잡던 일류 시인이자, 극작가이자, 문학 비평가였습니다.[12] 그는 어릴 때 소위 힐 하우스(Hill House)에 잠시 동안 살았는데, 이 집은 덴마크 왕국에서 실권되었던 그의 아버지 피터 안드레아스 하이버그의 절친한 친구였던 문학자 크누드 라인 라벡(Knud Lyne Rahbek)의 소유였습니다. 라벡의 집은 코펜하겐의 황금기 대단한 문학 살롱들 중의 하나로 알려져 있었고, 이 때문에 하이버그는 당대 수많은 작가와 중요한 문화계 인물을 만날 기회가 있었습니다.

그림4.1. 요한 루드비그 하이버그
(1791-1860년)

하이버그는 성장하여 파리로 가서 프랑스 보드빌(음악이 있는 짧은 희극. 역자 주)을 공부했으며, 그것을 코펜하겐의 왕립극장 무대로 가져왔습니다. 그는 당대 미학과 비평 분야의 주요 잡지인 《코펜하겐 플라잉 포스트》(Kjøbenhavns Flyvende Post)의 편집자였습니다. 키르케고르가 바로 이 잡지를 통해 첫 작품을 발표했습니다. 하이버그의 부인이었던 요한 루이스 하이버그(Johanne Luise Heiberg)는 당시

---

12 다음을 참고하라. Henning Fenger, *The Heibergs,* trans. by Frederick J. Marker, New York: Twayne Publishers, Inc. 1971.

일류 여배우였습니다. 키르케고르의 "위기 및 여배우의 삶에서의 한 위기"(The Crisis and the Crisis in the Life of an Actress)는 그녀의 작품에 대해 집중 분석하고 있습니다. 하이버그의 어머니 토마신 번첸(Thomasine Buntzen)은 길렘부르그 부인(Madame Gyllembourg)으로 알려져 있는데, 유명한 소설가였고, 키르케고르는《문학 비평》(A Literary Review)에서 그녀의 소설《두 시대》(Two Ages)를 비평했습니다.[13]

하이버그의 많은 관심 중에는 철학이 포함되어 있었으며, 특히 자신의 미학 이론의 기초를 다지기 위해 철학을 활용하였습니다. 하이버그의 철학적 성향은 헤겔 철학에 대한 경험으로부터 나왔습니다. 하이버그는 키엘 대학에서 수강생으로 연구하던 시절에 헤겔에 대해 배웠으며, 헤겔 작품에 관심이 많아 1824년 베를린으로 가서 헤겔의 강좌에 참석했습니다. 베를린 대학은 아주 흥미진진했던 때입니다. 헤겔의 능력은 최고조에 이르렀고, 그를 흠모하는 수많은 학생들이 그에게 모여들었습니다. 하이버그는 헤겔과의 첫 만남을 자신의 인생에 있어 위대한 발견 중 하나로 경험했습니다.

하이버그는 코펜하겐으로 돌아와 헤겔 철학을 동포에게 소개하는 운동을 시작하였습니다.[14] 이 노력의 일환으로, 일련의 주제 강연을 제공하고 싶어 했습니다. 1833년《현시대 철학의 의의에 대하여》라는 제목으로 짧은 작품을 출판하게 됩니다. 이 작품은 헤겔 철학의 몇몇 기초 사상을 제공하였고, 관심 있는 학생들에게 강좌를 들을 수 있는 초대장을 보냈습니다.

하이버그는 당시 시대가 위기 상태에 있다고 주장하면서 그의 논문을 시작합니다. 헤겔의 관점에 의하면, 역사의 다른 시기가 있었다는 것입니다. 각각 자신의 가치를 갖는 시기, 전통을 갖는 시기, 세계관을 갖는 시기가 그것입니다. 각 시기는 그 당시 사람들이 사용할 수 있는 안정적인 실재의 그림을 제공하여, 이

---

13 덴마크의 황금기 하이버그 가문의 공헌에 대해 유용한 개관에 대하여는 다음을 참고하라. Henning Fenger, *The Heibergs*.

14 하이버그가 헤겔 철학을 덴마크에 어떻게 소개했는지 개괄적으로 보려면 다음 자료를 참고하라. Jon Stewart, *A History of Hegelianism in Golden Age Denmark,* Tome I, *The Heiberg Period: 1824-1836,* Copenhagen: C. A. Reitzel 2007 (*Danish Golden Age Studies,* vol. 3).

세계와 그들의 삶을 이해할 수 있게 합니다. 하지만 때로는 역사가 발전하여 안정적인 방향점이 흔들리기 시작한 결과, 새로운 사고방식과 과학적 발전이 나타납니다. 그때 위기의 시기가 시작되고, 지금까지 군림해 왔던 세계관이 붕괴되는 결과를 낳습니다. 이 위기에 사람들은 불확실성을 느끼고 불안해집니다. 자신들의 세계에 대한 낡은 이해는 점점 더 흔들리는 기반을 의존하고 있었기 때문입니다.

하이버그는 당대 사회가 이런 이행 중에 있다고 보았습니다. 18세기 말 계몽주의가 일으킨 소용돌이의 결과, 사람들은 전통적인 제도 및 관습에 대해 믿음을 상실했습니다. 계몽주의는 군주 권력을 비판했고, 전통적인 종교적 믿음을 미신으로 치부하며 거부했습니다. 하이버그에 의하면, 그 결과가 바로 주관주의, 상대주의, 허무주의였습니다. 사람들은 더 이상 무엇을 믿어야 할지 알지 못했습니다. 그는 로마제국 시기에도 동일한 위기가 있었다고 말합니다. 과거 시대에 걸맞았던 제도의 목적 적합성과 유용 가능성이 끝난 후에도 그 제도가 계속해서 존재할 때 위기가 나타난다는 것입니다. 이런 제도들은 "과거시대에서 온 유령과 같아, 현재의 모든 의미를 상실시켜 버렸다."[15]라고 했습니다. "이런 상황에서 사람들은 모든 신들에게 버림받았다고 느낍니다.…신들의 전체 세계가 죽었기 때문입니다."[16] 로마 세계에 대한 논의는 분명 그가 살던 시대에 대한 비유로 의도된 것이었습니다. 그는 종교, 미술, 철학에 대한 전통적 관점이 대체로 시대에 뒤진 것(irrelevant)으로 믿었습니다. 당대 문화는 완전한 상대주의로 몰락하기 전 긴급하게 어떤 해법을 찾아야 했습니다. 하이버그에게 있어 바로 이것이 그 시대의 위대한 도전이었습니다.

---

15   Johan Ludvig Heiberg, *On the Significance of Philosophy for the Present Age, in Heiberg's On the Significance of Philosophy for the Present Age and Other Texts*, ed. and trans. by Jon Stewart, Copenhagen: C. A Reitzel 2005 (*Texts from Golden Age Denmark*, vol. 1), p. 90.
16   Ibid., p. 91.

4.5. 키르케고르의 "아이러니의 세계사적 타당성"

키르케고르는 "아이러니의 세계사적 타당성"이라는 챕터에서 하이버그의 안정과 위기를 통한 역사 발전의 이해를 다룹니다. 각 시대의 세계관은 덧없고 변할 수 있다고 주장하면서 하이버그를 따릅니다. "어떤 시대의 주어진 현실은 그 세대와 그 세대의 개인을 위한 타당한 현실이다."[17]라고 쓰고 있습니다. 옛 관점이 더 이상 타당하지 않다면, "이 현실은 다른 현실로 대체되어야 한다. 그리고 이것은 개인과 그 세대에 의해, 개인과 그 세대를 통해 일어나야 한다."[18] 하이버그처럼 키르케고르 역시, 세계관의 변화란 공통된 문화를 유지시켜 온 핵심요소를 개인이 더 이상 믿지 않게 될 때 발생한다고 결론을 내립니다.

주어진 세계관이 위기에 이르렀을 때, 아이러니의 활용을 역사적으로 이해하려 했던 것입니다. 키르케고르는 특별한 사람 혹은 시대의 세계관에 대해 이야기하는 대신, "실존(existence)"과 "현실성(actuality)"이라는 단어를 사용하여 아이러니를 포착하려 합니다. 그는 문화의 전통과 가치가 허물어지기 시작할 때 아이러니를 사용하는 사람의 상황을 설명합니다. 그런 상황에서 "실존 전체는 아이러니컬한 주체에게 전혀 맞지 않았고, 반대로 아이러니컬한 주체 역시 그런 실존에 맞지 않는다." 결과적으로 "현실은 아이러니컬한 주체에게 타당성을 상실하고 말았다."[19] 이런 아이러니의 사용은 주류 전통과 가치로부터 개인이 소외감을 느끼는 것에서 비롯됩니다. 아이러니스트는 많은 전통과 가치가 더 이상 확고한 기반 위에 세워질 수 없다는 것을 인식합니다. 이것이 한 사람의 많은 문화의 측면에 관한 것일 때, 그때 갑자기 모든 것에서 소외감을 느끼거나, 그 시대의 "현실성"으로부터 소외감을 느낍니다.

키르케고르는 다음과 같은 두 측면의 발전이 있다고 지적합니다. 즉, "새로운

---

17 Kierkegaard, *The Concept of Irony,* p. 260.
18 Ibid.
19 Ibid., p. 259.

것은 앞서 나가야 한다는 것"과 "옛 것은 대체되어야 한다는 것"[20]입니다. 어떤 위기가 주어질 때, 명확히 이 위기를 인식했던 사람들이 있습니다. 키르케고르는 이 지점에서 하이버그를 따릅니다. 왜냐하면 하이버그는 시대의 지식인들을 일반 대중으로부터 분리시키면서, 시대의 위대한 정신은 인류를 위기에서 벗어나게 하고 새로운 시대로 이끄는 사람들이라고 주장했기 때문입니다. 시대의 선봉대인 그들은 위기에서 비롯된 새로운 시대에 대한 어떤 직관을 갖고 있었습니다. 키르케고르가 "예언자적 개인"[21]이라고 묘사한 사람들인 것입니다. 하이버그는 이 사람들을 "교육받은" 혹은 "교양 있는" 사람들이라고 불렀습니다. 더불어, 그 시대의 새로운 세계관을 수용할 수 있도록 모든 사람들에게 촉구한 인류의 지도자로 두 사람을 인식했는데, 바로 괴테와 헤겔이었습니다.

키르케고르가 생각할 때, 아이러니스트는 현재 위기를 명확하게 인식했던 사람이었습니다. 그러나 아이러니스트는 미래가 어떻게 될지에 대해서는 명확한 그림을 갖지 못했습니다. 다만 모호한 직관만 갖고 있을 뿐입니다. 따라서 아이러니스트의 목표는 새로운 미래를 건설하기보다는 현재의 모순을 폭로하는 것에 있습니다. 미래에 무슨 일이 일어날지에 대해서는 명확하게 알지 못한 채 미래를 가리킵니다.[22] 하이버그가 《현시대 철학의 의의에 대하여》의 서두에서 묘사한 것에 키르케고르는 동의했습니다. 여기에서 하이버그는, 그것들이 어디로 이끌지 아무도 모르면서 "다양한 방향으로 힘차게 전진하는" 공통 문화에 대해 말합니다.[23]

키르케고르는 아이러니스트를 "세계발전(world process)이 요구하는 희생제물"[24]이라고 부릅니다. 어떤 위기의 시대라도 현재의 부패한 구조를 찢어버리기 위해 아이러니를 사용하는 사람이 있음을 의미합니다. 새로운 시대의 예언자는

---

20 Ibid., p. 260.
21 Ibid.
22 Ibid., p. 261.
23 *Heiberg's On the Significance of Philosophy for the Present Age and Other Texts,* p. 87.
24 Kierkegaard, *The Concept of Irony,* p. 261.

그 시대의 존경을 받지 못합니다. 전통에 사로잡힌 채 자신들의 문화 속에 여전히 무지하게 남아있는 구성원들의 저항에 부딪히기 때문입니다. 선견지명이 있는(forward-looking) 사람들은, 낡은 구조만을 확고하게 붙들고 있는 동시대 사람들에 의해 언제나 조롱과 멸시를 당합니다. 결과적으로 그런 예언자적 아이러니스트는 핍박당하기 쉽습니다.

키르케고르는 아이러니스트가 관습과 전통의 일반적인 요구로부터 자유롭다는 의미에서 "부정적으로 자유롭다"[25]고 서술합니다. 아이러니스트는 자신을 제외한 남은 사회 전체를 관습적 행동 패턴을 따라 사는 성찰 없는 노예로 간주합니다. 자신은 사회의 제약에 더 이상 구속되지 않는다고 생각하며, 가능성으로 남아있는 이 넓은 세상이 자신 앞에 개방된 채로 있다는 신념에 의해 자유로움을 느낍니다. 새로운 것은 낡은 방식을 대체하는 과정 중에 있다는 자신의 직관에 스스로 힘을 실어주고 있습니다.

아이러니스트는 이런 기존 질서와 대비하여 자유의식을 느낀다는 점에 키르케고르는 주목했습니다. "주어진 현실성에 직면하여, 주체성은 그 능력과 타당성과 의미를 느낀다."[26]라고 썼습니다. 헤겔이 "주관적 자유"라고 부른 것이 바로 이것입니다. 사람은 개인의 절대적이고 축소 불가능한 가치를 실현시켜야 합니다. 이러한 실현은 점진적으로 역사 발전 과정에서 기인합니다. 개인으로서 인간에 대한 우리의 이해는 주관적 자유의 원리가 점차 실현됨에 따라 시간이 흐를수록 급진적으로 변했습니다. 키르케고르는 다음과 같은 결론을 내리게 됩니다. "이런 아이러니가 세계사적으로 정당화되는 한, 주관성의 해방은 이념에 봉사하면서 수행된다."[27] 키르케고르에게 있어 아이러니의 요점은 사람들을 놀리거나 혹은 자신만을 위해 아이러니에 관여하는 것이 아닙니다. 역사적 관점에서 볼 때 아이러니의 정당성이란, 주관적 자유의 원리에 초점을 맞추고 이것이 발전하도

---

25 Ibid., 262.
26 Ibid., 263.
27 Ibid.

록 아이러니를 사용하는 데 있습니다. 이것이 바로, 이 이념에 "봉사하는 것"입니다. 이것이 소크라테스의 사명이었습니다. 헤겔은, 주관적 자유를 발전시키기 시작한 첫 번째 사람이 바로 소크라테스였다고 말합니다.

4.6. 소크라테스의 아이러니와 낭만주의 아이러니에 대한 키르케고르의 헤겔 비판

헤겔은 소크라테스의 아이러니와 독일 낭만주의자들의 아이러니를 비교합니다. 여기에서 우리는 키르케고르가 작품 뒤에 숨겨놓은 핵심적인 생각을 볼 수 있지요. 낭만주의자들 스스로 소크라테스에게 영감을 받았다고 주장할지라도, 그들이 아이러니를 사용한 것은 소크라테스의 아이러니와는 중요하게 다르다고 헤겔은 지적합니다. 헤겔은 낭만주의 아이러니를 작가 프리드리히 폰 슐레겔, 언어학자 프리드리히 아스트(Ast), 철학자 요한 고트리브 피히테와 관련시킵니다. 이 세 명 모두 키르케고르의 작품에서 논의되고 있습니다.[28]

헤겔에 따르면, 이 작가들은 어떤 사상, 관습, 신념, 제도 혹은 그들의 기호와 맞지 않는 전통을 허물기 위해 순수하게 부정적인 수단으로 아이러니를 사용하기 바랐습니다. 어떤 것이든 모든 것을 비판하기 위한 상대주의나 니힐리즘에 아이러니가 봉사하도록 사용되었습니다. 낭만주의자들은 소크라테스적 실천을 보편적 원리까지 확장시킨 것입니다.[29] 하지만 헤겔이 생각할 때 소크라테스가 아이러니를 쓴 목적은, 단순한 기쁨을 맛보기 위해 파괴하는 것이 아니라 오히려 진리에 도달하기 위해 기존의 틀을 파괴하는 것에 있었습니다.

---

28 Hegel, *Lectures on the History of Philosophy,* vols 1-3, trans. by E. S. Haldane, London: K. Paul, Trench, Trübner 1892-6; Lincoln and London: University of Nebraska Press 1955, vol. 1, p. 400.

29 Ibid.

헤겔이 생각하기에, 낭만주의자들이 이런 종류의 아이러니의 창시자로 소크라테스를 이해하는 것은 잘못이었습니다.[30] 소크라테스가 개인과 주관성에 중점을 두고 있는 것은 사실이었습니다. 그러나 이것은 낭만주의자들이 이해하는 주관성과는 달랐습니다. 헤겔은 낭만주의자들을 상대주의자로 간주하고, 전통에 대해 그들이 공격하는 것은 오직 자기 만족감에 자극받는 것에 불과하다고 지적했습니다. 낭만주의자들의 이런 입장을 옹호하는 사람이 다음과 같이 말하는 것을 헤겔이 상상합니다.

"정의, 도덕, 선 등과 같은 것의 모든 결정을 무효화시킬 수 있는 것은 결국 교육받은 사고를 지닌 나야. 왜냐하면 나는 분명 이 분야의 대가이니까. 나에게 무언가 유익한 것처럼 보인다 해도 나는 그것을 쉽게 전복시킬 수 있다는 것을 알아. 그것들이 지금 나를 즐겁게 해줄 수 있는 한에서만 나에게 진실할 수 있기 때문이지."[31]

낭만주의자들은 자신의 관점이 더 이상 스스로에게 맞지 않을 때, 언제든 자기 뜻대로 바꿀 수 있습니다.

소크라테스의 입장에서, 개인은 스스로 진리에 도달하는 것이 사실이지만, 그렇다고 해서 그 진리가 각 개인에게 독단적이거나 상대적인 것을 의미하는 것은 아닙니다. 공적으로 받아들인 진리를 희생하면서까지 개인의 진리에 대한 자기만족적 즐거움을 정당화하는 것이 아닙니다. 거만하게도 자신의 관점이 다른 사람의 관점보다 우월하다고 믿지 않았습니다. 낭만주의자들과 달리, 소크라테스는 수용된 관습과 전통을 공개적으로 조롱하지 않았습니다. 따라서 헤겔은 소크라테스의 아이러니에 대해 "말하는 태도요, 즐거운 경주"[32]라고 결론짓습니다. 《아이러니의 개념》에서 키르케고르가 인용한 번역으로 말하자면, "대화의 태도

---

30 Ibid., 401.
31 Ibid., 400f.
32 Ibid., 402.

요, 사교적 농담"[33]입니다. "단지 농담인 것처럼" 모든 것을 다루는 낭만주의자들의 "풍자적 조소 혹은 가식"[34]과 대조적입니다.

특별히 독일 낭만주의자들이 아이러니를 사용하고 있으므로, 헤겔이 아이러니의 일관된 비판가라고 키르케고르는 지적합니다. 헤겔은 프리드리히 폰 슐레겔을 다룰 때 평소답지 않게 비판적입니다. 키르케고르는 이에 대해 혼합된 평가를 하는 것처럼 보입니다. 한편으로는, 낭만주의자들을 상대주의자로 비판한 헤겔에 동의하면서, 그들을 비판하며 중요한 역할을 수행한 헤겔을 키르케고르는 받아들입니다. 이에 대해 다음과 같이 쓰고 있습니다. "멸망으로 가는 중에 있는 사변이라는 방탕한 자식을 막았거나 혹은 적어도 막기를 바랐다는 것은 헤겔의 큰 공헌 중 하나이다."[35] 그러나 다른 한편으로 키르케고르는, 헤겔이 낭만주의자들을 향해 적대감을 가졌기 때문에 일반적인 아이러니의 장점에 대해서는 부당하게 간과했다고 생각합니다. 낭만주의 아이러니가 무엇이든 헤겔은 이것을 참을 수 없어 했기 때문에, 이것을 다른 형태의 아이러니와 구별할 수 없었다고 키르케고르는 생각합니다. 요약하자면, 헤겔은 모든 형태의 아이러니를 자신이 비판하고자 했던 하나의 부정적인 사상으로 뭉쳐버린 것이죠. 소크라테스의 아이러니에 대해 헤겔이 "대화의 태도요, 사교적 농담"[36]으로 서술한 것이 바로 그가 핵심을 놓친 것이라고, 키르케고르는 생각했습니다. 소크라테스가 아이러니를 사용했던 데 깊은 근원적인 의미를 헤겔이 인식하지 못한 것이라는 말입니다.

다른 말로 하자면, 헤겔이 생각할 때 소크라테스가 아이러니를 활용한 목적은 개념이나 보편적인 것의 결정에 이르게 하는 대화를 시작하기 위한 것에 불과했습니다. 하지만 이미 이전에 살폈듯이, 소크라테스가 성공적으로 보편적인 것을 결정하지 못했거나 긍정적인 것을 구성하지 못했기 때문에 헤겔은 소크라

---

33 Kierkegaard, *The Concept of Irony,* p. 267.
34 Hegel, *Lectures on the History of Philosophy,* vol. 1, p. 402.
35 Kierkegaard, *The Concept of Irony,* p. 265.
36 Ibid., 267.

테스에 대해 비판적이었습니다. 그러나 키르케고르의 생각에는, 철저하게 부정적이었다는 것이 명확히 소크라테스가 가진 핵심이었습니다. 소크라테스의 목표는 무언가를 구성하는 것이 아니라, 부정하는 것입니다.

여기에서 키르케고르의 입장이 얼마나 반직관적인지를 인정하는 것이 중요합니다. 일반적으로 어떤 문제가 있을 때, 우리의 직접적인 본능은 그것을 해결하려 노력합니다. 개념의 문제가 있다면, 우리의 목표는 그것에 대해 정의내리는 것입니다. 문제가 풀리지 않은 상태로 남아있거나 불확실한 상황이 되면 우리는 불편해집니다. 당연히 문제를 해결하기 바랍니다. 그러나 키르케고르는 이와 정반대의 입장을 취합니다. 키르케고르에게 있어서는, 무언가를 해결하거나 구성하는 것이 반드시 개인에게 유익하지 않다는 것입니다. 오히려 그것이 끔찍한 폐해가 될 수 있습니다. 해답을 제공함으로써 니힐리즘의 고통을 완화시키거나 의심을 치유한다면, 진리를 찾아야 하는 주관적인 책임을 개인에게서 박탈하는 것이 됩니다. 진리로 제시되고 구성된 것이 사실이 아니라면, 이것은 더 악화됩니다. 소피스트들이 소크라테스 시대에 행했던 것이고, 키르케고르가 살던 시대에는 성직자와 학자들이 행했던 것으로 여긴 것입니다. 키르케고르의 소크라테스는 부정적입니다. 어떤 의미에서 허무주의자입니다. 그러나 이것이 맞습니다. 이것이 주체로 하여금 주관적으로 진리를 찾을 수 있도록 자유롭게 합니다. 키르케고르가 생각한 소크라테스와 낭만주의자의 핵심적인 차이는, 소크라테스는 낭만주의자들처럼 진리를 찾는 것을 중단하거나, 냉소적으로 진리를 구성하지 않는다는 것에 있습니다.

4.7. 역사와 소크라테스에 대한 키르케고르의 헤겔 비판

《아이러니의 개념》은 아이러니가 언제 어떻게 일어났고, 시간이 지나면서 어떻게 발전해 왔는지를 이해하기 위해 역사적으로 아이러니의 사용을 추적하려고 시도합니다. 오늘날 이런 종류의 연구는 "이념의 역사"라는 제목이 붙을 것입니다. 키르케고르의 작품은 혼합적인 것입니다. 한편으로, 이것은 순수하게 역사적인 것만은 아닙니다. 왜냐하면 키르케고르는 역사 자체에는 별로 관심이 없었기 때문입니다. 그는 왕이나 전쟁과 같은 것들의 역사를 추적하지 않습니다. 다른 한편으로, 순수하게 개념적인 작품도 아닙니다. 역사적 맥락과 분리된 아이러니의 개념 자체에는 키르케고르가 별로 관심이 없었기 때문입니다. 키르케고르 작품에는 오히려 이 두 요소가 서로 연관되어 있고 이것이 바로 그가 서문에서 논의했던 것이죠.

첫째, 여기에는 역사적 현상의 요소가 있습니다. 구체적인 사람인 소크라테스가 실제로 사용한 아이러니입니다. 이것은 고대 그리스 세계와 아테네 도시국가의 맥락에서 소크라테스를 이해하는 것과 관련이 있습니다. 그래서 소크라테스의 생애와 사상의 확장된 자료에 근거한 경험적 요소가 있습니다. 즉, 플라톤, 크세노폰, 아리스토파네스의 자료를 말합니다. 둘째, 여기에는 또한 추상적이고 개념적인 요소가 있습니다. 이것은 사상(thought)과 관련이 있습니다. 역사는 그냥 원 자료(raw data)의 목록을 나열한 것이 아닙니다. 자료는 해석되어야 하고, 상황과 사건은 재구성되어야 하며, 어떤 관계가 추론되어야 합니다. 어떤 사건이 중심이고 중요한 의미를 지니는지 판단되어야 하는 반면, 다른 사건들은 무시되거나 아무 상관이 없는 것으로 없애버려야 합니다. 이것이 역사가가 해야 할 일이죠. 이 일을 하기 위해, 언제나 어떤 사상, 개념, 혹은 조직적인 도식을 활용해야 합니다. 어떤 사건에 대한 이해를 촉진시키기 위함이죠. 키르케고르는 이 두 가지 요소가 이런 주제의 문제에 접근하기 위해서 모두 필요하다고 지적합니다. 경험적인 현상에만 매몰되어 그쯤에서 내버려 두는 것은 어불성설일 것입니다. 어떠한 이해도 돕지 못하기 때문입니다. 경험적인 자료는 어떤 의미가 부여되기 전에 해석할 필요가 있습니다. 어떤 경험적 현상은 살펴보지도 않으면서 개념적 측면에만 중점을 두는 것도 또한 어불성설일 것입니다. 이것은 완전히 추상적으로 끝날 것이기 때문입니다. 실제 실존과 현실성에서 멀어져, 분석은 저 허공을 떠돌고 말 것입니다. *개별성*(particularity)—역사에 대한 경험적인 원 자료—*보편성*(universality)—이념 혹은 개념, 이 두 가지 모두 필요합니다.

키르케고르는 경험적 측면을 역사와 관련 짓고, 개념적 측면은 철학과 관련지어 생각합니다. 연구를 위해 이 두 요소가 모두 중요함을 인정합니다.

> 이 두 요소는 자체의 권리를 가져야 한다. 한편으로, 현상은 권리를 갖고 있으며, 철학자들의 우월성에 의해 위협과 방해를 받지 말아야 한다. 다른 한편으로, 철학은 개별적인 것들의 매력에 의해 미혹되지 말아야 하며, 개별적인 것들의 과잉에 의해 산만해지지도 말아야 한다.[37]

두 측면 모두 타당성을 지닙니다. 둘 다 키르케고르가 제시하는 종류의 연구를 위해 필요합니다. 이것은 주목할 만합니다. 왜냐하면 키르케고르를 종종 반개념적인(anti-conceptual) 사람 혹은 실존과 현실성을 찬양하는 사람으로 묘사하는 반면, 또는 모든 종류의 추상과 이론을 거부한 사람으로 여기기 때문입니다. 여기에서 그는 추상적 개념을 가치 있게 생각하지만, 그것들이 경험이나 구체적 현상에 기반을 두고 있어야 한다는 것은 분명합니다.[38] 따라서 이 논문을 "아이러니의 경험적 현상"이 아니라 "아이러니의 *개념*"이라 부르는 것입니다.

헤겔이 이해한 소크라테스를 개괄적으로 살피면서, 키르케고르는 헤겔이, 개념에 강조점을 둔 나머지 경험적 현상을 충분히 고려하지 못함을 비판합니다. 헤겔은 모든 관련된 자료를 면밀하게 연구하지 않았고, 역사적 증거로부터 일반

---

37 Ibid., pp. 10f.
38 다음 자료를 참고하라. *Kierkegaard's Journals and Notebooks,* ed. by Niels Jørgen Cappelørn et al., vols 1-11, Princeton: Princeton Unieversity Press 2007ff., vol. 7, p. 70, NB15:103; "현실성은 개념이 결핍되어 있는 것과 같지 않다. 결코 그런 것이 아니고, 다만 개념적으로 현실성을 가능성으로 녹여 없앰으로써 발견된 개념이 현실성에 존재한다. 그러나 물론 거기에는 더 많은 무언가 존재한다. 즉, 이것이 현실성이다."

적 개념을 너무 빨리 도출한 후 그것을 추상화한 것에 중점을 두었기 때문에 철학적으로는 정확하지 못했다고 비난하고 있는 것이죠. 알려진 대로라면, 헤겔은 자료에서 나온 모든 세부적인 것들이 자신이 그리고자 했던 큰 그림에 적합하지 않았다는 것을 걱정하지 않았습니다.

키르케고르는 헤겔을 "세계 역사의 사령관"으로 풍자합니다. 사령관은 움직이기 전에 "왕다운 모습으로 힐끗 볼 뿐"입니다.[39] 키르케고르는 헤겔의 이런 점 때문에 소크라테스에 대해 왜곡되게 해석했다고 봅니다. 플라톤, 크세노폰과 아리스토파네스의 고대 자료에서 제공된 소크라테스에 대한 설명이 일관성이 없는 것을 헤겔이 인식하지 못했기 때문입니다. 헤겔은 마치 조감도(bird's eye view)로 소크라테스를 관찰했기 때문에, 소크라테스의 인격에 대한 중대한 세부사항을 보는 데 실패했으며, 이것은 어떤 웅장한 역사적 이야기의 일부로 축소할 수 없는 것이었습니다. 키르케고르의 두 번째 비판은 헤겔이 소크라테스를 도덕의 창시자로 이해하는 것과 관련이 있습니다. 헤겔은 철학과 서양 문화의 발전에 대한 긴 이야기를 전합니다. 이런 발전에 소크라테스가 중요한 역할을 했다고 헤겔은 보고 있습니다. 이 그리스 철학자가 주관적 자유의 중요성을 깨달은 첫 번째 사람이었기 때문입니다. 도덕이란 이미 고정된 것, 문화에 의해 외적으로 주어진 것이 아님을 의미하는 대목입니다. 도덕은 오히려 내적인 것이고, 자신의 생각, 고찰, 양심과 관련된 것입니다. 이것이 그 당시에 역사를 시작하는 긍정적 원리였습니다. 이것이 바로 인간 문화 발전에 중요한 단계를 나타내는 것으로 헤겔은 보고 있습니다. 이런 형태의 도덕이야말로 현대 세계를 묘사하는 중요한 특징 중 하나입니다.

그러나 키르케고르는 바로 이 점에 대해 비판합니다. 어떤 긍정적 원리를 소크라테스에게 돌리는 것은 오해라고 생각하기 때문입니다. 따라서 소크라테스가 어떤 철학 학파나, 사회운동을 창시했다고 생각하는 것도 오해인 것입니다.

---

39 Kierkegaard, *The Concept of Irony*, p. 222.

키르케고르는 소크라테스가 역사에 공헌한 것은 오히려 완전한 부정성에 있었다는 것을 주장하려 합니다. 소크라테스는 소피스트와 주류 아테네 시민의 가식을 비판적으로 해체했습니다. 소피스트의 상대주의가 공허한 것임을 드러내는 한편, 다른 동료 아테네인들이 자랑하던 사상이 아무 기초도 없는 것이며 합리적인 조사를 위한 시험도 견딜 수 없는 것이라고 지적했습니다. 두 가지 경우에 있어, 소크라테스의 공헌은 부정적인 것이었습니다. 그는 소피스트들에게도, 동료 시민들에게도 어떤 긍정적 관심을 제시하지 않았습니다. 문제를 해결하지 않은 채 그대로 남겨두었습니다. 종국에는 부정 혹은 *아포리아*(aporia)만 존재할 뿐, 어떤 해결책도 없었습니다. 키르케고르는 우리가 소크라테스의 이 그림을 고수해야 하는 한편, 역사나 철학의 발전에 대한 더 큰 이야기 안에 소크라테스를 긍정적 방식으로 통합하기 위한 역사학자나 철학자의 충동에 저항해야 한다고 말합니다. 헤겔은 소크라테스를 오해하여 이후에 발전을 기대할 수 있는 긍정적 역할로 소크라테스를 제시했던 것이죠. 그러나 문제의 진실은 소크라테스가 앞을 내다본 것(forward-looking)이 아니라 오히려 뒤를 보았다는 데(backward-looking) 있습니다. 이미 존재해 오던 개인과 제도에 비판적으로 대응했습니다. 그러나 이것이 바로 멈춘 자리입니다. 소크라테스는 당시의 그리스 문화와 사상에 대해서만 부정적으로 언급했지, 이후 시대에 구성되어야 할 긍정적인 것을 제시하거나 진리를 찾지 않았습니다.

소크라테스는 선의 개념을 찾고 있다고 주장했습니다. 그는 언제나 그 개념을 묻고 있었고, 아테네의 가치와 관점이 고찰된 답변이 주어졌습니다. 하나씩, 하나씩 그는 그 모든 것들을 약화하였습니다. 키르케고르는 이에 대해 헤겔의 의견에 동의하였으나, 키르케고르가 특별히 중점적으로 비판했던 부분은, 이런 선(the Good)은 영원히 찾아야 하고 그럼에도 결코 도달할 수 없다는 데 있었습니다.[40] 따라서 키르케고르는 소크라테스의 아이러니를 정의하는 특징에 중점을

---

40 Ibid., 235.

두었습니다. 이런 아이러니가 순수하게 부정적이기 때문입니다. 이 아이러니가 특별한 명제, 이론, 정의 등을 비판한다는 점에서 그것들을 해체하지만, 그럼에도 다른 아무것도 구성하지 않으며, 어떤 긍정적인 요소도 또한 없습니다. 따라서 이것은 어떤 긍정적인 결론을 내린 채 만족스럽게 남거나 혹은 멈추는 것을 못하게 함으로써, 결코 끝나지 않는 진리를 찾도록 촉진시킵니다.

4.8. 개성을 위한 현대의 분투

낭만주의자와 현대 아이러니에 대한 키르케고르의 설명은 사상의 역사에서 흥미로운 챕터인 것처럼 보입니다. 그러나 이것이 오늘날 우리의 세계에도 의미가 있는 것일까요? 이런 설명은 개인으로서의 우리가 누구인지에 대한 중요한 질문을 제기하고 있습니다. 현대 세계에서의 개인은, 각자가 누구인지 분명히 표현하려고 하자마자, 나와 동일한 특성을 공유하는 수많은 다른 사람이 있다는 문제와 즉시 맞닥뜨리게 됩니다. 예를 들어, 내가 철학에 대해 독서하고 사유하는 것을 즐기는 사람이라고 말하거나, 쇠렌 키르케고르의 사상에 흥미를 갖고 있는 사람이라고 말할 때, 개인으로서의 나는 누구인지 정의할 수 있는 다른 어떤 것도 말하지 않았습니다. 왜냐하면 그런 정확하게 동일한 특성을 공유하는 다른 사람들이 세상에 많이 있기 때문입니다. 그때, 내가 누구인지 나를 독특하게 해주는 것이 무엇인지 결정하는 것은 더 긴급한 문제가 됩니다.

우리는 종종 우리의 옷, 스타일, 소유와 같은 것으로 스스로를 확인합니다. 그러나 잠깐 시간을 내서 한번 생각해 보세요. 나는 이러저러한 셔츠, 바지, 그리고 이런 신발을 신고 있습니다. 그러나 이런 것들 중에 어떤 것도 독특한 나만의 것이 아닙니다. 나에 대해 어떤 특별한 것도 나타내 주지 못합니다. 이런 모든 것들은 그냥 대량생산된 것들이죠. 내가 저 밖에 거리로 나간다면, 아마도 내 것과 동일한 상품을 입거나 신고 다니는 사람들을 찾는데 그리 많은 시간이 걸리지 않을 것입니다. 대량생산이 있기 전에, 이런 물품들은 장인에 의해 만들어졌습니다. 이 물품들의 각각은 독특했죠. 그것들을 소유했던 개인은 문자 그대로 독특한 것 하나를 갖고 있었습니다. 산업혁명의 대량생산 기술은 대다수의 우리들을 위해 대량생산된 옷을 만들었습니다. 맞춤옷을 가질 수 있는 형편이 되는 소수의 사람만 자신의 개성을 표현할 특권을 위해, 가끔 상당한 양의 돈을 지불할 수 있습니다. 사실상 산업혁명 이후, 모든 것은 기계에 의해 대량으로 만들어졌습니다. 말하자면, 오늘날 세계는 우리 주변에 있는 모든 것들이, 미리 설정된 형태로 천편일률적으로 대량으로 찍어내는 기계에 의해 만들어집니다. 위험은 우리 각자가 겨우 이 기계의 한 부품이 되어버렸다는 데 있습니다. 수프 통조림 위에 다른 통조림을 쌓아 올린 앤디 워홀(Andy Warhol)의 그림을 생각해 보십시오. 이것이 현대의 이미지입니다. 우리 중 대다수가 두려워하는 것이 바로 이 수프 통조림 중 하나 같이 되는 것입니다.

이런 획일성에 반기를 든 많은 이들이 헤어스타일, 타투, 피어싱 등을 통해 자신의 개성을 발휘하려 합니다. 그러나 개인의 표현 수단으로 시작한 것이 종종 최신 유행으로 전락하여, 결국은 수많은 사람들이 동일한 한 가지를 따라합니다. 독특하거나 개인적인 것은 아무것도 표현하지 못한 결과를 낳습니다. 이것이 21세기 우리의 문제입니다. 키르케고르 시대의 낭만주의자들은 약 2세기 전에 이미 이것이 오고 있는 것을 보았습니다. 그들은 순응의 힘에 저항하며 개인의 가치를 발휘하기 위해 싸웠으나 오늘날 우리가 직면한 문제까지 상상할 수는 없었습니다. 우리가 누구인지를 만들어 주는 특별하고 독특한 것이 존재한다고 대다수는 믿고 있습니다. 그러나 그것은 무엇입니까? 우리는 그것을 어떻게 표현할 수 있을까요? 우리가 이런 종류의 질문에 대답하지 못했을 때, 이 세상에서 어찌할 바를 모르게 됩니다. 우리는 공동체나 사회 그룹에서 어떤 위로도 찾을 수 없을 때 상실감을 느낍니다. 그들이 나의 개성을 훼손했고, 나를 거대한 전체 속의 단지 정체불명의 한 일원으로 만들어 버렸기 때문입니다. 이것이 각자의 개인에게 남겨진 현대의 문제입니다. 소크라테스와 키르케고르에게 문제의식을 일으켰던 개인과 문화 사이의 갈등은 오늘날 우리에게도 여전히 많습니다. 자신을 지구상의 70억 명 사람들 중의 하나에 불과하다고 여기는 것이 위협적입니다. 이런 상황에도 불구하고 우리는, 나 자신을 특별하고 독특한 개인으로 발휘하도록 노력을 해야만 합니다.

5

키르케고르와 낭만주의적 주관주의

현대성은 우리가 이 세계에서 우리 자신과 역할을 이해하는 데 중요한 도전을 제시합니다. 오늘날 우리는 대중사회 속에, 익명의 도시에 살고 있습니다. 개인은 쉽게 상실감을 느낄 수 있고, 수많은 군중에 의해 왜소해질 수 있습니다. 게다가, 우리는 전통가치가 그 기초부터 흔들리는 세계 속에 살고 있습니다. 사람들이 스스로를 정의내리는 데 있어 중요한 방향점으로 활용하곤 했던 수많은 것들이 이제는 더 이상 실행 가능한 옵션이 아닙니다.

나는 거울 속의 나 자신을 보며 "나는 누구인가?"라고 스스로에게 물을 때, 명확하고 솔직한 답을 찾고 싶습니다. 이 질문이 모든 사람에게 중요하듯이, 나에게도 개인적으로 중요합니다. 어딘가 깊은 곳에서부터, 나 자신이 독특하고 특별한 존재임을 믿고 싶습니다. 내가 오직 나임을, 다른 이들의 삶과 구별되는 그어떤 영혼, 정신, 혹은 마음이 내게 있다는 것을 믿고 싶습니다. 나는 이런 생각으로부터 위로를 받습니다. 이것이 사실이라면, 이 세상에 수십억 명의 다른 사람이 있다 하더라도 그것과는 아무 상관없이, 유일하게 하나인 '나', 특별하고 소중한 '나'가 존재하기 때문입니다.

이런 것들을 믿는 것이 왜 우리에게 중요할까요? 이것은 현대 세계의 중요한 특징입니다. 과거에 개인은 그다지 중요한 존재가 아니었습니다. 개인은 억압되거나 혹은 적극적으로 방해를 받았습니다. 개인으로서의 자기보다는 더 큰 사회 그룹과의 관계가 사람들에게 가장 중요한 것임을 믿도록 교육 받았습니다. 예를 들어, 전통 문화에서 특별한 가족의 일원이 되는 것은 매우 중요합니다. 이것이야말로 자아 정체성을 구성하는 핵심 요소였죠. 대가족은 함께 살았고, 더 큰 사회 단위로 역할을 했습니다. 로마인들은 특별히 중요한 조상들을 기념하는 큰 의식을 가족 안에서 치렀습니다. 특별한 가족의 일원이 되는 것이 삶의 모든 면에 영향을 끼쳤습니다. 결혼, 직업, 정치적 성향 등과 같은 것들입니다. 오늘날 현대 사회에서 이런 모든 것은 사라졌습니다. 대가족은 더 이상 함께 살 수 없었고 기껏해야 아버지 어머니와 그들의 자녀로 구성된, 상대적으로 작은 핵가족이 되고 말았습니다. 그러나 오늘날 잦은 이혼과 재혼뿐 아니라 다른 형태의 동거의 증가로, 핵가족조차도 더 작게 쪼개지고 있습니다. 따라서 현대에서 가족이 일련의 분리된 개인들로 축소되는 현상이 더욱 급속하게 일어나며, 예전에 기능했던 같은 방식으로는 더 이상 제 역할을 감당할 수 없습니다. 오늘날에도 우리에게 가족이 아무리 중요하다 해도, 이전 시대의 사람들에게 미쳤던 것 같은 영향력은 더 이상 기대할 수 없어 보입니다. 이전에 개인의 정체성을 정의하기 위해 사용했던 다른 여러 관계에도 이런 현상을 동일하게 적용할 수 있습니다. 예를 들어, 특별한 부족, 특별한 조합, 특별한 종교와 같은 그룹에 소속되는 것이죠.

이 모든, 더 큰 사회적 단위가 붕괴되었을 때 우리는 흩어진 개인으로 남을 수밖에 없습니다. 사람들을 결속시켜왔던 오랜 전통적 제도들이 사회가 변함에 따라 점점 더 헐거워지는 것에 대해 불안감을 느낍니다. 다른 방식으로 개인을 정의하도록 더 많은 압력이 우리를 짓누릅니다. 개인 각자가 자신의 가족 혹은 다른 더 큰 그룹에 소속됨으로써 자기 자신을 정의할 수 없다면, 결국 자기 자신으로부터 정의해야 합니다. 이것이 오늘날 개인에게 불안과 불확실성이 발생하는 이유입니다. 즉, 전체의 무게가 한 개인의 어깨 위에 놓입니다. 우리는 자기 자신에 대해 각자 홀로 정의해야 합니다. 우리는 이것을 어떻게 할 수 있을까요?

바로 이것이 우리가 이 장에서 탐구하고자 하는, 낭만주의 아이러니에 대한 키르케고르 비판에 있어서 핵심 문제입니다. 개인으로서 우리는 누구일까요? 우리는 정말 각자의 나 자신을 창조할 수 있나요? 우리 스스로는 전혀 통제할 수 없는 우리의 삶 속에, 어떤 다른 중요한 방법들 또는 수단들로 그 기초를 세울 수 있을까요? 이른바 자수성가했다는 사람에 대한 생각은, 다른 사람들도 그 사람을 본받아 열심히 일하도록 자극하는 긍정적 이상이 되어야 한다는 것입니다. 그러나 그것은 또한 소름끼치는 전망이 될 수도 있죠. 어떤 의미에서 나 자신을 창조할 수 있고, 나의 능력을 토대로 성공할 수 있는 반면, 나의 능력의 결핍으로 아주 혹독하게 실패할 수도 있으니까요. 나는 이제 현대의 세계에 홀로 있습니다. 이것은 소름끼치는 전망으로, 오늘날 사람들에게 중요한 도전이 되고 있습니다.

5.1. 피히테 소개

요한 고트리이프 피히테(Johann Gottlieb Fichte)는 칸트로부터 헤겔 시대에 이르는 시대에 가장 중요한 철학자 중의 한 사람이었습니다(그림 5.1 참고). 그는 칸트 철학에서 상당히 많은 영향을 받았고 어떤 면에서 자신이 칸트 정신의 연속선상에 있다고 스스로 생각했으나, 동시에 그가 취했던 것 중 단점을 찾아 교정하고자 했습니다. 1807년 나폴레옹 전쟁이 발발하여 프랑스 군대가 진입하자, 피히테는 도망쳐 덴마크의 코펜하겐으로 갔습니다. 거기에서 그는 수많은 일류 덴마크 학자를 만났습니다.

피히테는 그의 주체성 이론으로 가장 잘 알려져 있습니다. 그는 기초부터 다시 시작하려 했고, 철학적으로 절대적 확실성을 갖고 정립할 수 있는 것을 찾으려 노력했습니다. 피히테에 따르면, 우리가 직접적으로 아는 것은 우리 자신의 생각과 감각입니다. 이것은 주체이거나 '나 자신'으로, 자기 자신을 정립(posits itself)합니다. 왜냐하면 '나'보다 앞서는 것은 아무것도 없기 때문입니다. 주체는 알려질 수 있는 가장 기초적인 것이고, 다른 모든 지식은 바로 주체에서 파생되는 것이죠. 바로 이 주체로 시작함으로써, 그는 데카르트의 그 유명한 근본적 시작점인 "나는 생각한다. 고로 나는 존재한다."를 따릅니다. 우리는 세계에 대한 지식을 갖기 이전, 먼저 자기 자신에 대한 지식을 갖습니다. 우리가 세계에 대한 지식의 진리를 의심할 수 있는 반면, 자기 지식은 직접적이고 또한 의심할 수 없습니다.

그림 5.1. 요한 고트리이프 피히테 (1762-1814년)

피히테의 작품인 《지식학》(Science of Knowledge)의 첫 번째 전제는 주체가 자기 자신과 동일하고 자기 밖의 어떤 것도 궁극적 진리나 타당성을 갖는 것으로 인식하지 않는다는 것입니다. 피히테는 이것을 "나는 나다." 혹은 "나는 나와 동일하다."라는 공식으로 포착하려고 했습니다. 즉, 이것은 종종 더 짧은 동일한 버전으로 "나=나"로 표현됩니다. 이런 공식은 동일성의 법칙을 암시합니다. 근본적인 논리 법칙 중 하나로, 모든 것은 자기 자신과 동일함, 혹은 A는 A임을 말하는 것입니다. 피히테는 "나=나"라는 전제를 토대로 받아들입니다. 이것을 토대로 한 법칙은 직접적으로 모든 사람에게 명백하고, 의문의 여지가 남을 수 없기 때문입니다. 또한, 피히테의 "나는 나다."는 일반적으로 외재적이고 객관적인 영역의 표상과 나 자신 사이에 통일이 존재한다는 사실을 지시합니다. "나는 나다."는 주체뿐 아니라, 주체가 경험한 대로의 세계를 포함합니다. 세계는 주체의 표상에 의해 결정되는 것이죠. 나는 나와 분리된 세계 속에 사물이 존재함을 인식합니다(나 ≠비아). 그러나 그때 나는 또한 더 중요하게 그것들이 나 자신의 확장임을 깨닫습니다. 그것들이 나의 인식 능력에 의해 만들어진 표상이라는 의미에서 말입니다.

이것은 주체에 중점을 두는 것이고, 어떤 객관적 실체의 영역에 대한 부정이어서 독일의 낭만주의자들의 관심을 이끌었습니다. 피히테는 낭만주의자들에게 세계보다 개인을 더욱 고양시키도록 지지하는 형이상학적 관점을 제공하는 것처럼 보입니다. 피히테의 이론은 정확하게 개인에게 초점이 있고, 객관적 영역 즉 전통과 부르주아 문화를 포함했던 이 객관적 영역은, 주체가 의존하고 있었던 것이었으나 그 자체로 독립적인 토대가 없는 것임을 암시하는 것처럼 보입니다.

5.2. 피히테에 대한 헤겔과 키르케고르의 분석

헤겔은 그 당시 가장 중요한 철학적 운동을 다루면서 그의 《역사철학 강의》를 끝냅니다. 이런 상황에서 그는 피히테의 철학을 상세하게 조사합니다. 피히테의 이론을 제시한 후, 이에 대한 두 가지 비판점을 제시합니다. 가장 중요한 비판점으로, 피히테가 발전시킨 '나'는 단지 자기의식의 개인적 측면을 표상할 뿐이라고 헤겔은 주장합니다.[1] 여기에서 피히테가 놓치고 있는 점은 보편적 측면 혹

---

1 Hegel, *Lectures on the History of Philosophy*, vols 1-3, trans. by E. S. Haldane, London: K. Paul, Trench, Trübner 1892-6; Lincoln and London: University of Nebraska Press, 1955, vol.

은 사회적 측면입니다. 피히테가 그리는 '자아(self)'는 다른 자아들을 통일할 수 있는 것이 없으므로, 다른 자아들과 분리되고, 반대되어 있을 뿐입니다. 여기에서 헤겔은 자신이 이성과 계몽의 옹호자 편에 있음을 보여줍니다. 개인은 본질적으로 이성의 보편적 능력에 의해 정의되는 것으로 어떤 감정이나 감각 인식이 아님을, 헤겔은 주장하기 때문입니다. 우리 모두는 이성의 능력을 공유하므로 같은 방식으로 사물을 이해할 수 있습니다. 게다가 우리는 서로 관계 맺을 수도, 서로 이해할 수도 있습니다. 피히테가 말하는 주체는, 이런 공유된 합리성이 부족하고 따라서 다른 사람으로부터 고립되어 있습니다. 또한, 일반적으로 객관적인 영역으로부터 분리되어 있습니다. 이것을 '비아(not-I)'라고 말합니다. 합리성이 없다면, 개인은 보편적 요소를 인식할 수도 없고, 동의할 수도 없습니다. 예를 들어, 합리적인 법, 관습, 전통과 같은 영역입니다. 헤겔은 "피히테의 철학은 유한한 정신만을 인식한다. 무한한 것이 없다. 이것은 정신을 보편적 사고(thought)로 인식하지 않는다."[2]라고 말합니다. 피히테의 철학은 관계의 한쪽만, 주관적인 쪽만 이해합니다. 사고와 이성을 통한 주체가 다른 사람과 관계하고 있고, 객관성과 현실성의 세계와 관계하고 있음을 이해하는 데 실패한 것입니다.

낭만주의자들은 인간성을 감정과 감각이라는 용어로 정의합니다. 각 개인의 독특한 점을 감정과 감각으로 이해하죠. 하지만 헤겔은 이런 요소들이 우리가 동물과도 공유하는 능력이라고 지적합니다. 감정과 감각은 우리 모두의 속에 있는 인간적인 요소임을 확인해 줄 수 없습니다. 오히려 공유된 이념, 문화, 문명이 가능하도록 해주는 것이 바로 이성의 능력입니다. 게다가, 이것이야말로 인간으로서의 우리를 통일시키는 것입니다. 왜냐하면 우리가 있는 모습 그대로의 존재가 되기 위해서는 다른 합리적인 사람들을 인식할 필요가 있기 때문입니다.

헤겔은 피히테를 독일 낭만주의에서 발견되는 주관주의와 상대주의 이론의 중요한 선구자로 확인함으로써 결론을 내립니다. 특별히, 피히테의 자기 정립적

3, p. 499.
2 Ibid.

자아(self-positing ego)의 이론을 프리드리히 폰 슐레겔의 아이러니 이론[3]과 연결시킵니다. 슐레겔의 아이러니스트는 어떤 객관적인 것의 진리도 믿지 않습니다. 오히려 헤겔은 "여기에서 주체는 자신 안에 절대적인 것이 있는 것으로 자신을 알고, 주체에 대한 다른 모든 것은 허무하다."[4]라고 말합니다. 그러나 헤겔은 누구도 이런 상대주의에 오래 머물 수 없고, 어떤 점에서 고정된 진리나 지향점이 필요하다고 주장합니다. 그는 슐레겔 자신이 궁극적으로 아이러니의 관점을 버리고 가톨릭으로 개종했다고 지적합니다. 자신의 입장을 신뢰하기 어렵다는 사실을 슐레겔 스스로, 적절한 때에 깨달았음을 보여주는 사건이라고 말입니다.

키르케고르 역시 헤겔처럼 피히테의 주체 이론을 통해 칸트의 인식론으로 거슬러 올라갑니다.[5] 칸트가 생각할 때, 우리가 가진 마음의 능력이 곧 우리가 인식하는 세계를 형성합니다. 공간과 시간은 세상에 대한 객관적인 사실이 아니라 인간의 지각 기관의 일부입니다. 칸트가 제시하는 그림은 우리가 외부로부터 어떤 감각 데이터를 받는다는 점입니다. 이 데이터는 인식의 시작 단계에 불과합니다. 다만 우리의 정신적, 지각적 능력이 즉시 작용하여 이 정보를 우리가 볼 때 익숙한, 구체적이고 결정적인 대상으로 바꿉니다. 칸트는 이것들을 "표상"이라고 부릅니다. 그 자체로 대상이 아니라, 감각에 의해 수용된 데이터를 조직하는 인식과정의 결과이기 때문입니다.

따라서 칸트 안에서는 그것을 인식하는 어떤 주체와 별개로, 사물에 대한 우리의 표상과 물자체 사이에 분열이 일어납니다. 키르케고르가 독일어 'Ding an sich'로 지칭하는 이 '물자체'는 인간의 인식능력으로 추상화하여 상상할 수 없기 때문에, 결국 무엇인지 알 수 없다고 칸트는 주장했습니다. 이러한 능력들은 우리가 세상을 아는 방식이지만, 어떤 의미에서는 또한 제한적입니다. 우리가 결

---

3 Ibid., 507f.
4 Ibid., 507.
5 키르케고르가 피히테에 대해 설명하는 것은 다음을 보라. *The Concept of Irony,* trans. by Howard V. Hong and Edna H. Hong, Princeton: Princeton University Press, 1989, pp. 276-86.

코 그것들을 벗어날 수 없고 사물이 그 자체로 어떻게 존재하는지 알 수 없기 때문입니다. 이것은 사람들이 칸트의 철학을 받아들이는 데 큰 논란을 일으켰는데, 우리는 결코 물자체와 표상을 비교할 수 없기 때문에 세계 안에 있는 대상에 대한 표상이 사실인지 아닌지를 결코 알 수 없다는, 회의적인 문제를 야기하였기 때문입니다.

피히테는 이런 의견에 반대하며 물자체의 개념이 불필요한 것이라고 주장하였습니다. 그는 이 칸트식 모델을 재인식함으로써 이 문제를 해결하려고 노력했습니다. 피히테는 내용과 형식을 분리하는 칸트의 관점이 불합리하다고 주장했습니다. 즉, 표상의 내용은 알려지지 않은 외부 객체로부터 나오지만, 형태는 대상의 인식 능력에 의해 제공된다는 관점입니다. 그러나 피히테는 내용과 형태는 필연적으로 연결되어 있으므로 주체의 외부에 무언가를 배치할 필요가 없다고 주장합니다. 주체는 어떤 의미에서 자신만의 표상을 만들 수 있습니다. 피히테가 "나는 나와 동등하다."라는 개념을 확장한 것은 바로 이러한 기초 위에서, 세계가 인간의 인식 과정의 산물이라는 의미에서 그 대상이 외부 세계와 동일하다는 것을 의미하기 위해서입니다. 주체와 객체의 통일성은 존재 가능한 관점입니다.

키르케고르가 여기에 반대하는 관점은, 헤겔의 입장과 거의 같습니다. 즉, 세상이 단순히 인간 주체와 인식 능력의 연장선상에만 있다면, 모든 것은 주관성으로 전락하고, 어떤 객관적인 것도 존재할 수 없게 됩니다. 키르케고르는 이렇게 씁니다. "피히테가 이러한 방식으로 '나'를 무한화했을 때, 그는 어떤 현실성도 창백해지는 관념론을 발전시켰다."[6] 피히테의 입장은 현실의 세계에 대한 급진적인 부정을 나타냈습니다. 진실하고도 중요한 것은 주체입니다. 우리 주변에 있는 세계는 독립적인 존재를 갖고 있지 않습니다. 피히테의 입장은 키르케고르에게 어느 정도는 매력적입니다. 이것은 부정성을, 다시 말해, 세계에 대한 부정을 나타내기 때문입니다. 키르케고르는 이 점을 칸트를 넘어서는 중요한 발전으로 보

---

6 Ibid., 273.

았습니다. 칸트는 자신의 철학에 이런 부정적 요소를 갖고 있지 못했습니다. 알수 없더라도, 우리 주변 세계에 대한 객관적 진리에 대한 기준을 정립할 수 있는 것처럼 보이는 물자체의 이론(doctrine)을 가지고 있었기 때문이죠. 그러나 피히테는 이와는 대조적으로, 이 세상을 부정하고 이것이 실질적이지 않다고 주장한 것입니다. 우리가 보았듯이, 이것은 고대 아테네에서 소크라테스가 한 일이었고, 키르케고르는 이러한 부정성에 대해 피히테를 칭찬했던 것입니다. 키르케고르는 이런 부정적인 경험이 모든 사람에게 중요하다고 믿었습니다. "영혼을 구원하고자 하는 누구나 잃을 것이므로,"[7] 이 부정의 과정이 필요하다고 말할 때, 그는 성서의 내용을 달리 말한 것으로 이에 대한 기독교적 의미를 암시합니다. 이것은 크리스천이 되기 위해, 세계를 거부하거나 '부정'해야만 하고, 자기 자신 속으로 물러나야 한다는 뜻입니다.

5.3. 슐레겔과 티크의 피히테 이론의 자기화(appropriation)

헤겔에 이어 키르케고르는, 피히테의 자기 정립적 자아가 프리드리히 폰 슐레겔과 루트비히 티크와 같은 후기 사상가들의 아이러니 이론의 기초를 형성했다고 지적합니다. 그러나 한편 이 사상가들은 피히테의 이론을 다른 맥락에 적용하려고 노력함으로써 왜곡했다고도 말합니다. 키르케고르는 두 가지 근거를 대고 있습니다. "첫째, 경험적이고 유한한 '나'가 영원한 '나'와 혼동되었다. 둘째, 형이상학적 현실성이 역사적 현실성과 혼동되었다."[8] 피히테의 주된 목표는 칸트철학의 단점을 바로잡는 지식 이론을 만드는 것이었습니다. 따라서 피히테의 자기 정립적인 '나'는 개인의 살아있는 경험이라기보다는 추상적인 개념으로 존재합니다. 대조적으로, 슐레겔과 티크는 이 이론적 실체를 받아들였고, 그것을 실

---

7 Ibid., 274. 마태복음 10:39, 마가복음 8:35, 누가복음 9:24, 요한복음 12:25.
8 Kierkegaard, *The Concept of Irony*, p. 275.

제 살아 숨 쉬는 사람으로 인식했습니다. 다시 말해, 그들은 현실 세계에서의 구체적인 행동을 위한 모델로 이 추상적인 자아를 사용하려고 노력했습니다.

특히 슐레겔과 티크는 피히테의 이론에서 부르주아적 관습, 가치, 신념의 세계를 비판할 수 있는 강력한 도구로 보았습니다. 피히테의 자아는 그 밖의 어떤 것의 타당성도 인식하지 못했으며, 이 후기 낭만주의 사상가들은 당대 사회에서 그들이 구시대적이고 반동적인 관점으로 간주했던 것들을 약화하는 방법으로서 이를 파악했습니다. 그러나 키르케고르는 이것이 소크라테스의 아이러니와는 다르다고 다시 지적합니다. 소크라테스의 아이러니는, 우리가 살펴본 바와 같이, 세계 역사적으로 정당화된 것입니다. 그러나 낭만주의자들의 아이러니 사용에 대해서는 "세계정신을 위해 봉사하는 것이 아니었다."[9]라고 키르케고르는 말하고 있습니다. 소크라테스는 역사적으로 더 이상 실행가능하지 않은 특정한 믿음을 시험했고 또한 약화하였습니다. 그러나 낭만주의자들은 '모든 것'을 비판하기 위해 아이러니를 사용했습니다. 그들의 비판은 무차별적이었습니다. 그들의 목표는 사회를 파괴하는 동시에 자신을 창조할 수 있는 개인을 미화하는 데 있었습니다. 어느 사회에든 비판할 가치가 있는 것들, 즉 부패, 족벌주의, 위선 등이 항상 존재하는 것은 사실입니다. 하지만 그렇다고 해서 모든 사회가, 항상 부패하고 족벌주의적이며 위선적이라는 것은 아닙니다. 그럼에도 낭만주의자들은 모든 것을 항상 비판하는 오류를 범하게 되고, 결국 합리적이고 건전한 것들도 비판하게 됩니다. 모든 차이는 낭만주의자들의 총체적인 비판에서 사라집니다.[10] 이러한 무차별적인 비판은 결코 소크라테스가 관여한 것이 아닙니다. 오히려 소크라테스는 자신의 재판과정에서, 신탁을 따르는 것과 같은 아테네의 법과 전통을 따르는 것이 중요하다고 강조했습니다. 낭만주의자들은 더 깊은 진리를 찾기 위해 특정한 낡은 가치와 제도를 비판하는 것이 아니라, 주관적인 자아 자체

9 Ibid.
10 Ibid., 276.

를 찬양하고 미화하기 위해서만 다른 모든 것들을 비판할 뿐입니다.[11] 여기서 키르케고르는, 낭만주의에 대해 비판한 헤겔의 정확성을 인정합니다. "우리는 또한 여기서 이 아이러니가 완전히 정당하지 못했으며, 이에 대한 헤겔의 적대적인 행동은 전적으로 옳다고 생각한다."[12]

낭만주의 아이러니스트의 특징을 한 가지 말하자면, 그는 어떤 순간에도 자신을 새롭게 발명할 수 있다는 것입니다. 만약 그의 개인 역사의 진리(다른 모든 것과 마찬가지로)가 전적으로 주관적이라면, 자신이 원할 때 언제든지 그것을 바꿀 수 있습니다. 삶에서 현재든 과거든, 실질적이고 구속력이 있는 것은 아무것도 없습니다. 삶에 대한 이야기를 할 때, 우리는 자연스럽게 사물을 긍정적인 시각으로 바라보거나, 현재에 대한 우리의 관심사에 따라 사물에 특정한 견해를 주려고 시도합니다. 당시 대수롭지 않게 여겨졌던 과거의 사건들은 현재의 맥락에서 볼 때 큰 중요성을 갖습니다. 마찬가지로 당시 상당히 중요했던 과거의 다른 사건들도 현재와 연관성이 없어 보이면 잊히고 맙니다. 이런 의미에서 우리의 과거는 문제에 대한 정적인 사실이 아니라 오히려 상당히 유동적인 것입니다. 낭만주의자들은 자신에게 닥친 변덕이나 기분에 따라 끊임없이 그들의 과거에 대한 새로운 이야기를 함으로써 이것을 새로운 단계로 가져갑니다. 그들에게는 객관적인 외부 현실이 존재하지 않기 때문에, 그들이 원하는 어떤 방식으로든 세상을, 그리고 자신의 과거를 자유롭게 해석할 수 있다고 믿습니다.

키르케고르는 낭만주의자들이 역사 자체, 즉 실제로 일어난 일에 대한 구체적인 자료와 증거에는 관심이 없었다고 지적합니다. 대신에, 그들은 전설, 신화, 그리고 동화에 매료되었습니다.[13] 한 번 더 말하면, 키르케고르는 역사 현실에 대한 헤겔의 이해, 그리고 슐레겔에 대한 비판의 정확성을 인정합니다.[14] 헤겔에게

---

11   Ibid., 283.
12   Ibid., 275.
13   Ibid., 277f.
14   Ibid., 278.

있어, 다른 해석과 관계없이 진실로 남아 있는 객관적인 의미 혹은 로고스가 있습니다. 이것은 인간의 역사뿐만 아니라 개인의 삶에도 해당됩니다.

키르케고르는 아이러니스트의 관점을 포착하기 위해, "시적으로 산다."[15]라는 낭만주의자들의 슬로건을 언급합니다. 이 말은, 어떤 사람이 예술에 대한 좋은 취향을 가지고 있고 이것을 그의 생활방식의 일부로 만든다는 것을 의미하는 것으로 받아들여질 수 있습니다. 하지만 이것이 여기서 의미하는 중요한 것이 아닙니다. 마찬가지로, 이것은 우리가 보통 시라고 부르는 것을 의미하는 것이 아니기 때문에 조심할 필요가 있습니다. 이런 의미에서 시적이 된다는 것은 소설을 쓴다는 것이고, 이 경우 자신의 삶이 허구인 것처럼 사는 것을 의미합니다. 따라서 시적으로 산다는 것은, 자신의 삶을 창조하기 위해, 주어진 어떤 순간에도 끊임없이 자신의 삶을 마치 허구적인 이야기를 하는 것처럼 새롭게 구성함을 말합니다. 사회의 규칙과 관습을 노예처럼 따르는 것과는 대조적으로, 예술적인 감수성으로 자신의 삶을 꾸미는 것을 의미합니다. 여기에서 허구적 요소가 핵심 열쇠입니다. 낭만주의 아이러니스트는 현실에서는 어떤 것에도 얽매이지 않는다는 것을 보여주는, 중요한 단서이기 때문입니다. 스스로 타당하다고 인정하는 그의 존재에는 어떠한 사실적 요소도 없습니다. 모든 것은 그가 원하는 대로 해석하고 재해석할 수 있는 허구인 것입니다. 키르케고르는 이러한 관점에 비판적입니다. 왜냐하면, 키르케고르는, 존재에 있어서 어떤 돌이킬 수 없는 사실들이 있다고 믿기 때문입니다. 예를 들어, 우리는 하나님에 의해 창조된 존재이죠. 이것은 우리가 무작위로 재해석할 수 있는 것이 아니라는 것입니다. 우리는 창조된 존재이며 이런 의미에서 하나님께 의존합니다. 이것은 결과적으로 크리스천들이 성취하려고 노력하는 삶의 특정한 목표를 제시합니다. 그러나 낭만주의 아이러니스트는 그러한 객관적인 사실이나 존재를 인정하지 않으며, 그 자신이 주장하는 유한한 사실 이상의 어떤 목표도 인정하지 않죠.

---

15 Ibid., 280.

5.4. 키르케고르의 슐레겔 분석

피히테의 주체 개념에 대한 프리드리히 폰 슐레겔의 적용을 키르케고르는 자세히 검토했습니다(그림 5.2 참고).[16] 키르케고르는 슐레겔의 소설 루신데(Lucinde)를 낭만적 관점을 대표하는 작품으로서 분석하는데, 이것 역시도 헤겔의 견해를 따르고 있습니다.[17] 소설은 청년 율리우스와 그의 연인인 루신데와의 사랑을 추적합니다. 슐레겔의 목표는 소설 속 커플의 자유롭고 열정적이고 낭만적인 사랑을 축하하는 것이었습니다. 슐레겔이 생각한 진정한 사랑이란, 신중함, 존경심, 가족 관계, 혹은 재정적인 걱정과 같은 다른 관심사에 의해 지배당하지 않으면서 또한 절제되지 않은 '자발적인 황홀감' 속에서만 찾을 수 있는 것이었습니다. 이 책은, 출간 당시 사회의 부르주아적 가치에 반해 무례하고 비도덕적인 것으로 여겨졌기 때문에 많은 논쟁을 불러 일으켰습니다. 율리우스가 다양한 여성들과 성관계를 한 것을 암시하는 소설의 내용은, 당시의 기준으로 볼 때 수치스러운 것으로 여겨졌습니다.

율리우스는 사회의 규칙을 존중하지 않는 사람으로 묘사되었습니다. 그는 많은 여자를 유혹하는 것에 대해 공개적으로 말합니다. 그러나 이러한 사건들을 통해, 결국 그는 우울해졌고, 오히려 사랑에 대해 환멸을 느끼게 됩니다. 그가 진정한 사랑을 찾을 때만이 그는 구원받을 수 있습니다. 이 소설은 율리우스가 존경하는 여성과 맺은 성숙한 관계 안에서, 진정하고 자발적인 사랑의 불꽃을 발견함으로써, "새로운 직접성(new immediacy)"이라 불릴 수 있는 것을 어떻게 발견하게 되는지 과정을 보여준 것이었습니다. 그리하여 율리우스는 세상을 잃은 후 다시 자신의 자리를 찾게 됩니다. 그는 이전에 많은 죄를 저질렀음에도 불구하고

---

16 Ibid., 286-301.

17 Friedrich Schlegel, *Lucinde. Ein Roman,* Berlin: Heinrich Fröhlich 1799. 이 작품은 영어로 확인할 수 있다. 다음을 참고하라. *Friedrich Schlegel's Lucinde and the Fragments,* trans. by Peter Firchow, Minneapolis: University of Minnesota Press 1971.

결국 구원을 받았습니다.

슐레겔은, 진정한 사랑을 억누르는 것은 부르주아 사회의 등장과 더불어 나타난 현상이라고 주장합니다. 이 관점에 따르면, 인류 역사상 남성과 여성이 자

그림 5.2. 프리드리히 폰 슐레겔
(1772-1829년)

연적 성향에 따라 자발적으로 모였던 초기 시기가 있었습니다. 이 시기에는, 재산을 늘리거나, 상속자를 확보하거나, 부유하거나 힘 있는 가족과 동맹을 맺는 것과 같은 것들에 의해 동기부여가 되지 않았습니다. 대신 상대방에 대한 사랑만이 유일한 관심사였죠. 키르케고르는 이 그림을 다소 순진하게 받아들이고, 낭만적인 역사 접근법이 역사적 사실을 현대 이데올로기에 종속시키는 경향이 있음을 시사합니다. 슐레겔과 낭만주의자들은 과거의 전원생활 위주의 목가주의를 재구성하고 싶어 하는 척했지만, 사실 이것은 그들이 만들어낸 허구에 불과했던 것입니다.[18] 인간의 동기가 그렇게 순수했던 때는 없었고, 그들이 그렇게 될 때를 상상하는 것도 사실 어렵죠. 또한 키르케고르는 슐레겔의 접근법에 모순이 있다고 지적했습니다. 한편으로, 루신데는 자연스럽고 즉각적인 사랑에 대한 순진하고 순수한 개념을 축하해야 합니다. 그러나 반면에 부르주아 도덕에 대한 비판은

_____
18 Ibid., p. 288f.

정교하고 구체적인 사회 비판에 기초하고 있으므로 자발적이지도, 직접적인 것도 아닙니다.[19]

그러나 키르케고르가 슐레겔에 맞서고자 하는 주된 비판은, 슐레겔이 소설 루신데를 통해, 단지 특정한 생각이나 가치를 공격하는 것이 아니라, 오히려 모든 윤리를 훼손하려는 시도를 가졌다는 점이었습니다.[20] 슐레겔이 제시한 관점은, 전통 문화로부터 물려받은 모든 윤리와 가치는 궁극적으로 임의적이라는 것이었습니다. 그래서 낭만주의 아이러니스트는 그것들을 거부하고 자신만의 것을 창조하는 데 자유로웠습니다. 게다가, 사랑과 결혼에 관련된 부르주아 윤리는 심지어 억압적이고 해롭다고 생각했습니다. 아이러니스트는 자신이 이에 대항하는 해방 운동을 이끄는 사람이라고 생각했습니다. 그러나 이 절대적인 부정은 무차별적이었습니다. 일반적으로 윤리 자체를 비판하기 때문에, 비판할 가치가 있는 부르주아 윤리의 요소들뿐만 아니라 건전하고 진실한 요소들에도 무조건적으로 비판을 가했습니다. 그런 의미에서 슐레겔의 비판은 정당하지 않은 것입니다.

우리는 키르케고르가 아이러니스트를 묘사하기 위해 "시적으로 산다."라는 말을 사용한 것을 보았고, 이것이 무엇을 수반하는지에 대해, 슐레겔에 관한 이 대목에서 더 자세히 설명을 듣게 됩니다. "시가 무엇인지 누가 묻는다면, 일반적으로 그것이 세상에 대한 승리라고 말할 수 있을 것이다. 불완전한 현실성의 부정을 통해 시가 더 고차원의 현실성을 여는 것이다."[21]라고 키르케고르는 썼습니다. 시적으로 산다는 것은 전통적인 관습과 가치를 거부하고 자신의 가치를 내세우는 것입니다. 이러한 방식으로 우리는 현실의 세계, 즉 확립된 관습의 세계를 부정합니다. 게다가, 사람은 자신을 위한 "더 높은 현실" 즉, 자신의 가치를 창조합니다.

---

19 Ibid., p. 289.
20 Ibid., p. 290.
21 Ibid., p. 297.

키르케고르에 따르면, 더 고차원적인 것의 이름으로 부르주아 윤리를 훼손하려는 슐레겔의 시도는 궁극적으로 성공하지 못했습니다. 소설 루신데가 옹호하는 것처럼 보이는 윤리라는 것은, 관능적인 쾌락의 하나에 불과했기 때문입니다. 부르주아 윤리의 일부 측면에는 분명히 문제가 있을 수 있지만, 감각의 직접적인 쾌락을 위해 노력하는 것만으로는 더 높은 윤리적 상태로 간주될 수 없습니다. 이 일을 자극하는 이데올로기적 탄원은 자유와 사회의 억압으로부터의 해방이지만, 사람은 자연적 충동과 감각을 만족시킬 필요에 대한 비참한 노예근성을 그 대가로 갖게 되는 것입니다. 이것을 자유의 숭고한 형태로 보기는 어렵겠지요.[22]

키르케고르가 이 논문을 작성하는 동안 그는 레기네 올센과 약혼 중이었다는 사실을 언급해야만 합니다. 그리고 사랑과 부르주아적 결혼에 대한 슐레겔의 관점에 대해 공부한 것이, 궁극적으로 그가 이 약혼을 파기하는 데 어느 정도 역할을 했는지 궁금해집니다. 그러나 어쨌든, 이러한 분석이 키르케고르에게 큰 영향을 미친 것은 사실입니다. 왜냐하면 키르케고르는 그의 후기 작품들 몇 가지를 통해 결혼에 대한 찬반 문제를 다루게 될 것이기 때문입니다. 예를 들어 《아이러니의 개념》 직후에 쓴 책 《이것이냐 저것이냐》에서 그는 젊은 율리우스의 인물에서 나오는 요소들을 작품 1부의 이름 없는 작가인 낭만적인 사랑의 관점을 옹호하는 미학자, 그리고 '유혹자의 일기'에서 유혹자의 모습으로 삼습니다. 또한 이 작품의 두 번째 부분의 작가로서 윌리엄 판사의 모습을 창조합니다. 기혼 공무원인 판사는 부르주아 사회의 결혼 제도 안에서 사랑의 미덕을 옹호하는데, 여기서 키르케고르는 성숙한 율리우스가 갖게 된 견해의 요소들을 통합한 것을 볼 수 있습니다. 《이것이냐 저것이냐》라는 책은 이 두 세계관 사이의 대화이지만, 그 대화는 사실 《아이러니의 개념》의 이 두 번째 부분에서 시작되었던 것입니다.

---

22 Ibid., p. 301.

5.5. 키르케고르와 폴 마틴 뮐러

덴마크 황금기의 중요한 인물로는 키르케고르의 위대한 멘토 중 한 명인 폴 마르틴 뮐러가 있습니다. 뮐러는 고대 그리스에 대한 키르케고르의 사랑을 고취시키는 데 도움을 준 고전학자였습니다. 그가 키르케고르에게 석사 논문으로 소크라테스의 아이러니 개념에 대해 쓰도록 격려했을 가능성이 있습니다. 뮐러는 키르케고르 가족의 아파트 옆 법원 맞은편 건물에 살았습니다.

뮐러는 1826년부터 1830년까지 노르웨이에서 철학을 가르쳤으며, 1831년부터 1838년까지 코펜하겐 대학교 교수를 역임했습니다. 뮐러는 키르케고르의 교수였고, 두 사람이 우정을 쌓았다는 증거가 있습니다. 1844년 키르케고르가 뮐러의 영향을 받았다는 증거로, 키르케고르가 그에게 《불안의 개념》을 헌정했다는 사실을 제시할 수 있습니다. 이 헌정에서, 키르케고르는 뮐러를 '소크라테스의 친구'[23]라고 불렀습니다. 키르케고르는 또한 《결론의 비학문적 후서》에서 뮐러를 추켜세우는 듯한 글을 썼습니다. 이 책에서 그는, 뮐러가 헤겔주의에 비판적 입장을 취하는 것으로 논하고 있습니다.[24]

뮐러는 1838년 키르케고르의 아버지보다 몇 달 먼저 사망했습니다. 두 어른의 잇따른 죽음으로 인해 키르케고르의 내면에 큰 동요가 일었습니다. 특히, 뮐러의 죽음은 키르케고르의 삶에 대한 태도를 변화시켰다고 여겨집니다. 키르케고르는 대학교 1학년 때, 신학을 공부하는 것보다 연극, 문학, 고급 옷에 더 관심이 있었습니다. 그는 부유한 집안에서 태어났기 때문에, 스스로 생계를 유지하거나 직업을 얻기 위해 학위를 마쳐야 한다는 부담감을 느끼지 않았습니다. 뮐러와 아버지가 죽은 후에야 그는 비로소 진지하게 연구하기 시작했고, 그로부터 3년

---

23 Kierkegaard, *The Concept of Anxiety,* trans. by Reidar Thomte in collaboration with Albert B. Anderson, Princeton: Princeton University Press 1980, p. 5.

24 Kierkegaard, *Concluding Unscientific Postscript,* vols 1–2, trans. by Howard V. Hong and Edna H. Hong, Princeton: Princeton University Press 1992, vol. 1, p. 34n.

후인 1841년 《아이러니의 개념》으로 논문을 쓰고 학업을 마쳤습니다.

뮐러는 죽기 전에 아이러니에 대한 생각을 발전시키는 과정에 있었습니다. 그의 사후 출판된 작품 중에, 이 주제에 대한 더 큰 작품으로 계획된 것으로 보이는 초안이 있습니다. 이 초안은 키르케고르의 논문 제목 그대로 "아이러니의 개념에 대하여"를 담고 있습니다. 키르케고르가 그의 작품에서 다루는 아이러니의 많은 측면을 뮐러 또한 자신의 초안에서 논하고 있습니다. 키르케고르와 마찬가지로 뮐러 또한 헤겔과 피히테의 이론을 검토하고, 낭만주의자들이 현대 부르주아 문화를 공격하기 위해 아이러니를 사용하는 것을 비판합니다. 그는 낭만주의의 아이러니가 "도덕적 허무주의로, 필연적으로 모든 내용의 부재로 끝난다."[25]라고 결론짓고 있습니다. 뮐러와 키르케고르의 작품 간 유사성은 키르케고르가 학위 논문을 쓰면서 뮐러를 일종의 조언자로 구성했다는 점에 있고, 또한 뮐러가 죽은 후에 뮐러가 막 발전시키려 했던 몇 가지 통찰을 키르케고르가 완성했다는 점에 있습니다.

키르케고르는 뮐러가 죽기 1년도 채 되기 전인 1837년 6월 30일에 뮐러와 나누었던 대화를 그의 《일기 DD》에서 회고하고 있습니다.[26] 두 사람은 소크라테스에 관해 대화를 나누었고, 몇몇 중심 주제는 아이러니와 유머였습니다. 게다가, 소크라테스와 예수를 비교하고 있었습니다. 이 모든 것은 약 4년 후 《아이러니의 개념》에 다시 등장한 요소들입니다.

1834년 뮐러의 아내가 겨우 29세의 나이로 세상을 떠난 후, 뮐러는 불멸의 문제에 깊은 관심을 갖게 되었습니다. 1837년에 뮐러는 긴 논문을 하나 발표했는데, 당시 독일 문학에서 일어나고 있던 불멸에 대한 최근의 논의에 관한 내용

---

25 Poul Martin Møller, "Om Begrebet Ironie," in *Efterladte Skrifter,* ed. by Christian Winther, F. C. Olsen, Christen Thaarup, and L. V. Petersen, vols 1–6, Copenhagen: C. A. Reitzel 1848–50, vol. 3, pp. 152–8; p. 154.

26 *Kierkegaard's Journals and Notebooks,* ed. by Niels Jørgen Cappelørn et al., vols 1–11, Princeton: Princeton University Press 2007ff., vol. 1, pp. 216–17, DD:18.

160 · 쇠렌 키르케고르 입문

이었습니다.[27] 이 논문에서 그는 최근 지적인 삶이라고 하는 것의 주요한 특징으로 '니힐리즘'이 나타나고 있음을 지적했습니다. 당시 독일의 낭만주의와 독일 철학의 몇몇 경향에서 전통적인 기독교 가치와 신념을 거부하고 있는 세태를 목격했는데, 그렇다고 해서 그 안에 기존의 가치와 신념을 대체할 만한 어떤 새로운 것은 없었던 것입니다. 뮐러에 따르면, 니힐리즘은 어떤 의미나 지속적인 가치를 다만 부정하는 것으로 끝날 뿐이었습니다. 뮐러는 이러한 경향에 비판적이었으며, 기독교적 세계관을 그대로 유지할 필요가 있다고 주장했습니다. 뮐러가 이 글에서 말하는 "니힐리즘"은 키르케고르가 말하는 "아이러니"와 밀접한 관련이 있습니다. 그러므로 뮐러의 니힐리즘에 대한 비판적 대립이 《아이러니의 개념》을 발전시키는 데 있어 키르케고르에게 중요한 역할을 했다는 것은 의심의 여지가 없는 것이죠.

5.6. 통제된 아이러니에 대한 키르케고르의 생각

아이러니의 개념은 "통제된 요소로서의 아이러니, 아이러니의 진리"라는 제목의 짧은 장으로 끝을 맺고 있습니다.[28] 작품 본문에서 상세한 분석을 거쳤기 때문에 이 짧은 결론은 독자들에게는 거의 형식적인 것으로 느껴집니다. 이 책에서 키르케고르는 소크라테스의 아이러니와 낭만주의 아이러니에 대한 자신의 대안을 제시하고 있습니다. 학자들은 이 장이 주는 의미에 대해, 아이러니하게 읽을 수 있는 특정한 요소들이 있기 때문에 이것으로 인해 논쟁합니다. 따라서 키르케고르는 이 작품에 결론을 제시하는 것처럼 보이지만, 일부 해석자들은 그가 다른

---

27 Poul Martin Møller, "Tanker over Muligheden af Beviser for Menneskets Udødelighed, med Hensyn til den nyeste derhen hørende Literatur" ["Thoughts on the Possibility of Proofs of Human Immortality, with Reference to the Most Recent Literature Belonging Thereto"], *Maanedsskrift for Litteratur*, vol. 17, 1837, pp. 1–72, pp. 422–53.
28 Kierkegaard, *The Concept of Irony*, pp. 324-9.

방향을 가리키고 있다고 생각하게 됩니다.

키르케고르는 이 장을 예술적 맥락에서의 아이러니에 대한 분석으로 시작하고, 자신이 생각할 때 아이러니를 올바르게 사용한 몇몇 작가들을 언급하고 있습니다. 셰익스피어, 괴테, 요한 루드비그 하이버그가 이들입니다. 키르케고르는 이 시인들이 위대하다고 주장합니다. 왜냐하면 키르케고르가 말하는 "세계의 전체적 관점"[29]을 이 시인들이 가지고 있기 때문입니다. 이것은 그들이 예술을 구성할 수 있도록 하는 압도적이고 일관된 세계관을 가지고 있다는 것을 의미하는 것처럼 보입니다. 이들은 자신들이 지어낸 시 안에서 많은 다른 요소를 구성하고 균형을 맞출 수 있습니다. 키르케고르는 이들이 작품 속에서 아이러니를 개인적 측면으로 효과적으로 사용할 수 있기 때문에 이들을 칭찬하고 있습니다. 이 작가들은 아이러니의 개별적인 예를 삽입하고 그것을 효과적으로 사용할 수 있는 적절한 시간과 장소를 찾을 수 있습니다. 이들은 아이러니를 사용할 지점을 정확히 지시했으며, 그것이 가장 적절한 상황을 만들었다는 점에서 아이러니의 대가들이죠. 이것은 우리가 보았듯이, 총체적으로 낭만적인 아이러니와는 대조적입니다. 낭만주의자들은 아이러니를 다른 기술들처럼 하나의 기술로서 통제할 수 없습니다. 대신에 그들은 사실상 하나의 중요한 요소로서 아이러니에 의해 통제되거나 지배당하는 것입니다. 따라서 키르케고르는 "통제된 아이러니"라고 부르는 것을 추천합니다. 다시 말해, 구체적이고, 적용된 사례에서의 아이러니의 사용을 추천하는 것입니다.

이제 키르케고르는 아이러니의 사용을 예술에서 삶으로 옮겨갑니다. 여기에서 "시적으로 사는 것"[30]이라는 이전의 공식에 대해 다시 언급합니다. 사회의 관습과 전통을 일반적으로 인정하지만 그렇게 무비판적으로는 하지 않는, 일종의 통제된 아이러니를 시사하는 것으로 보입니다. 따라서 아이러니는, 결함이 있는 것처럼 보이는 이런 사회적 측면에 반하는 것에는 사용되지만 사회 전체에는 반

29 Kierkegaard, *The Concept of Irony*, p. 325.
30 Ibid., p. 326.

하지 않습니다. 키르케고르는 다음과 같이 쓰고 있습니다.

우리 시대에는 과학과 학문에 대한 의심의 중요성에 대해 많은 논의가
있었다. 하지만 의심과 과학과의 관계는 아이러니와 개인의 삶과의 관계와
같다. 과학자들이 의심 없이 진정한 과학은 없다고 주장하는 것처럼, 아이러
니 없는 진정한 인간의 삶은 불가능하다고 정당하게 주장할 수 있다.[31]

이는 마르텐센이 *"De omnibus dubitandum est."*라는 슬로건과 함께 철학
은 의심으로부터 시작해야 한다고 주장한 것을 키르케고르가 부분적으로 인용
한 것으로 추정됩니다. 진정한 인간이 되기 위해서는 우리가 비판적 성찰의 단계
를 '언젠가는 모두' 통과해야 한다고 말하는 것처럼 보입니다. 여기서 우리는 물
려받은 신념과 관행을 비판적 시험(examination)에 종속시키고 잘못된 것을 거부
합니다. 시험받지 않은 삶은 살 가치가 없다는 소크라테스의 주장에 키르케고르
가 암묵적으로 동의하는 대목입니다. 다르게 말하자면, 시험받지 않은 삶은 사람
에게 허락된 독특한 능력을 완전히 발전시키는 데 실패를 가져온다는 생각입니
다. 키르케고르는 아이러니가 "인격적인 삶의 절대적인 시작"[32]이라고 결론 맺습
니다. 아이러니를 통제된 방식으로 사용함으로써, 개인은 문화와 기존의 질서에
대해 반성적이고 비판적인 거리를 유지할 수 있습니다. 그것을 파괴하는 것 없
이, 낭만주의자들이 했던 방식으로 자신을 소외시키는 것 없이 말입니다.

키르케고르는 자신의 모든 저술을 통틀어 가장 중요한 구절들 중 하나에서,
통제된 아이러니에 대한 이러한 관점을 기독교와 연결시키고 있습니다. 그 시대
의 중요한 과학적 진보를 비판적으로 회상하면서 다음과 같이 기록합니다.

인류의 비밀뿐만 아니라 심지어 하나님의 비밀에 대한 지식까지도, 오늘
날 아주 싼 가격에 판매되고 있기에 모든 것이 매우 의심스러워 보인다. 우리

---

31 Ibid.
32 Ibid.

시대는 성취에 대한 기쁨에만 흠뻑 빠져든 나머지, 이 성취를 자신의 것으로 만들지 않는다면 결국 아무런 가치가 없다는 것을 망각하고 말았다.[33]

여기에서 키르케고르는 소크라테스와 주관적 지식의 중요성을 암묵적으로 회상합니다. 키르케고르의 동시대인들은 많은 다른 것에 대해 스스로 인상적인 지식을 가지고 있다고 주장했습니다. 그러나 이 지식은 액면 그대로 받아들여질 수 없죠. 오히려 그것은 각자 개인에 의해 개별적으로 시험받아야 하고, 우리 한 사람 한 사람이 우리 스스로 각자의 것으로 만들어야만 합니다. 키르케고르가 여기서 말하는 "하나님의 비밀"은 객관적인 지식의 형태로는 배울 수 없습니다. 대신에 각 개인이 내적으로 각자의 것으로 만들어야만 하는 것입니다. 이 주장은 키르케고르의 후기 작품들 중 많은 부분에서 다시 나타나고 있습니다. 우리가 "하나님의 비밀"을 잘못된 견해로서 객관적으로 알 수 있는 것으로 받아들이는 것을, 키르케고르가 비판하고 싶을 때 아이러니가 나타납니다. 자신의 시대에 널리 받아들여졌던 이 관점이 아이러니한 비판을 받을 가치가 있다고 키르케고르는 믿었습니다. 이렇게 아이러니는 현대 세계에서 중요한 역할을 하고 있습니다.

요한복음 14장 6절의 "내가 곧 길이요, 진리요, 생명이다."라는 예수의 말씀을 키르케고르는 상당히 도발적인 구절에 사용하고 있습니다. 그는 이것을 수정하여 다음과 같이 썼습니다. "부정성으로서의 아이러니가 길이다. 그것은 진리가 아니라 길이다."[34] 여기서 그는 소크라테스를 언급하며, 작품 전반에 걸쳐 자신이 주장해 온 역설의 부정적인 측면을 강조합니다. 그 이유는 사람이 기독교에 도달하기 위해 필수적인 요소가 바로 아이러니라는 것입니다. 아이러니는 잘못된 개념을 가지고 있는 기독교를 무너뜨리는 데 꼭 필요한 것입니다. 그러한 기독교는 긍정적이고 객관적인 교리로서 개념을 가지고 있습니다. 기독교에 대한 이러한 오해에서 개인이 자유로울 때만이, 내적 자기화를 통해 기독교와 적절한 관계를

---

33 Ibid., p. 327.
34 Ibid.

맺을 수 있기 때문입니다. 따라서 부정적인 힘으로서의 아이러니는 진리 자체가 아니라, 개인이 스스로 진리를 찾을 수 있도록 준비시키는 것입니다.

5.7. 키르케고르의 논문심사와 이 작품의 수용

키르케고르는 1841년 여름 초에 《아이러니의 개념》을 완성했고, 6월 3일에 철학부에 제출했습니다. 당시 학장은 프레데릭 크리스티안 시번(Frederik Christian Sibbern)이라는 철학과 교수로, 그는 키르케고르의 이 연구를 평가하기 위해 위원회를 조직하는 임무를 맡았습니다. 학장은, 고전 문헌학자인 요한 니콜라이 마드비그(Johan Nikolai Madvig), 프레데리크 크리스티안 피터슨(Frederik Christian Petersen), 피터 올루프 브뢴스테드(Peter Oluf Brøndsted), 물리학자이자 코펜하겐 대학교의 총장이였던 한스 크리스티안 외스테드(Hans Christian Ørsted), 그리고 마지막으로, 우리가 앞에서 논의했던 젊은 신학자 한스 라센 마르텐센(Hans Lassen Martensen)에게 키르케고르의 원고를 보냈습니다.

위원회의 위원들은 모두, 이 연구가 확실히 학위를 받기에 충분하다는 데는 동의했지만, 키르케고르가 연구 논문에 쓴 언어에 대해서는 심각한 의구심을 가지고 있었고, 그들이 생각한 문체적 과잉을 없애도록 이 논문을 다시 작성할 것을 키르케고르에게 제안하기까지 했습니다. 또한 이 책이 학문적 저작에 적합한 학술적 어조를 가지고 있지 않으며, 키르케고르의 잦은 위트가 학문적 맥락에서는 부적절하다고 불평했습니다. 오스테드는 보고서에서 다음과 같이 썼습니다. "《아이러니의 개념》에서 중요한 지적 강점의 표현을 확실히 볼 수 있음에도 불구하고, 특히 내가 혐오하는 두 가지 때문에, 이 논문은 나에게 전반적으로 불쾌한 인상을 준다는 사실을 부인할 수 없다. 그 두 가지는 바로 장황함과 허식이다."[35]

---

[35] *Encounters with Kierkegaard: A Life as Seen by His Contemporaries,* trans. and ed. by Bruce H. Kirmmse, Princeton: Princeton University Press 1996, p. 32.

1841년 9월 29일 키르케고르는 자신의 논문을 공개적으로 방어했습니다. 학교의 전통에 따라, 구술 심사는 덴마크어가 아닌 라틴어로 이루어졌습니다. 심사 과정에서 키르케고르의 논문 통과를 공식적으로 반대한 위원들은 학장이었던 시번과 브뢴스테드였습니다. 이미 언급했듯이, 청중으로부터 질문을 받는 것 또한 가능했고, 비공식적 반대자들은 7명 모두 그렇게 할 기회를 잡았습니다. 이 사건에 대한 공식 보고서에서 시번과 브뢴스테드는 제기된 질문에 설득력 있게 답변할 수 있었던 키르케고르의 능력을 칭찬하게 되었습니다.[36]

심사를 통과한 후 키르케고르는 시민미덕학교에서 라틴어와 그리스어를 지도했던 에른스트 보예센에게 친근한 편지와 함께 《아이러니의 개념》 사본을 보냈습니다.[37] 보예센은 이미 1년 전인 1840년에 소로(Sorø) 아카데미에서 새로운 보직을 얻었기 때문에 당시에는 코펜하겐에 없었습니다. 어쨌든 이 책을 받은 후, 보예센은 키르케고르의 논문 조사위원회에 있었던 것으로 추정되는 동료 언어학자 요한 니콜라이 마드비그에게 편지를 쓰고 키르케고르에게 감사의 뜻을 전해 달라고 부탁합니다. 키르케고르가 보예센에게 논문과 함께 보냈던 편지로 인해, 보예센은 키르케고르의 성격과 《아이러니의 개념》에 대해 숙고하는 계기를 갖게 되었습니다. 그는 키르케고르의 논문을 보면서, "마치 오늘날의 소크라테스처럼, 키르케고르는 길거리의 모든 사람과 함께 뛰어다니거나 그들과 잡담을 나누며, 자신의 좋은 생각을 그들과 나누었지요."[38]라고 키르케고르의 학창시절을 회상했습니다. 보예센은 이것이 키르케고르의 성격과 활동에서 잘 알려진 측면이었다고 말합니다. 젊은 키르케고르는 이처럼 자신을 소크라테스와 동일시하는 듯했고 어떤 면에서는 그를 모방하려고 한 것입니다.

---

36 *Søren Kierkegaards Skrifter,* vols 1–28, K1–K28, ed. by Niels Jørgen Cappelørn et al., Copenhagen: Gad Publishers 1997–2013, vol. K1, p. 144.

37 *Kierkegaard: Letters and Documents,* trans. by Henrik Rosenmeier, Princeton: Princeton University Press 1978, Letter 48, p. 89.

38 이 편지에 대하여는 다음을 참고하라. *Søren Kierkegaards Skrifter,* vol. K28, pp. 355f, 또한 356쪽을 보라.

키르케고르는 무사히 학위를 마쳤기 때문에 안심했을 것입니다. 하지만 그보다 더 중요한 것은, 키르케고르가 많은 주요 문제에 대해 자신의 생각을 발전시키는 데 있어서, 《아이러니의 개념》이 많은 도움을 주었다는 사실입니다. 자신의 미래를 숙고하는 동안, 키르케고르의 석사 논문의 맥락에서 중요한 주제 중 일부는, 키르케고르가 앞으로 낼 작품들과 그의 인생관 둘 다에 함께 통합되는 것을 피할 수 없게 된 것입니다.

5.8. 키르케고르와 레기네 올센

키르케고르가 《아이러니의 개념》을 집필하는 동안 젊은 레기네 올센에게 그 유명한 구애를 했습니다. 1837년 가을, 키르케고르가 코펜하겐 교외에 있는 프레데릭스베르크에 친구들을 방문하러 갔을 동안 당시 15세였던 레기네를 만난 것입니다.[39] 레기네는 옛 증권거래소 바로 뒤에 있는 뵈르스가데(Børsgade) 66번지에서 가족과 함께 살고 있었습니다(그림 5.3 참고).

그림 5.3. 코펜하겐의 증권 거래소

키르케고르와 레기네는 3년 정도 서로 알고 지냈으며, 키르케고르가 논문을 완성하던 1840년 8월과 9월에 둘의 만남 사이에 가장 중요한 단계에 도달합니다. 9월 8일, 키르케고르는 거리에서 레기네를 만나고 그녀의 집까지 동행했습니다. 집 안에는 다른 가족이 없었고, 지금까지 자주 해 온 것처럼, 그날도 자신을 위해 피아노를 연주해 달라고 레기네에게 부탁합니다. 잠시 후, 음악 책을 덮고 레기네에게 이것이 자신이 여기에 온 이유가 아니라고 키르케고르는 말했습니다. 그리고 나서 자신만의 독특한 방식으로 레기네에게 청혼을 하는데, 레기네는 깜짝 놀라고 말았습니다. 레기네는 즉시 일어서서 아무런 반응도 없이 키르케고르를 문밖으로 내몰았습니다. 키르케고르는 덴마크 고위 공무원이던 레기네의 아버지를 찾아가 결혼 허락을 청원했습니다. 레기네의 아버지 역시 놀랐지만, 만약 딸이 이에 동의한다면 아버지로서의 그는 딸의 의견에 따를 것이라고 말합니다. 이틀 후 9월 10일, 레기네 올센이 승낙했고, 둘은 약혼하게 됩니다. 거의 1년 동안 지속된 약혼의 시작이었습니다(그림 5.4 참고).

그림5.4. 레기네 올센(1822-1904년)

약혼이 성사된 직후, 두 사람은 승마장 옆 왕궁 뒤의 아치형 통로에서 만났습니다.[40] 키르케고르에게는 사람과 갑자기 멀어지고 차가워지는 경향이 있음을 레기네가 곧 알게 되었습니다. 레기네는 이것이 키르케고르의 집안 전체에 흐르는 우울함의 일부라는 것을 차츰 이해하게 됩니다. 그러나 이런 우울함도 레기네가 키르케고르의 아내가 되고 싶어 하는 것을 단념시키지는 못했습니다.

그러나 어느 순간부터, 키르케고르는 결혼 생활에 대한 불안을 느끼기 시작했습니다. 1841년 8월, 그는 자신이 결혼 생활을 수행해 나갈 수 없을 것이라고 스스로 결정을 내렸습니다. 이런 결정을 내린 이유가 무엇인지에 대해서는, 다른 사람들이 키르케고르의 파혼 이유에 대해 끝없이 추측하게 되는 원천이 되었고, 키르케고르 심정에 변화를 일으킨 사유로 설명될 수 있을 만한 다른 많은 이유가 인용되기에 이릅니다. 1841년 8월 11일 키르케고르는 약혼반지를 레기네에게 돌려주면서 약혼을 파기하기에 이르렀습니다. 키르케고르는 그녀에게 작별 편지를 썼는데, 다소 이상하게도 나중에 자신이 쓴 가명의 작품 《인생길의 여러 단계》(Stages on Life's Way)에서 그 편지를 그대로 다시 썼습니다.[41] 레기네의 아버지는 키르케고르를 집으로 초대해 그에게 결정을 재고해 달라고 간청했습니다. 레기네가 가족의 위로조차 받기를 거절할 정도로 얼마나 화가 났는지를 설명하면서 말입니다. 키르케고르는 그녀를 위로하는 데는 동의했지만, 정작 그녀와 결혼하는 가장 중요한 문제에 대해서는 결코 동요하지 않았습니다. 키르케고르는 레기네와 대화를 나누고 마지막으로 그녀에게 키스한 후, 레기네와 함께 자리에서 일어났고, 레기네는 마침내 그 상황을 받아들입니다.

---

40 *Encounters with Kierkegaard*, p. 44.
41 *Kierkegaard, Stages on Life's Way*, trans. by Howard V. Hong and Edna H. Hong, Princeton: Princeton University Press 1988, pp. 329–30: "그럼에도 불구하고 일어나야만 하는 일을 계속 반복하지 않기 위해, 이 일이 생겼을 때, 필요한 힘을 줄 수 있는 것, 그것은 일어난 일을 내버려 두는 것입니다. 무엇보다, 이 글을 쓰는 사람을 잊어요. 아무리 많은 것을 할 수 있다 해도, 여자를 행복하게 할 수 없는 사람을 용서해요."
원래 편지는 남아 있지 않지만, 일기에서 키르케고르는 다음과 같이 쓰고 있다. "하지만 휴식이 필요했습니다. 나는 편지 속에 그의 반지를 돌려보냈습니다. 이것은 상상의 심리적 구조로 단어 하나하나에 인쇄되었습니다."(*Stages on Life's Way*, Supplement, p. 661).

당시 코펜하겐은 큰 도시가 아니었기에 두 사람의 파혼에 대한 소문은 도시 전체에 빠르게 퍼졌습니다. 그 소문은 곧 공공연한 스캔들로 간주되었습니다. 올센 가족은 이에 격분했고 공개적으로 굴욕감을 느꼈습니다. 키르케고르는 이 책임을 본인이 지고, 레기네가 자존심에 상처를 받지 않도록 하기 위해 자신이 악당이라는 대중적 이미지를 키우려고 노력했습니다. 코펜하겐의 분위기는 키르케고르가 느끼기에 불쾌해졌고, 그래서 프로이센의 수도인 베를린으로 여행을 가기로 결정합니다. 키르케고르는 1841년 10월 25일 배를 타고 코펜하겐을 떠납니다.

5.9. 자기 자신을 창조하는 것에 대한 현대의 문제

직접적으로는 관련성이 분명하지 않을지라도, 슐레겔과 낭만주의 아이러니에 대한 키르케고르의 비판적인 설명은 현대 시대의 우리에게도 매우 중요합니다. '시적으로 산다.'라는 개념은 낭만주의 아이러니스트가 기성 사회의 현실에서 자신을 자유롭게 하고, 자기 뜻대로 자신을 창조하기 위해 생각하고 살아가는 방식을 말하는 것이죠. 다시 말해, 부르주아 사회의 제약에서 자유로우면서도, 스스로 내세운 전제를 따라 살 수 있는 능력을 입증해 보이는, 자신에 대한 공공의 이미지를 나타내는 것입니다. '시적으로 산다'라는 공식은 우리에게 낯선 것으로 들리고 직접적으로 이해되지 않는 것처럼 보이는 반면, 여기에 서술하고 있는 것은 현대 우리의 경험이 공유하고 있는 것과 정작 그렇게 다르지 않습니다. 우리 모두는 어떻든 간에 우리가 가치를 부여하는 긍정적인 특징과 성격적 특성을 구현하는 자신에 대해, 공적인 이미지를 나타내고자 노력합니다. 예를 들어, 우리는 자신이 흥미롭고, 지적이며, 매력적이고, 재능이 많은 사람처럼 보이기를 바랍니다. 자신에 대해 이야기할 때, 이런 특징들을 강조합니다. 온라인상의 소셜

네트워크를 생각해 보십시오. 페이스북에서 우리는 친구들과 지인들에게 자신에 대한 어떤 그림을 비추고 있습니다. 우리는 어떤 의미에서, 자서전을 지속적으로 업데이트하는 중에 있습니다.

그러나 가끔은, 우리가 페이스북에서 드러내고 있는 나의 이미지와 삶, 경험, 인격의 전체 사이에서 어떤 불일치가 존재합니다. 우리 모두에게는, 숨기고 싶은 어떤 결점 혹은 창피하거나 부끄러움을 느끼는 각자의 경험들이 있습니다. 이것들은 나의 페이스북 페이지에 포스팅하고 싶은 것이 아님에도 불구하고, 부인할 수 없는 나의 일부입니다. 계발하고자 하는 공공의 이미지와 진정한 자아 사이에 분리가 생기는 지점이지요. 진정한 자신은 공공의 이미지와 중첩되기도 하지만, 아마도 밖으로 돋보이지 않은 더 많은 것을 포함하고 있기 마련입니다.

시적으로 산다는 낭만주의자들의 관점에 대해 키르케고르가 비판했던 부분에 대한 윤곽을, 우리는 여기에서 찾을 수 있습니다. 페이스북 페이지에 매우 심각하게 나타난 이미지인데, 이것이 그 사람이 실제 모습인 경우가 있습니다. 그들은 자신의 일부임에도 불구하고, 자신의 이미지와 맞지 않는 다른 부분은 애써 무시하려고 노력합니다. 그러나 이것은 신뢰성의 문제입니다. 신뢰할 만한 사람은 자기 자신에게 진실합니다. 그들은 페이스북 프로필이 자신의 허구를 투영하고 있음을 스스로 잘 알고 있으며, 자신의 개성에서 별로 돋보이지 않는 면을 알고 그것들과 접촉하고 있습니다. 이 사람들은 자신에 대해 정직하고, 단점을 인식하고 있으면서도, 개선해야 할 영역으로 여기고 있습니다. 아, 그러나 누구나 그렇게 정직한 것은 아닙니다. 거짓말과 거짓된 이미지로 자신들을 잘 포장하는 것이 대중의 눈에 더 좋게 보이기 때문에, 자신에 대해 지어낸 거짓말을 스스로 자신의 것인 양 믿는다는 점에서, 우리가 결코 신뢰하지 못할 사람도 있습니다. 그들은 공공의 이미지가 자신의 존재의 진실인 듯 행동하고, 개인적인 실패나 단점은 인정하지 못합니다. 낭만주의자들은 시적으로 살려고 노력했고, 현대인들은 공공의 이미지처럼 살려고 노력합니다. 그것은 어떤 면에서 '있는 모습 그대로'와는 언제나 동떨어져 있으며, 허구에 불과합니다. 이런 예시들이야말로, 우리가 삶을 재해석하거나 페이스북 페이지를 업데이트 한다고 해서 무작위로 바꿀 수 없는, 또 다른 모습의 자기를 누구나 지니고 있음을, 각자가 직관적으로 믿고 있음을 단적으로 보여주는 증거들입니다. 우리가 진정으로 무시할 수 없는 자신의 삶에 대해, 좋기도 하고 나쁘기도 하며, 그러나 결코 피할 수 없는 사실이 있는 것 같습니다.

이것은 우리를, 이 장을 시작할 때 처음 던졌던 질문으로 다시 돌아오게 합니다. 진정한 자기란 무엇일까요? 무엇이 나를 있는 그대로의 나로 만드는 걸까요? 나의 약점, 실패, 인정하고 싶지 않은 성격 등을 솔직하게 받아들이고, 나는 정직하고 신뢰할 만한 사람이라고 가능한 한 가정해 봅시다. 이 일에서 나는 완전히 성공할 수 있을까요? 나는 있는 모습 그대로의 나에 대해 절대적으로 투명해질 수 있나요? 우리 모두는 자신의 성격과 개성에 대해 부정적인 것을 과장하면서 스스로를 학대하는 사람들도 알고 있습니다. 그들의 자아상은 우리가 지금까지 논의했던 사람들과는 정반대입니다. 긍정적인 것을 과장하기보다, 부정적인 것을 지나치게 강조합니다. 자신에게 아무리 가까이 간다 해도, 진정한 자아를 정확하게 성찰할 수가 없습니다. 자기기만의 가능성이 있다면, 과연 우리는 자신에 대한 정확한 관점에 이를 수 있을까요? 우리 모두는 나 자신보다 오히려 다른 사람이 나의 성격이나 상황에 대해 더 명확한 통찰을 가진 예들을 경험한 적이 있습니다. 다른 사람들은, 나 자신은 볼 수 없는 저 밖에서 명확하게, 나에 대해 무언가를 볼 수 있습니다. 그러나 다른 사람에게도 역시 자신만의 가진 자기기만의 형식과 목록이 있습니다. 그런데 우리는 왜, 우리 자신의 관점보다 다른 사람의 관점에 특혜를 주는 것일까요?

여기에서 우리는 이 문제가 얼마나 복잡한지를 볼 수 있습니다. 우리는 본능적으로, 나 자신이 어느 정도는 독특하고 특별하다고 믿습니다. 나의 관심사와 능력에 따라 나 자신을 자유롭게 창조할 수 있다고 믿고 싶어합니다. 내가 지닌 개성과 성격에 대해서, 축소 불가능하고 절대적인 것이 있다고 말하고 싶어합니다. 그러나 이것이 무엇인지 정의를 내리려고 하자마자, 문제가 발생합니다. 슐레겔과 낭만주의 아이러니에 대한 키르케고르의 비판에서와 같습니다. 키르케고르는 이 지점에서 현대 독자들이 이 질문과 맞닥뜨리게 합니다. 우리 모두에게 지금 중요하거나, 혹은 앞으로라도 중요해져야만 하는 질문입니다. 나는 누구일까요?

6

키르케고르의 소크라테스적 과제 개념과
저술의 시작: 1843년

현대 사회는 우리에게 많은 것을 요구합니다. 상황은 끊임없이 변화하고 있으며, 우리는 이 변화무쌍한 세상에서 살아가기 위해 새로운 것에 적응하고 배워야 할 의무가 있습니다. 어떤 의미에서 현대 사회는 강압적이라고 할 수 있는데, 왜냐하면 내가 이러한 변화에 대해 어떻게 생각하는 것과는 상관없이 어떤 식으로든 사회에 계속 참여하려면 필연적으로 변화를 따라갈 수밖에 없기 때문입니다. 하지만 심각한 문제나 이견이 있는 특정 사회적 또는 정치적 변화가 발생하면 어떻게 해야 할까요? 내가 동의하지 않거나 도덕적 양심이나 윤리적 또는 종교적 신념에 어긋나는 일들을 따라야 할 의무가 있나요? 문화의 특정 측면에서 소외감을 느끼는 일부 집단은 주류로부터 자신을 분리하여 주변의 더 큰 사회를 최대한 무시하고 자신들만의 작은 사회를 만들려고 시도합니다. 이는 좋은 해결책처럼 보일 수 있지만, 이러한 그룹은 종종 주류로부터 분리되고 그들 자신을 단절하는 대가를 치릅니다. 그들은 자신의 사회에서 소외되고 소외된 존재로 살아가야 합니다.

고대 그리스에서 소크라테스가 행한 역할에 대한 헤겔의 분석에서 우리는 전통적인 관습 윤리가 사회를 지배하는 것을 보았지만, 핵심은 개인이 자신의 이성으로 이를 평가하고 이에 동의할지를 결정할 권리가 있다는 점입니다. 이것이 바로 양심의 권리입니다. 키르케고르는 헤겔과 이 점에 대해 동의했고, 두 사람 모두 개인의 권리를 주장한 소크라테스를 위대한 혁명가로 여겼습니다. 하지만 이는 역사적으로만 중요한 문제가 아닙니다. 오늘날 우리는 부패한 정부나 체제에 맞서 개인이 자신의 신념을 지키기 위해 노력하는 시민의 용기 같은 것에 대해 이야기합니다. 오늘날 언론인, 정치 활동가, 양심적인 사람들은 주변에서 목격하는 불의에 대해 당당하게 목소리를 냄으로써 목숨과 평판, 생계를 위협받고 있습니다.

이런 경우 개인의 권리는 무엇이어야 할까요? 키르케고르는 일반적으로 종교 작가로 알려졌지만, 그의 작품에는 정치 및 사회 이론과 같은 문제에 대한 통찰력 있는 고찰도 포함되어 있습니다. 이 장에서는 소크라테스로부터 영감을 받은 키르케고르가 석사 학위를 마치고 작가로서의 경력을 시작한 후 첫 작품에서 이러한 문제들을 어떻게 탐구했는지 살펴보고자 합니다.

6.1. 키르케고르의 베를린 체류

키르케고르는 1841년 10월 25일부터 1842년 3월 6일까지 베를린에 머물렀습니다. 그곳에 머무는 동안 그는 대학에서 강의를 들으며 다음 저서 작업을 시작했습니다. 그는 겐다멘마르크트(군인 시장) 바로 맞은편 예거스트리트 57번지에 방을 빌렸습니다.

당시 베를린 대학의 큰 사건(그림 6.1 참고)은 1814년 피히테가 사망하고 1831년 헤겔이 사망한 후, 독일 이상주의 시대의 마지막 생존자였으며 노회한 철학자였던 프리드리히 빌헬름 요제프 셸링(Friedrich Wilhelm Joseph Schelling)의 최근 교수 임명이었습니다. 1830년대와 1840년대 초에 헤겔의 제자들은 지적 생활에 지대한 영향을 미쳤습니다. 브루노 바우어(Bruno Bauer), 프리드리히 엥겔스(Friedrich Engels), 루트비히 포이어바흐(Ludwig Feuerbach), 카를 마르크스(Karl Marx), 다비드 프리드리히 슈트라우스(David Friedrich Strauss) 등 인물이 포함된 좌파 헤겔주의자들은 종교와 윤리를 모두 훼손하는 것으로 여겨지는 우려스러운 경향을 보였고, 프로이센 왕은 이에 대해 뭔가 조치를 취해야 하겠다고 결심했습니다. 그는 이를 막기 위해 셸링 임명을 결정했습니다. 셸링과 헤겔은 젊은 시절에는 절친한 친구였지만, 이후 둘 사이에는 논쟁을 벌일 정도로 서로의 길이 갈라졌습니다.

그림6.1. 베를린 대학교

셸링은 오랫동안 대중의 관심에서 멀어져 있었기 때문에 그의 임명은 상당한 관심을 불러일으켰습니다. 학생과 교수 모두 셸링이 헤겔주의자들에 대해 어떤 말을 할지, 그들이 어떤 반응을 보일지 궁금해했습니다. 그의 강의는 청중들로 넘쳐났고 곧 도시의 화제가 되어 지역 신문에까지 보도되었습니다. 키르케고르는 이 강의에 참석했고, 강의 메모를 《노트 11》에 기록했습니다.[1] 그는 처음에

1 *Kierkegaard's Journals and Notebooks*, ed. by Niels Jørgen Cappelørn et al., vols 1-11, Princeton: Princeton University Press 2007ff., vol. 3, pp. 303-66, Not11:11-40.

는 셸링에 대해 열광했지만, 강의를 듣는 도중 그에게 지쳐서 메모를 완전히 중단했습니다. 1842년 2월에 형에게 보낸 편지에서 그는 "셸링은 가장 참을 수 없는 말도 안 되는 이야기를 해."라고 쓰고, "셸링이 강의하기에는 너무 늙었듯이 나도 강의 듣기에는 너무 늙었어."[2]라고 덧붙입니다. 같은 시기에 키르케고르는 헤겔주의 신학자 필립 마르하이네케(Philipp Marheineke)의 강의에도 참석했습니다. 그는 《노트 9》와 《노트 10》에 기독교 교리에 관한 마르하이네케의 강의를 아주 자세하게 메모했습니다.[3] 그는 또한 헤겔주의 신학자 칼 베르더(Karl Werder)가 제공하는 강의에 참석하여 같은 노트에 메모했습니다.[4]

이러한 학문적 추구 외에도 키르케고르는 베를린에 있는 동안 극장에 다니며 자신의 인생에서 무엇을 하고 싶은지 고민했습니다. 마침 소크라테스와 아이러니에 관한 논문을 완성하고 있었는데, 이 논문은 그에게 하나의 모델을 제공했습니다. 그는 여러 가지 소크라테스적 요소, 특히 아이러니를 포함하는 일련의 저술을 계발하기로 결심했습니다. 그는 소크라테스와 같은 전략을 사용하여 당대의 잘못된 견해를 무너뜨리고자 했습니다.

후에 키르케고르는 그의 저서 《작가로서의 나의 작품에 대한 관점》에서 자신의 모든 저술에 대한 개요와 일반적인 저술 전략을 설명합니다. 그는 자신의 저술이 《아이러니의 개념》 이후에 쓴 작품, 즉 《이것이냐 저것이냐》에서 시작되었다고 말합니다. 즉, 그는 이상하게도 석사 학위 논문인 《아이러니의 개념》을 자신 저술의 일부로 간주하지 않습니다. 이것은 키르케고르 연구에 있어서 키르케고르가 석사 학위 논문을 진지하게 받아들일 필요가 없는 미성숙한 초기 작품, 즉 처녀작(juvenilia)으로 간주했다는 의미로 해석되기도 합니다. 이러한 이유로 키르케고르 학자들은 오랫동안 《두려움과 떨림》이나 《결론의 비학문적 후서》와

2 *Kierkegaard: Letters and Documents,* trans. by Henrik Roseenmeier, Princeton: Princeton University Press 1978, **Letter** 70, p. 141.

3 *Kierkegaard's Journals and Notebooks,* vol, 3, pp. 243-73, Not9:1; pp. 285-98, Not10:8-9.

4 Ibid., vol. 3, p. 239, Not8:50; pp. 239f., Not8:52; pp. 274-8, Not9:2-9; p. 413, Not13:50.

같이 그의 성숙한 작품으로 여겨지는 것에 집중하고 《아이러니의 개념》은 소홀히 다뤄왔습니다. 그러나 이 작품은 키르케고르가 자신의 공식 저서들로 간주하는 것을 이해하는 데 매우 통찰력 있는 작품이기 때문에, 이러한 이해는 매우 안타까운 일입니다.

키르케고르가 《아이러니의 개념》을 자신의 저술 목록에서 제외하기로 결정한 것은 그것이 열등한 작품이라고 믿었기 때문이 아니라, 그가 저술에 대한 일반적인 아이디어를 떠올리기 전에 나온 것이므로 여러 가지 면에서 그 전략의 기초가 되었기에, 그가 생각한 여러 작품의 구성요소가 아니었기 때문이었습니다. 따라서 《아이러니의 개념》은 그의 저작 일부라기보다는 그 후 여러 저작을 위한 준비 작업이었습니다. 하지만 《아이러니의 개념》은 그의 나머지 저술에 귀중한 해석적 열쇠를 제공했기 때문에 그 중요성이 줄어들기는커녕 오히려 더 커졌습니다.

6.2. 매개에 대한 논쟁 그리고 《이것이냐 저것이냐》의 개념

베를린에 머무는 동안 키르케고르는 《이것이냐 저것이냐》이라는 새 책을 집필하기 시작했습니다. 그는 베를린에서 헤겔 철학에 대한 비판적 논의가 활발히 이루어지고 있는 가운데 이 작업을 구상했습니다. 우리는 두 번째 장에서는 플라톤의 대화편에 나오는 *아포리아*(aporia)의 개념에 대해 논의했는데, 그 맥락에서 헤겔이 소크라테스가 부정적 결과에서 멈추는 것은 실수라고 생각했다는 점에 주목했습니다. 대신 철학의 목표는 부정적인 것이 반드시 긍정적인 것과 어떻게 관련되어 있는지 알아내는 것이었습니다. 헤겔은 소크라테스의 부정적 방법이 중요하다고 생각했지만, 소크라테스는 긍정적 철학을 구성하는 중요한 다음 단계를 밟지 못했다고 하였습니다. 따라서 헤겔의 덴마크 추종자 한스 라센 마르텐센은 학생들에게 "소크라테스보다 더 멀리 가라."라고 격려했습니다.

헤겔은 철학이란 서로 반대되는 것들 사이의 필수적인 유기적 관계를 파악하는 것이라고 믿었습니다. 두 번째 장에서 살펴본 것처럼 존재와 무는 별개의 개념이 아니라 서로가 서로를 암시하고 전제하는 개념입니다. 철학이 이러한 이분법의 한쪽에만 집착하면 더 넓은 진리를 파악하지 못합니다. 헤겔은 이러한 일방적인 접근 방식을 "독단주의(dogmatism)"라고 불렀습니다. 그는 자신의 저서 《철학 백과사전》에서 "독단주의는 이해에 대한 일방적인 결정을 고수하면서 그 반대를 배제하는 것으로 구성된다. 이것은 (예를 들어) 세계는 유한하거나 무한하지만 **둘 다는 아니라**는 엄격한 '양자택일'에 불과하다."[5]라고 설명합니다. 여기서 헤겔은 어떤 것은 X이거나 그렇지 않거나 하는 둘 중의 하나며 그 중간은 없다는 논리학의 배제된 중간의 법칙(the law of excluded middle)을 언급합니다. 즉, 예를 들어 그 집은 빨간색이거나 빨간색이 아닌 둘 중 하나여야 한다는 뜻입니다. 헤겔은 이를 간단히 "양자택일(either-or)"이라고 부르며 축약하여 표현합니다.

1839년 덴마크에서 이 점에 대한 논쟁이 있었습니다. 질랜드의 주교인 야콥 피터 민스터(Jakob Peter Mynster)는 헤겔을 비판하면서 배제된 중간의 법칙은 아리스토텔레스 이래로 논리학(그리고 상식)의 초석 중 하나였으며, 이를 부정하는 것은 터무니없는 일이라고 주장했습니다. 이에 대해 헤겔주의자 마르텐센은 성육신이나 삼위일체와 같은 기독교의 핵심 교리는 아리스토텔레스의 논리학으로는 이해할 수 없다고 주장했습니다. 아리스토텔레스의 논리학을 따르면 예수는 하나님이거나 인간이거나 둘 중 하나이어야 하지만 둘 다일 수는 없습니다. 따라서 마르텐센은 그리스도의 신성과 인성의 이중성에 대한 기독교 교리를 유지하려면 어떤 형태 또는 매개가 전제되어야 한다고 주장했습니다. 그는 헤겔의 논리는 이를 설명할 수 있지만, 아리스토텔레스는 이를 거부해야 한다고 주장합니다. 마

---

5   G. W. F. Hegel, *The Encyclopedia Logic. Part One of the Encyclopedia of the Philosophical Sciences,* trans. by T. F. Gerats, W. A. Suchting, and H. S. Harris, Indianapolis: Hackett 1991, § 32, Addition.

르텐센은 "성육신 교리와 그리스도의 신인 양성 교리와 같은 기독교 핵심 교리는 기독교 형이상학이 이것이냐 저것이냐에 머물러 있을 수 없음을 정확하게 보여준다. 오히려 이러한 기독교 교리는 [배제된 중간의 법칙]이 제외한 세 번째 법칙에서 진리를 찾아야만 한다."[6]라고 썼습니다.

키르케고르는 이 논쟁을 면밀하게 검토한 끝에 새 책의 제목을 "이것이냐 저것이냐"라는 형식으로 정했습니다. 이 책은 두 명의 저자에 의한 두 부분으로 나뉩니다. 제1부는 익명의 미학자 A가, 제2부는 B 또는 윌리엄 판사가 집필했습니다. 작품의 서문에서 독자는 편집자 빅토르 에레미타(Victor Eremita)가 우연히 원고를 발견해서 그것을 출판하기로 결정했다는 말을 듣습니다. 키르케고르는 이 작품에서 두 가지 반대되는 세계관을 묘사하려 시도합니다. 그는 자신의 평온한 존재를 주장하는 미학자와 안정적이고 예측 가능한 부르주아 생활의 미덕을 주장하는 판사 사이에 일종의 대화를 발전시키려 합니다. 그러나 이 대화는 긍정적인 결론에 도달하지 못합니다. 키르케고르는 마지막에 누가 토론에서 이겼는지 말하지 않습니다. 그는 단순히 독자들에게 두 가지 입장을 시대에 대한 두 가지 중요한 견해로 제시한 다음, 어느 것이 더 매력적이라고 생각하는지 스스로 결정하도록 남겨 둡니다. 따라서 그는 이 작품에서 양자택일을 제시하며, 헤겔의 요구대로 부정에서 벗어나 긍정적인 것을 구성하는 다음 단계로 나아가는 것을 거부합니다. 키르케고르가 "이것이냐 저것이냐"라는 문구를 제목으로 선택한 것은 부정, 반대, 모순을 포용하며, 이를 해결하려는 충동에 저항하라는 초대입니다. 이런 의미에서 그는 소크라테스의 길을 따르고 있습니다. 《이것이냐 저것이냐》는 *아포리아*로 끝나는 일종의 소크라테스식 대화로 볼 수 있습니다.

키르케고르는 이 책의 시작 부분인 "이것이냐 저것이냐: 황홀한 담론"이라는

---

6 Hans Lassen Martensen, "Rationalism, Supernaturalism and the *principium exclusi medii*," in *Mynster's "Rationalism, Supernaturalism" and the Debate about Mediation*, ed. and trans. by Jon Steward, Copenhagen: Museum Tusculanum Press 2009 (*Texts from Golden Age Denmark*, vol. 5), p. 130.

짧은 부분에서 헤겔의 논리에 대한 미학자의 논의를 언급하고 있습니다. 미학자는 배제된 중간의 법칙(주어진 사물은 X이거나 X가 아니어야 한다는 법칙)을 활용하여 여러 가지 다른 공식을 도출하는데, 그중 일부는 터무니없어 보입니다. "결혼하면 후회할 것이다. 결혼하지 않으면 후회할 것이다. 결혼하든 하지 않든, 어느 쪽이든 후회할 것이다."[7] 여기서 결혼하느냐, 결혼하지 않느냐의 이분법이 도입됩니다. 헤겔의 논리에 따르면 이러한 모순은 해결되거나 중재되어야 합니다. 그러나 키르케고르의 미학은 그 모순을 확고히 고수할 것을 주장합니다. 헤겔적 중재와 관련하여 그는 "그러나 이것은 오해다. 왜냐하면 진정한 영원은 둘 중 어느 쪽에도 있지 않고 그 앞에 있기 때문이다."[8]라고 썼습니다. 다시 말해, 진실은 이분법이나 대립이 중재되고 해결될 때(양자택일과 함께) 나타나는 것이 아니라 오히려 그 반대편에 직면할 때 드러납니다. 이러한 개념적 수수께끼의 해결은 사고의 영역에서는 가능하지만, 삶에서는 달성할 수 없습니다.

6.3. 낭만적 아이러니스트로서의 미학자 A: 디아프살마타(Diapsalmata)

코펜하겐으로 돌아온 키르케고르는 2년 후인 1843년 2월 20일에 《이것이냐 저것이냐》를 출간했는데, 이때는 《아이러니의 개념》을 저술하고 2년이 흐른 후였습니다. 독일 낭만주의에 대한 이전의 분석을 바탕으로 키르케고르는 이제 그 미학자의 모습에서 낭만주의 아이러니스트와 같은 문학적 인물을 창조하려 합니다. 따라서 《아이러니의 개념》에서 그는 현대 아이러니스트에 대하여 3인칭으로 묘사했지만, 《이것이냐 저것이냐》에서는 아이러니스트 자신의 관점에서 1인칭으로 묘사했다고 말할 수 있습니다. 또한 《아이러니의 개념》은 학술적 저작으

---

7 Kierkegaard, *Either/Or 1,* trans. by Howard V. Hong and Edna H. Hong, Princeton: Princeton University Press 1987, p. 38.
8 Ibid., p. 39.

로 발표되었기 때문에 독일어와 그리스어 문헌을 광범위하게 인용하였지만, 《이 것이냐 저것이냐》는 문학 작품으로 의도되었기 때문에 키르케고르에게 더 많은 구성의 자유를 허용했습니다.

표면적으로 미학자 A가 쓴 《이것이냐 저것이냐》의 첫 번째 권은 일련의 다른 텍스트들로 구성되어 있는데, 여기서 우리는 키르케고르가 이전 작품에서 낭만주의 아이러니에 대하여 초기에 분석한 많은 흔적을 발견할 수 있습니다. 예를 들어, 이 첫 번째 부분의 마지막 텍스트는 순진한 젊은 여성 코델리아를 유혹하는 요하네스의 이야기를 다룬 "유혹자의 일기(The Seducer's Diary)"라는 제목의 글입니다. 요하네스는 계산적이고 감정 없는 인물로 묘사됩니다. 그는 자신의 욕망을 충족시키기 위해 기존의 모든 윤리를 무시하는 것처럼 보입니다.

슐레겔의 《루신데》에 대한 논의와 관련하여 《아이러니의 개념》에서 제기된 많은 문제가 《이것이냐 저것이냐》에도 통합되어 있습니다. 사랑과 결혼에 대한 논의는 기혼 공무원인 윌리엄 판사가 저술한 작품의 2부에서 다루어집니다. 윌리엄 판사는 이 미학자가 옹호하는 낭만적 사랑의 교리에 반대하여 결혼에 관한 사안을 다루려고 시도합니다.

그러나 낭만주의 아이러니스트로서의 미학자를 보여주는 가장 명확한 텍스트 중 하나는 "디아프살마타"라는 제목의 책의 첫 장입니다. 이것은 그가 작성하고 수집한 일련의 흩어져있는 격언입니다. 이들 격언은 처음에는 서로 관련이 없어 보입니다. 그것들은 명확한 의미의 정리 없이 한 주제에서 다른 주제로 넘어갑니다. 그는 어떤 경험을 하거나 텍스트를 읽은 후 떠오르는 모든 것을 메모하는 것처럼 보입니다. 이러한 격언을 읽으면 처음에는 다소 경솔하고 다소 혼란스럽다는 인상을 받지만, 계속 읽다 보면 그의 세계관과 개성이 서서히 드러나기 시작합니다. 몇 가지 예를 들어보겠습니다. 그는 "나는 아이들과 대화하는 것을 선호한다. 왜냐하면 아이들이 이성적인 존재로 자라기를 기대할 수 있기 때문이다. 그러나 이미 이성적 존재로 된 사람들은 얼마나 좋은가, 주여!"[9]라고 썼습니다. 이것은 그에 대해 우리에게 무엇을 말해줄까요? 아이들은 아직 이성적이지 않을 수 있지만, 순진한 자발성은 성인문화의 비진정성보다는 여전히 선호됩니다. 우리는 감정을 억누르고 규칙에 순종하는 법을 배워왔습니다. 어른들은 자신의 진심을 숨기기 위해 다양한 방법을 계발하며, 원하는 것을 얻기 위해 전략과 음모를 꾸미기도 합니다. 하지만 이는 정직하고 개방적인 인간관계를 훼손하고 개인을 타락시킵니다. 아이들은 그런 것들을 배우는 데 시간이 걸리기에 자비롭게도 이것으로부터 자유롭습니다. 따라서 그는 그들 자신의 기본적인 인간 감정과 정서를 여전히 접하는 아이들과 이야기하는 것을 선호합니다. 그들은 자신에게 진실하며 자신이 누구인지 분해하려 하지 않습니다. 확실히, 그들은 아직 이성적 능력을 계발하지 않았기에 때때로 화를 낼 수는 있지만, 이것에도 일정한 진정성이 있으며 이를 통해 아이가 원하는 것과 원하지 않는 것을 정확히 알게 됩니다. 반면 어른은 자신의 진짜 모습과 진짜 의도가 무엇인지 전략적으로 숨기는 경우가 많기에 결코 확신할 수 없습니다. 성인은 이성을 발달시켰지만, 이성은 다른 사람을 속이거나 계략을 꾸미는 데 부정적 방식으로 사용됩니다. 따라서 그 미학자는 아이들과 대화하는 것을 선호한다고 말함으로써 사람들을 타락시키고 어린 시절에 발견된 진정한 인간 정신을 파괴하는 부르주아 문화를 기소합니다.

또 다른 격언에서 그는 "나는 아무것도 하고 싶지 않다."[10]라고 외치며, 자신이 하고 싶지 않은 여러 가지 활동을 열거하는데, 그중 일부는 서로 정반대되는 활동도 있습니다. 이것은 이 사람에 대해 우리에게 무엇을 말해줄까요? 낭만주의적 아이러니스트는 본질적인 진리나 가치가 있는 것은 없다고 믿는 허무주의자로, 삶의 방향을 잡는 데 사용할 수 있는 외부적 가치가 없기에 개인적이고 종종 자의적인 순간의 변덕에 휘둘릴 수밖에 없습니다. 우리는 아이러니스트가 말

9   Ibid., p. 19.
10   Ibid, p. 20.

하자면 핑계를 삼기 위해 이것을 어떻게 이용했는지 기억합니다. 그러나 이러한 성향의 부정적인 측면은 진실하거나 가치 있는 것이 없다면 아무것도 할 이유가 없다는 것입니다. 이것을 진정으로 믿는 사람에게는 무엇이든 할 동기를 부여하기가 매우 어려울 것입니다. 이것이 그의 견해이며, 아무것도 할 의욕이 전혀 없는 무기력한 상태에 빠지게 됩니다.

또 다른 격언에서 그는 "모든 우스꽝스러운 것 중에서 가장 우스꽝스러운 것은 세상에서 바쁘게 지내는 것, 식사도 바쁘게 하고 일도 바쁘게 하는 사람인 것 같다."[11]라고 주장합니다. 여기서 미학자는 사람들이 부르주아 생활에 투자하는 중요성에 대해 비판합니다. 그들은 자신을 매우 진지하게 생각하며, 그들의 일과 활동은 세계사적으로 중요한 기념비적인 노동이 됩니다. 허무주의자들의 관점에서 볼 때 부르주아 삶에서 더 깊고 지속적인 의미는 없습니다. 매일의 일상에 매료된 사람들은 반성하지 않고 더 넓은 관점을 보지 못합니다. 대신, 그들은 자신을 속이며 그들의 삶이 매우 중요하고 의미 있는 것으로 생각하려고 노력합니다. 그들은 자신이 죽을 것이며 모든 것이 무의미해질 것을 알지 못합니다. 그들은 떨어지는 기와에 맞아 그 자리에서 죽을 수도 있습니다. 그가 사용한 이 예는 언뜻 터무니없어 보이지만 삶과 인간 존재의 연약함을 강조합니다. 이 이야기는 우리가 삶과 일상 활동에 아무리 바쁘더라도 궁극적인 질문을 놓쳐서는 안 된다는 것을 상기시켜 줍니다. 우리가 영원히 살 것처럼 착각하고 사소한 추구와 노력을 중요하게 여기며 그것들에 투자할 때 우리는 터무니없고 우스꽝스러워집니다.

허무주의자의 목소리는 "삶은 얼마나 공허하고 무의미한가?"[12]로 시작되는 격언에서 가장 분명하게 드러납니다. 그 미학자는 사람의 죽음을 숙고합니다. 우리는 다른 사람의 죽음을 경험할 때 항상 우리의 죽음을 떠올리고 아직 살 시간이 남았다고 자신을 위로합니다. 그러나 그는 큰 그림에서 볼 때 이것은 작은 위

---

11 Ibid., p. 25.
12 Ibid., p. 29.

로에 불과하다고 말합니다. 인간의 긴 수명도 우주의 규모에 비하면 짧기 때문입니다. 몇 년 더 산다고 해서 정말로 얻는 것이 무엇일까요? 게다가 수명은 어떤 의미도 부여하지 않습니다. 이런 관점에서 보면 중요해 보이는 것들도 사실은 무관심의 문제입니다. 그는 두 개의 격언을 더 내려가면서 "이리 오라, 잠과 죽음이여, 약속한 것은 아무것도 없고 너는 모든 것을 붙들고 있도다."[13]라고 지적합니다.

또 다른 격언에서는 어린 시절과 성인기의 대조가 다시 주제가 됩니다. 그 미학자는 어렸을 때는 세상이 어떻게 돌아가는지 배우기만 했기 때문에 사물을 비웃지 않았다고 회상합니다. 그러나 삶과 사회에 대해 배웠을 때 그는 비웃을 수밖에 없었습니다. 그는 부르주아 사회에서 중요하게 여기는 것들에 대한 긴 목록을 제시하고 이제 그것들이 비웃을 만한 가치가 있다고 주장합니다. 그는 이렇게 씁니다.

> 인생의 의미는 생계를 유지하는 것이고, 인생의 목표는 시의원이 되는 것이며, 사랑의 풍성한 기쁨은 부유한 여자를 얻는 것이고, 우정의 축복은 재정적 곤경에 처했을 때 서로 돕는 것이며, 지혜는 다수가 생각하는 것이며, 열정은 연설하는 것이며, 용기는 10달러의 벌금을 감수하는 것이며, 정성은 식사 후 "모든 것이 잘 되길 바랍니다."라는 말이며, 경건은 1년에 한 번 성찬식에 참석하는 것임을 알았다. 나는 이것을 보고 비웃었다.[14]

각각의 경우에 그는 독자들에게 더 높은 이상을 제시합니다. 사랑은 부유한 여자와 결혼하는 것 이상이어야 합니다. 우정은 단순히 어려운 사람에게 돈을 빌려주는 것 이상이어야 합니다. 종교적 경건은 일 년에 한 번 성찬식에 참석하는 것 이상이어야 합니다. 그는 이러한 것들에 대해 자세히 설명하지는 않지만, 부르주아 문화가 그것들을 조롱한다고 생각하는 것은 분명합니다. 이러한 풍부한

---

13 Ibid., p. 30.
14 Ibid., p. 34.

격언을 통해 키르케고르는 상대주의, 허무주의, 소외와 같은 현대 문제의 거성을 대표하는 그 미학자의 성격을 독자에게 소개합니다.

키르케고르는 1843년에 쓴 《일기 JJ》에서 《이것이냐 저것이냐》를 되돌아보고 그 여러 측면에 대해 성찰합니다. 이 작품이 출간되기 전에 쓴 것으로 보이는 "《이것이냐 저것이냐》에 대한 나의 판단"이라는 제목의 한 항목에서 그는 소크라테스를 묘한 방식으로 언급합니다. "알키비아데스(Alcibiades)라는 재능을 타고난 한 젊은이가 있었다. 그는 세상에서 길을 잃었다. 그는 절망에 빠져 소크라테스를 찾아 헤맸지만, 동시대 사람 중에는 소크라테스를 찾을 수 없었다. 그래서 그는 신들에게 자신을 소크라테스로 만들어 달라고 간청했다."[15] 이 언급에서 어떤 종류의 자전적 성찰을 보는 것을 피하기는 어렵습니다. 키르케고르는 어릴 때부터 자신이 "재능 있는" 청년이라는 것을 알고 있었으며, 이러한 인상은 《아이러니의 개념》을 성공적으로 완성한 후 더욱 강화되었으며,[16] "세상에서 길을 잃은" 한 청년의 묘사는 특히 레기네와의 이별과 베를린 여행 이후 그를 정확하게 묘사한 것일지도 모릅니다. 이런 의미에서 그는 플라톤의 《향연》에 나오는 지적 재능을 가졌지만 방탕한 삶을 살았던 청년 알키비아데스와 자신을 동일시하는 것 같습니다. 그 일기에 따르면 알키비아데스가 소크라테스에게서 멘토를 찾았던 것처럼 키르케고르는 자신을 이끌어줄 사람을 찾았습니다. 하지만 키르케고르는 소크라테스를 만나자마자 자신이 소크라테스가 될 수 있기를 바랐습니다. 따라서 키르케고르는 이 두 유명한 그리스 인물의 특징을 스스로 인식한 것으로 보이며, 알키비아데스와 같은 자신의 성격적 측면을 극복하고 더 많은 삶에서 소크라테스가 되기를 원했던 것으로 보입니다. 이는 키르케고르가 자신의 저술과 사상을 소크라테스를 모델로 삼아야겠다고 생각하게 된 시기가 《이것이냐 저것

---

15 *Kierkegaard's Journals and Notebooks,* vol. 2, p. 146, JJ:54.
16 키르케고르의 옛 스승인 에른스트 보예센은 많은 사람이 그를 "독창적인 선행자" 또는 좋은 일만 하는 사람으로 여겼다고 말한다. *Søren Kierkegaards Skrifter,* vols 1-28, K1-K28, ed by Niels Jørgen Cappelørn et al., Copenhagen: Gad Publishers 1997-2013, vol. K28, p. 355를 참고하라.

이냐》를 집필할 무렵이었다는 것을 확인시켜 주는 중요한 자료입니다.

6.4. 《이것이냐 저것이냐》에 대한 즉각적 반응

오늘날 우리는 《이것이냐 저것이냐》를 키르케고르의 획기적인 작품으로 알고 있지만, 당시에는 이에 대한 반응이 매우 엇갈렸습니다. 이 책은 덴마크 황금기의 지성계를 뒤흔들었습니다. 사람들은 빅토르 에레미타라는 기이한 가명에 흥미를 느꼈고 책에서 매우 독창적인 것을 발견했습니다. 그러나 이 작품은 일부 사람에게는 불쾌감을 주기도 했습니다. 1부, 즉 그 미학자가 쓴 부분은 키르케고르 자신의 성격에서도 볼 수 있는 오만한 우월감을 드러내는 것처럼 보였기 때문입니다. 미학자는 자신을 동료 시민들보다 더 지적인 존재로 여기며 부르주아 윤리의 영역을 넘어선 존재로 여기는 것 같았습니다. 특히 작품의 첫 부분에 있는 "유혹자의 일기"는 당대 독자의 감성을 상하게 했습니다. 유혹자 요하네스의 냉소적이고 교묘한 행동은 읽기에 불편했고, 어떤 마음이 그런 인물을 만들어 낼 수 있었을까 하는 의문이 들게 했습니다.

당대 최고의 문학 평론가였던 요한 루트비히 하이버그는 1843년 3월 1일에 《인텔리겐스블레이드》(정보 잡지)라는 잡지에 이 작품에 대한 짧은 비평을 실었습니다. 하이버그는 키르케고르의 책을 읽은 후 다소 짜증이 났던 것 같은데, 그는 이 책이 체계적이지 않고 횡설수설한다고 생각했습니다. 따라서 그의 비평은 키르케고르의 노력을 대체로 무시하고 있습니다. 그는 자신의 글을 통해 이 작품의 길이를 조롱하는 것으로 시작합니다.

따라서 이 책은 그 안에 어떤 정신이 살고 있는지 독자가 아직 파악하기도 전에 일단 그 분량이 너무나 압도적이기에 그런 이유로 괴물로 불릴 수밖에 없다. 그리고 저자가 돈을 받고 많은 내용을 제공하고 싶은 만큼 독자들은 많은 것을 얻을 것임을 의심하지는 않는다.[17]

그는 이 책에 가끔 흥미로운 성찰이나 명제가 포함되어 있다는 것을 인정하지만, 혼란스럽고 따라가기 어렵다고 결론지었습니다. 또한 텍스트가 다소 길고 독자는 저자보다 더 빨리 앞으로 나아가고 싶어 한다고 주장합니다. 하이버그는 1부를 다 읽은 독자가 인내심을 잃고 "그만! 나는 '이것이냐' 만으로 충분하고, '저것이냐'는 더 이상 읽을 필요 없다."[18]라고 말하며 책을 덮는다고 상상합니다.

키르케고르는 이 비평에 깊은 불쾌감을 느꼈고 하이버그를 결단코 용서하지 않았습니다. 그는 여전히 빅토르 에레미타라는 가명으로 1843년 3월 5일자 신문 《조국》에 "하이버그 교수께 드리는 감사의 말씀"이라는 제목의 글을 기고했습니다. 그는 소크라테스가 대화 상대에게 했던 것과 같은 접근 방식을 취했습니다. 그는 소크라테스가 하이버그의 비평과 다른 구절을 풍자적으로 조롱하는 것처럼 문학에 대한 하이버그의 전문성을 인정하는 것으로 시작합니다. 하이버그는 비인칭 대명사 "한 사람"(one)으로 지칭하는 가상 독자의 경험에 비추어 자신의 비평을 서술합니다. 키르케고르는 이를 유머러스하게 포착하여 작품에 대한 "한 사람"의 견해를 끊임없이 언급합니다. 마지막에 키르케고르는 하이버그의 통찰력 있는 비평에 열렬히 감사를 표하며, 그의 비꼬는 말에 대하여 의심의 여지가 없을 정도로 열정적으로 감사를 표합니다. 그는 빅토르 에레미타에게 "이 모든 것에 대해 나는 교수님을 생각합니다! 배움이 이렇게 빨리 이루어져 기쁩니다. 그렇게 빨리 전달해 주셔서 감사합니다. 문학계에서 가장 먼저 감사할 사람을 꼽으라면 교수님을 꼽겠습니다!"[19]라고 응답하도록 했습니다. 이러한 아이

---

17   Johan Ludvig Heiberg, "Litterær Vintersæd," *Intelligensblade,* vol. 2. no. 24, March 1, 1843, p. 288.

18   Ibid., p. 29.

19   Kierkegaard, "A Word of Thanks to Professor Heiberg," in *The Corsair Affair and Articles Related to the Writings,* trans. by Howard V. Hong and Edna H. Hong, Princeton: Princeton University Press 1982, p. 20.

러니한 감사의 표현은 소크라테스가 예를 들어 에우튀프론으로부터 배우고 싶고 그의 제자가 되고 싶다고 주장하는, 보다 온건한 태도로 비꼬는 것을 키르케고르가 반영하는 것으로 볼 수 있습니다.

부정적인 서평을 받은 대부분 작가의 자연스러운 반응은 작품의 장점을 드러내고, 제기된 비판을 반박하려고 노력하는 것입니다. 그러나 키르케고르는 자신 작품의 장점을 어떤 긍정적인 방식으로도 옹호하려 하지 않습니다. 대신 그의 접근 방식은 소크라테스와 마찬가지로 부정적입니다. 그는 겉으로는 하이버그의 주장에 진실성을 인정한 다음 간접적이고 아이러니하게도 그것을 훼손하는 것처럼 보입니다.

6.5. 키르케고르의 다음 작품들

《이것이냐 저것이냐》로 키르케고르는 놀랍도록 생산적인 집필 기간을 시작했습니다. 이 작품이 출간된 지 8개월 후인 1843년 10월 16일, 같은 날에 세 권의 새로운 책이 출간되었습니다. 이 작품들은 키르케고르 자신의 이름을 딴 《세 개의 건덕적 강화》, 가명의 작가 콘스탄틴 콘스탄티우스라는 이름으로 발표한 《반복》, 요하네스 드 실렌티오라는 이름으로 발표한 《두려움과 떨림》이었습니다.

《세 개의 건덕적 강화》는 키르케고르가 1843년에서 1844년 사이에 출판한 일련의 건덕적 작품 모음집 중 첫 번째입니다. 이 시기에 그는 각각 두 개, 세 개, 네 개의 건덕 작품을 모은 강화집을 출간했습니다. 이들 강화집은 이후 1845년 출판업자 P. G. 필센(Phillpsen)에 의해 수집되어 《열여덟 개의 건덕적 강화》라는 제목으로 출판되었습니다. 이 책이 매진된 후 1852년에 유사한 모음집 《열여섯 개의 건덕적 강화》로 출판되었습니다. 이 텍스트들은 일반적으로 기독교 작가로서 키르케고르의 주요 작품 중 일부로 간주됩니다. 이 텍스트들은 가명의 저자가 아닌 키르케고르 이름으로 출판되었습니다. 또한 이 작품들은 가명의 저술보다 더 대중적인 작품으로 의도되었습니다. 정교하거나 복잡한 논증 없이 일반 종교 신자를 대상으로 하고 있으며, 그리스나 독일 철학자의 이름을 직접 언급하지는 않았지만, 소크라테스를 "옛 현자"로 언급하고 있습니다.

키르케고르는 1843년 5월 베를린에 잠시 머물며, 단편소설 《반복》의 영감을 얻었습니다. 이 단편은 반복이란 가능한가라는 질문을 던지는 한 청년의 이야기입니다. 주인공은 키르케고르처럼 베를린을 방문한 적이 있었고, 그의 경험을 반복할 수 있는지 알아보기 위해 다시 여행을 떠난다는 아이디어를 떠올립니다. 그는 프로이센의 수도로 돌아와 처음 방문 당시 갔던 옛 장소를 방문합니다. 하지만, 그새 많은 것이 변해버렸고, 그리하여 원래의 경험을 재현하는 것은 불가능함을 깨닫습니다. 도시 자체가 변했을 뿐만 아니라 자신도 변했기 때문에 도시를 경험하는 방식도 달라졌습니다. 이 실험을 통해 그가 내린 결론은 모든 것이 항상 변하기 때문에 진정한 반복은 실제로 가능하지 않다는 것입니다.

반복의 개념은 키르케고르에게 중요한 개념입니다. 그는 자기화(전유 appropriation)라는 의미로 반복을 이야기합니다. 예를 들어, 개인이 자신의 특정 상황에 맞게 적절히 자기화해야 하는 추상적인 윤리적 원칙이 많이 있습니다. 이러한 규칙을 구체적인 행동에 자기화하는 것은 어떤 의미에서 원래의 규칙을 반복하는 것입니다. 여기에 반복의 요소가 없다면 규칙을 따르고 있다고 말할 수 없습니다. 이런 의미에서 키르케고르는 윤리의 맥락에서 이 개념을 탐구합니다.

같은 날 등장한 세 번째 작품인 《두려움과 떨림》은 키르케고르의 가장 유명한 저서 중 하나입니다. 이 작품의 중심 구성 요소(motif)는 아브라함에게 아들 이삭을 제물로 바치라는 하나님의 명령에 대한 구약성경 이야기입니다. 이 작품은 하나님의 명령에 대한 아브라함의 반응으로 인해 제기된 문제를 가리키는 "프로블레마타(Problemata)" 또는 "문제(Problems)"라는 세 개의 장으로 나뉘어 있으며,

이 작품에서 키르케고르는 가명의 저자를 통해 아브라함을 예로 들어 신앙의 어려운 요구에 초점을 맞추고 있습니다. 하나님으로부터 아들을 제물로 바치라고 명령받는 일은 흔한 일이 아니기 때문에 아브라함의 상황은 매우 특별하지만, 학자들은 종종 키르케고르의 분석을 기독교 신앙과 관련된 어려움의 예를 제시하는 것으로 간주해 왔습니다.

6.6. 보편적 개인과 단독자

《두려움과 떨림》의 세 가지 프로블레마타 중 첫 번째 문제는 다음과 같은 질문을 제기합니다. "윤리적인 것에 목적론적 중지가 있을 수 있는가?" 이 장은 보편적 개인과 단독자를 대조하는 것으로 시작합니다. 키르케고르는 1821년에 출간된 윤리와 정치 철학에 관한 헤겔의 저서 《법철학》(The Philosophy of Right)의 한 부분을 명시적으로 언급합니다. 우리는 앞서 헤겔이 고대 그리스인과 같은 민족의 윤리적 삶이라고 부르는 것을 탐구하는 데 관심이 있었다는 것을 보았습니다. 이것은 윤리, 법, 전통적 관습, 종교적 관습 등 공공 사회 질서의 상호 연결된 요소들로 이루어진 큰 영역입니다. 이러한 윤리 개념은 키르케고르가 보편적인 것과 연관시키는 개념입니다. 이것은 모든 사람이 직관적으로 알고 참여하는 것이기 때문에 보편적이라 할 수 있습니다. 윤리적 의무는 문화적 규범으로 정의됩니다. 이 견해에 따르면 우리는 우리 사회가 우리에게 말하는 것을 이미 알고 있습니다. 이런 의미에서 윤리는 정의상 확립된 관습이 지시하는 것입니다.

이 견해를 옹호하는 사람에게 가장 큰 죄는 보편적으로 받아들여지는 윤리와 모순되는 행동을 하는 것입니다. 자신의 이기적인 이익을 위해 행동하고 인간을 구속하는 보편적인 의무를 무시하는 것이 곧 비윤리적으로 행동하는 것입니다. 개인의 필요와 욕구는 항상 자신이 속한 문화의 요구에 종속됩니다. 내가 도둑질하면 그것은 내가 속한 문화의 요구보다 내 욕망을 더 중요하게 생각하기 때문이며, 따라서 그 결과는 비도덕적이면서 불법입니다. 철학적 언어로 표현하자면, 내가 그러한 범죄를 저지른다면 보편(사회, 법, 관습)보다 개별(내 개인적인 욕망)을 우선시하는 것입니다. 이러한 설명은 전혀 논란의 여지가 없어 보입니다.

하지만 키르케고르는 이 그림을 더 복잡하게 만드는 예를 소개합니다. 그는 창세기 22장에 나오는 아브라함과 이삭 이야기의 의미와 함의를 이해하려고 노력합니다. 이삭은 아브라함의 외아들로, 민족을 이끌 위대한 족장이 될 운명이었습니다. 하지만 하나님은 아브라함에게 모리아 산에서 그를 제물로 바치라고 명령하십니다. 그것은 사랑하는 아들을 죽이는 것뿐만 아니라 가문의 대를 끊는다는 의미였기 때문에 아브라함에게는 매우 괴로운 일이었을 것입니다. 하지만 아브라함은 하나님께 순종하고자 이삭을 데리고 모리아 산으로 가서 제사를 위한 모든 준비를 합니다. 이삭을 실제로 죽여야 할 결정적인 순간, 천사가 나타나 그를 막아서고 대신 희생제물로 드릴 숫양을 마련해 주십니다.

키르케고르는 이 이야기가 방금 논의한 윤리의 개념에 대한 의문을 제기한다고 지적합니다. 보편 윤리에 따르면, 아버지가 아들을 죽이는 것은 말할 것도 없고 누군가를 살해하는 것은 잘못이며 불법입니다. 따라서 아브라함은 이러한 관점에서 볼 때 윤리적으로 잘못된 방식으로 행동하고 있습니다. 마치 개인으로서 공동체의 보편 윤리를 고의로 무시하는 것과 같습니다. 그러나 아브라함은 하나님의 계시를 받았는데, 그 계시는 그가 민족의 윤리를 지배하는 일반적인 규칙, 관행, 전통을 이 한 경우에는 중지하라(suspend)는 것입니다. 이것이 바로 키르케고르가 말하는 "윤리의 중지(the suspension of the ethical)"라는 말의 의미입니다. 하나님의 명령을 이행하기 위해 아브라함은 윤리를 중지하고 더 높은 어떤 것에 근거하여 행동해야 합니다. 윤리는 더 높은 텔로스(telos)나 목적을 위해 중지되기 때문에 이를 "목적론적(teleological)" 중지라고 합니다.[20] 한편으로는 헤겔

---

20 Kierkegaard, *Fear and Trembling*, trans. by Howard V. Hong and Edna H. Hong, Princeton: Princeton University Press 1983, p. 59.

의 주장을 따라 무고한 사람을 죽이는 것은 잘못이며 이 보편적인 명령보다 더 높은 것은 없다고 말하고 싶지만, 다른 한편으로는 하나님의 명령에 순종해야 한다고 말하고 싶기에 우리의 직관은 여기서 둘로 분열된 것처럼 보입니다. 이 두 가지가 여기서처럼 서로 모순된다면 우리는 어떻게 해야 할까요?

키르케고르는 헤겔의 관점에서는 아브라함을 살인자로 간주해야 하지만, 우리는 아브라함을 단지 하나님의 뜻에 순종하는 신실하고 경건한 사람으로 보고 싶기에 이러한 관점에 대해 옳지 않은 것 같다고 지적합니다. 그러나 보편 윤리의 관점에 따르면 보편적인 것보다 더 높은 것은 없기에 하나님의 계시가 윤리를 중지하는 이유가 된다는 생각은 인정할 수 없습니다. 이 긴장이 본문의 핵심 해석 포인트입니다. 키르케고르는 가명의 저자를 통해 이 같은 경우에 윤리적 중지가 있을 수 있다는 견해를 옹호하고자 하는 것으로 보입니다. 그는 윤리에 대한 보편적 견해가 규칙에 대한 예외를 고려하지 않기 때문에 너무 협소하다고 비판하고 싶어하는 것 같습니다. 그러나 본문에서 흥미로운 점은 그가 직접적으로 이런 주장을 하지는 않는다는 것입니다.

그는 아브라함이 지금 하는 일이 왜 정당한지에 대한 이유를 열거하려 하지 않습니다. 오히려 그는 그렇게 할 수 없다고 단호하게 말합니다. 세 번째 프로블레마타는 아브라함의 침묵에 대한 분석에 전념하고 있으며, 키르케고르는 아브라함이 이 행동의 동기에 대해 침묵을 지킬 수밖에 없다고 결론지었습니다. 그가 단지 하나님의 명령을 이행한 것이기 때문에 정당하게 행동했다고 사람들을 설득하려 한다면 그것은 잘못된 것입니다. 그렇게 하면, 그는 모든 것을 신앙의 문제로 귀결하기 때문에 이런 종류의 논쟁을 시도할 수 없습니다. 그리고 신앙은 사적인 그 어떤 것입니다. 믿음은 한 개인에 관한 것이지만 언어는 보편적인 것으로 구성되어 있습니다. 따라서 아브라함이 자신의 믿음을 말로 표현하려고 시도한다면 필연적으로 보편적인 것으로 설명하게 될 것입니다.[21] 따라서 그의 설

---

21 Ibid., p. 60.

명은 그가 표현하고자 하는 것을 왜곡할 수 있습니다. 아브라함은 자신의 개인적인 신앙을 다른 사람에게 전달할 수 없습니다. 이것은 말로 설명할 수 없으며 불가능한 일입니다. 따라서 아브라함은 단순히 행동으로 그 명령을 따르며 그것에 대해 침묵을 지켜야 합니다. 그는 자신이 체포되어 기소된다면 그 결과를 받아들여야 한다는 것을 잘 알고 있지만, 보편적인 법과 의무를 무시함으로써 초래될 수 있는 결과보다 자신의 개인적이고 전달할 수 없는 믿음이 그에게는 더 중요했습니다.

6.7. 믿음의 역설(paradox)

키르케고르가 《두려움과 떨림》의 분석을 통해 도출하고자 하는 결론은 윤리나 정치 철학보다는 종교적 믿음에 관한 것입니다. 실제로 그는 이 작품 전체에서 아브라함을 모델삼아 한 믿음의 기사(knight)에 대해 이야기합니다. 아브라함과 이삭의 이야기는 물론 유대교와 구약성서에 속하는 것이지만, 학자들은 일반적으로 하나님을 향한 아브라함의 순종을 키르케고르가 추천하고자 하는 기독교 신앙의 모델로 삼아왔습니다.

그렇다면 키르케고르는 이러한 맥락에서 믿음에 대해 무엇을 말했을까요? 그는 이 책의 유명한 문장에서 "믿음이란 말하자면 단독자(the single indivisual)가 보편자(the universal)보다 높다는 이러한 역설이다."[22]라고 썼습니다. 이 문장은 학자들이 광범위하게 논쟁을 벌여온 것입니다. 그의 요점은 아브라함의 경우처럼 개별자가 보편적인 것, 즉 관습과 보편적인 윤리보다 우선하는 경우가 있다는 것입니다. 또는 다르게 말하면, 보편적 윤리를 희생하면서까지 자신의 개별성에 근거한 모든 행동을 악으로 단정해서는 안 된다는 것입니다.

---

22   Ibid., p. 55.

여기서 주목해야 할 점은 키르케고르가 이 점을 강조하는 방식입니다. 우리가 아는 바대로, 기독교 변증학(apologetics)은 기독교의 교리를 옹호하려는 신학의 한 분야입니다. 변증학은 성육신, 승천, 동정녀 탄생 등과 같은 것을 믿어야 하는 논거와 타당한 이유를 제시하려 노력합니다. 기독교 변증의 목표는 회의론자나 불신자에게 기독교 신앙의 진리를 설득하는 것입니다. 그러나 키르케고르의 접근 방식은 이와는 완전히 다릅니다. 그는 신앙이 합리적이거나 이해할 수 있는 것이 아니라 담론적으로 파악할 수 없는 역설이라고 말합니다. 그는 아브라함이 "불합리의 덕목으로"[23] 행동한다고 말합니다. 즉 아브라함은 하나님의 계시를 받았다고 생각하는 확실한 이유를 제시하라는 회의론자를 설득하기 위한 주장이나 믿음을 권유하는 것이 아닙니다. 또 아브라함이 터무니없는 것을 믿었다는 우리의 대답은 누구도 설득하기 어렵다는 것이었습니다. 어떤 것이 터무니없다고 말하는 것은 일반적으로 그것을 무시하는 것이므로 어떤 입장에 대한 긍정적인 논거로 해석될 수 없습니다. 믿음을 역설로 이해하는 것은 "부정적 개념," 즉 구체적이고 긍정적인 내용을 갖지 않고 오히려 상황을 열어두는 개념이라고 불려 왔습니다. 키르케고르는 역설로서의 믿음이라는 개념을 제안함으로써 믿음에 대한 문제를 해결한 것이 아니라 오히려 문제를 제기하고 독자인 우리로 스스로 그 문제를 계속 탐구하도록 초대합니다. 여기서 우리는 키르케고르의 텍스트에서 다시 소크라테스의 정신을 볼 수 있습니다. 소크라테스는 자신이 무지하다고 주장하기 때문에 어떤 긍정적인 교리도 제시하지 않습니다. 대신 그는 다른 사람들의 견해를 비판하고 모순과 불합리로 환원할 뿐입니다. 어떤 의미에서 키르케고르도 여기서 같은 일을 하고 있습니다. 그는 믿음이란 긍정적이거나 구체적인 것이 아니라 오히려 역설, 모순이라고 주장합니다. 소크라테스의 접근 방식과 마찬가지로 이것은 부정적입니다. 실제로 해결된 것은 아무것도 없고 오히려 문제는 문제로 남겨져 있습니다.

---

23 Ibid., p. 56.

6.8. 법과 양심의 현대적 충돌

오늘날 키르케고르의 독자들은 종종 그의 신앙 이론을 모순이나 역설로 받아들여 당혹스러워하고 심지어 재미있어하기도 합니다. 이 다소 기이한 신앙 이론이 오늘날 현대 사회를 살아가는 우리에게 어떤 관련이 있을까요? 《두려움과 떨림》의 핵심은 종교적 신앙과 세속적 세계, 즉 법, 관습, 전통과의 관계입니다. 아브라함은 경건과 종교적 믿음의 훌륭한 모델이지만, 그의 행동은 잠재적으로 그의 민족의 법과 충돌하게 됩니다. 오늘날에는 아무도 인신 제사를 생각하지 않기 때문에 이 이야기는 이제 관련성이 없는 오래된 이야기라고 생각할 수도 있습니다. 하지만 이 문제를 좀 더 깊이 생각해 보면, 사실 이 문제는 우리 시대의 핵심적이고 해결되지 않은 문제라는 것을 금방 깨닫게 됩니다.

유럽과 서구의 대부분 국가는 자국민의 종교적 자유를 법적으로 보장합니다. 이는 계몽주의 시대부터 이어져 내려온 서구 유산의 일부입니다. 아무리 인기가 없는 종교라 할지라도 각 개인이 괴롭힘이나 방해 없이 자신의 종교적 관습을 추구할 권리를 보장하기 위한 법이 존재합니다. 하지만 여기에는 항상 한계가 있기에 상황이 항상 그렇게 간단하지는 않습니다. 종교적 자유에 대한 이러한 한계는 종교적 관습이 민법과 충돌하는 순간 나타납니다. 예를 들어 종교에 따라 사람을 인신 제물로 바치라고 지시한다면 국가는 당연히 이를 허용할 수 없습니다. 이러한 갈등의 덜 극적인 예는, 예를 들어, 어떤 종교가 종교의식과 관련하여 신도들에게 특정 환각제를 복용하도록 요구하지만 이러한 약물은 불법일 수 있는 것 같은 경우입니다. 또는 일부 종교에서는 국가가 허용하지 않는 일부다처제를 인정하는 경우도 있습니다. 이러한 사례는 종교의 자유가 기본 권리이기는 하지만 무제한적인 것은 아니라는 것을 보여줍니다. 오히려 종교의 자유는 민법에 부합하는 방식으로 행사되어야 합니다.

키르케고르의 견해나 그의 가명 저자인 요하네스 드 실렌티오의 견해는 이 그림에 대해 어려운 문제를 제기합니다. 키르케고르가 문제 삼는 것은 개인이 보편보다 우월한 경우가 있을 수 있으며, 국가와 사회에서 일반적으로 받아들여지는 윤리적, 법적 규범이 중지될 수 있다는 주장입니다. 대부분 학자는 키르케고르가 아브라함이 아들을 희생한 행위가 시민적 관점에서는 용납될 수 없지만, 종교적 관점에서는 용납될 수 있을 뿐만 아니라 심지어 칭찬할 만하다고 말한 것으로 이해해 왔습니다. 이러한 견해에 따르면 키르케고르의 메시지는 확고한 종교적 신념이 있거나 하나님께로부터 어떤 일을 하라고 계시받았을 때, 이는 윤리와 민법보다 우선하는 절대적인 명령이라는 것입니다. 그저 순종함으로 따라야 한다는 것입니다.

그러나 이러한 관점은 위험한 결과를 초래할 수 있습니다. 범죄자들이 자신을 변호할 때 신이 자신에게 그런 일을 하라고 명령했다고 주장하는 경우를 종종 듣습니다. 많은 테러리스트도 자신 행동이 신의 뜻을 이루기 위한 것이라고 믿습니다. 이런 경우 우리 대부분은 이를 무고한 사람들을 살해하는 이유로 받아들이기 꺼려합니다. 키르케고르의 아브라함에 대한 분석은 이런 종류의 일에 대한 정당성을 제공할까요? 키르케고르가 오늘날 살아 있었다면 테러리스트의 행동을 위대한 경건 행위로 옹호했을까요? 좀 더 자세히 살펴보면 키르케고르의 분석에는 그를 현대의 살인자나 테러리스트와 구분 짓는 중요한 요소들이 있음을 알 수 있습니다. 가장 중요한 것은 키르케고르가 신앙의 모순적이고 불합리한 성격을 강조한다는 점입니다. 게다가 믿음은 전적으로 내면에 있는 것이기 때문에 다른 사람에게 직접 전달할 수 없습니다. 이런 이유로 아브라함은 침묵합니다. 이와 대조적으로 현대의 살인자나 테러리스트는 자신 행동에 대한 종교적 동기를 방어의 논거로 사용하려 합니다. 그러나 키르케고르의 관점에서 볼 때 이것은 오해입니다. 하나님으로부터 계시받았다거나 하나님의 뜻에 따라 행동하고 있다는 생각을 자신 행동을 변호하는 데 사용할 수는 없습니다. 키르케고르가 말했듯이 조용히 마음속으로 또는 내면으로 이것을 믿을 수는 있지만, 그것을 전달하려 하는 순간 신앙의 본질을 이해하지 못한다는 것을 보여줍니다. 그는 믿음은 객관적이거나 담론적이거나 하는 식으로 전달할 수 있는 것이 아니라고 주장합니다. 이것이 키르케고르의 견해와 이유와 논증, 담론적 소통을 바탕으로 자신행동을 설명하고 정당화하며 방어하려는 테러리스트의 견해 사이에 놓인 근본적 차이점입니다.

키르케고르의 아브라함 이야기는 또 다른 중요한 측면에서 테러리스트들의 주장과도 다릅니다. 테러리스트들은 기존의 정치 질서가 부패하거나 불공정하다고 주장하는 일종의 정치적 의제를 가지고 있는 경향이 있으며, 이러한 주장은 그들의 행동을 정당화하는 데 사용됩니다. 그들은 실제로 더 나은 세상이나 더 정의로운 사회를 위해 노력하고 있지만, 이를 실현하기 위해서는 특정한 희생을 치러야 한다고 주장합니다. 그러나 이것은 키르케고르가 묘사하는 아브라함의 모습과는 매우 다릅니다. 아브라함의 목표는 인간의 모든 이해관계나 이익과 무관해야 합니다. 그는 사회를 개선하기 위해 이삭을 희생하는 것이 아닙니다. 키르케고르는 아브라함을 트로이 원정을 위해 딸 이피게니아(Iphigenia)를 희생한 아가멤논(Agamemnon)과 같이 국가의 대의를 위해 자녀를 희생하도록 요구받은 다른 유명한 사례와 대조함으로써 이 점을 명확하게 드러냅니다. 키르케고르가 제시하는 아브라함의 행동에는 공리주의적 고려가 없으며, 이 점에서도 이 사건은 현대 테러리스트의 경우와 다릅니다. 아브라함은 아들을 희생함으로써 군사 원정을 시작하거나 사회를 개선하는 것과 같은 구체적인 목표를 달성하고자 하는 것이 아닙니다. 그의 행동은 어떤 더 높은 목적을 위한 것이 아니라 단순히 하나님의 명령에 순종하기 위해 행한 것입니다. 따라서 키르케고르가 불법적이고 부도덕한 행위와 잔학 행위를 정당화할 수 있는 이론을 제시하는 것처럼 보일 수 있지만, 자세히 살펴보면 그렇지 않다는 것을 알 수 있습니다. 그의 행동에서 종교적 신앙 측면의 어떠한 정당화나 방어도 찾을 수 없습니다.

이 모든 것이 종교의 자유의 한계에 대한 주제의 질문을 제기합니다. 종교의

자유가 멈추고 민법이 시작되는 경계는 정확히 어디일까요? 민법은 특정 종교
적 관습을 수용하기 위해 예외를 인정할 수 있나요, 아니면 한 사회의 모든 사람
이 따라야 할 일관된 입장을 정해야 하나요? 주류 사회의 규칙에 따라야 하는 경
우 종교적 신앙은 타협하거나 혼란에 빠질 수 있나요? 민법은 사회에서 특정 소
수 종교를 차별하나요? 이러한 질문은 모두 우리 시대에 매우 중요한 것입니다.
따라서 계몽주의와 함께 종교의 자유 문제가 완전히 해결되었다고 믿는 것은 큰
실수입니다. 오히려 종교의 자유가 허용되면서 수많은 새로운 문제와 난점이 등
장했습니다.

7

키르케고르의 소크라테스적 과제
그리고 가명 저작의 발전, 1844-6년

　1844년부터 46년까지는 아마도 키르케고르의 전 생애에서 가장 생산적인 시기였을 것입니다. 이 장에서는 키르케고르가 이 시기에 집필한 일련의 유명한 작품들, 특히 《철학의 부스러기》, 《불안의 개념》, 《서문》, 《인생길의 여러 단계》, 그리고 《결론의 비학문적 후서》에 대해 살펴보고자 합니다. 이 책들은 표면적으로는 각기 다른 가명으로 저술된 복잡한 일련의 작품으로, 각기 고유 의도가 있습니다. 언뜻 보기에는 이 모든 것이 매우 혼란스러워 보일 수 있지만, 이 장에서는 이 작품들과 서로의 복잡한 관계를 통해 키르케고르가 가졌던 계획을 이해하려고 노력할 것입니다.

　키르케고르의 석사 학위 논문에서처럼 소크라테스가 다시는 중심 연구 대상이 되지는 않지만, 소크라테스는 쉽게 볼 수 없는 방식으로 종종 이 후기 작품들을 계속 따라다닙니다. 이 작품들이 성육신, 계시, 믿음, 죄, 용서와 같은 중요한 기독교 개념을 다루고 있다는 점을 고려할 때 이는 특히 흥미롭습니다. 많은 사람은 이교도 철학자가 이러한 기독교 개념을 이해하는 데 도움이 될 수 있다고 믿는 것이 터무니없다고 생각할 수 있습니다. 여기서 우리는 키르케고르 사상의 급진성을 엿볼 수 있습니다. 그는 소크라테스가 오늘날 기독교인들에게 중요한 통찰력을 준다고 믿습니다. 한 본문에서 키르케고르는 "내가 알기로 [소크라테스는] 기독교인이 아니었다."라고 말하며 반론을 인정합니다. 그러나 그는 계속해서 매우 도발적이고 참으로 수수께끼 같은 말로 "나는 또한 그가 그리스도인이 되었다는 것을 확실히 믿는다."[1]라고 합니다. 따라서 소크라테스는 그리스도와 기독교가 탄생하기 수 세기 전에 태어나고 죽었지만, 키르케고르는 소크라테스가 기독교인이 되었다고 믿습니다. 이것은 무엇을 의미할까요?

7.1. 키르케고르의 《철학의 부스러기》

키르케고르는 1844년 6월 13일에 《철학적 단편》(Philosophical Fragments) 또는 《철학의 부스러기》(Fragment of Philosophy)를 출간하며 놀라운 생산성을 이어갔습니다. 이 책은 요하네스 클리마쿠스(Johannes Climacus)라는 가명으로 출판되었지만, 제목 페이지에는 자신의 이름이 편집자로 표시되어 있습니다. "부스러기"라는 작품 제목은 종종 다시 체계적 철학에 대한 항의로 받아들여집니다.

소크라테스는 특히 이 작품의 시작 부분에서 중요한 역할을 합니다. 키르케고르가 가명의 저자로 하여금 교사로서의 소크라테스의 역할을 탐구하게 하는 것입니다. 이것은 언뜻 보기에 소크라테스가 자신의 무지를 주장하고 자신은 가르친 적이 없다고 부인한 것과 일치하지 않는 것처럼 보일 수 있습니다. 그러나 여기에는 모순이 없으며, 요하네스 클리마쿠스는 19세기의 철학과 신학이 사물을 구성하고 긍정적인 내용에 집중했던 것과 달리 "소크라테스에게는 긍정적인 것이 부족했다."[2]라고 강조합니다. 그렇다면 여기서 클리마쿠스가 소크라테스를

---

1 Kierkegaard, *The Point of View,* trans. by Howard V. Hong and Edna H. Hong, Princeton: Princeton University Press 1998, p. 54.

2 Kierkegaard, *Philosophical Fragments,* trans. by Howard V. Hong and Edna H. Hong, Princeton: Princeton University Press 1985, p. 23.

스승으로 지칭한 것은 무엇을 의미할까요? 일반적으로 스승은 어떤 내용, 즉 키르케고르의 표현을 빌리자면 긍정적인 것을 전달하는 것으로 생각되기 때문일 것입니다. 여기서 클리마쿠스는 소크라테스의 마이유틱스(maieutics) 또는 산파술에 대해 언급합니다. 소크라테스는 학생에게 아이디어나 생각을 만들어 주는 것이 아니라 학생 자신 내면에서 찾을 수 있도록 도와줍니다. 따라서 소크라테스는 학생이 진리에 도달할 수 있는 계기를 제공한다는 점에서 스승이지만, 소크라테스가 직접 진리를 가르치지는 않습니다.

《철학의 부스러기》는 예수 그리스도의 성육신과 계시의 교리를 다루지만, 키르케고르는 예수의 이름을 언급하거나 기독교의 관점에서 명시적으로 분석하지 않으려 주의합니다. 그는 단지 계시된 모든 종교와 관련될 수 있는 방식으로 "신"(the god)에 대해 이야기합니다. 키르케고르는 산파로서의 소크라테스의 역할과 구세주로서의 그리스도의 역할을 대조하는데, 그리스도는 그분의 제자들에게 진리를 배우는 기회를 제공합니다. 소크라테스는 분명히 기독교인은 아니지만, 그의 산파술은 기독교 진리를 이해하는 데 도움이 될 수 있습니다.

키르케고르는 또한 절대 역설의 개념을 소개하기 위해 소크라테스를 사용합니다. 그는 플라톤의 대화편 《파이드로스》(Phaedrus)에서 소크라테스가 "페가수스와 고르곤스"(Pegasus and the Gorgons)와 같은 신화 속 피조물의 본성을 탐구하는 데 관심이 없었다는 구절을 이야기하며 작품 3장을 시작하는데, 그 이유는 인간으로서 자신이 무엇인지 발견하는 데 주로 관심이 있었기 때문이었다고 말합니다. 그는 자신의 본성에 대해 무지하다고 주장하며 자신이 타이폰(Typhon)과 같은 괴물이 아닐지 의아해합니다.[3] 키르케고르는 요하네스 클리마쿠스에게 "생

---

3 Ibid., p. 37. 또한 다음을 참고하라. *Kierkegaard's Journals and Notebooks,* ed. by Niels Jørgen Cappelørn et al., vols 1-11, Princeton: Princeton University Press, 2007ff, vol. 3, p. 393, Note13:28. "소크라테스는 자신이 인간인지 아니면 타이폰보다 훨씬 더 가변적인 동물인지 모른다고 말한 것으로 추정된다(cf. Plato's *Phaedrus*)." 키르케고르는 플라톤의 *Phaedrus*, 230a 에서 인용한다.

각 자체가 생각할 수 없는 것을 발견하고자 하는 것은 역설적인 것"[4]이라고 말합니다. 소크라테스에게 이것은 궁극적으로 인간으로서 자신이 무엇인지 이해하는 것을 의미하지만, 그로서는 결코 온전히 이해할 수 없는 것입니다.

인간의 이해는 이미 익숙한 측면을 인식함으로써 새로운 것을 배웁니다. 따라서 그러한 익숙한 측면이 전혀 없고 완전히 다른 것은 파악할 수 없습니다. 클리마쿠스는 우리가 그 알려지지 않은 존재를 "신"(the god)[5]으로 부르기를 제안합니다. 그런 다음 분석은 미묘하게 기독교적 맥락으로 넘어가지만, 다시 명시적으로 언급되지는 않습니다. 무언의 문제는 기독교의 성육신 교리인데, 이에 따르면 하나님은 자신을 드러내시기 위해 인간 예수 그리스도로 성육신하셨습니다. 요하네스 클리마쿠스에 따르면, 이 역시 역설을 내포하고 있습니다. 하나님은 무한하고 영원하지만, 성육신을 통해 유한하고 현세적인 존재가 되셨습니다. 클리마쿠스는 이것을 절대적 역설이라고 부릅니다. 이 모순은 인간의 정신이 이해하거나 생각할 수 있는 것이 아니라 받아들여야만 하는 것입니다.

이러한 키르케고르의 견해는 마르텐센과 같은 헤겔주의자들의 작품에서 발견되는 매개(mediation)라는 개념에 대한 반응입니다. 헤겔의 견해에 따르면 이러한 모순에 절대적 이분법은 없으며 모든 것은 매개될 수 있습니다. 따라서 앞서 살펴본 바와 같이 마르텐센에 따르면 인간과 신, 유한과 무한, 일시적인 것과 영원한 것 사이에는 절대적인 차이가 없습니다. 각각은 필연적으로 서로 관련되어 있으며, 따라서 서로에 의해 매개됩니다. 이 둘은 유기적으로 함께 속하는 것으로 간주해야 하므로 공동으로 더 높은 개념적 구조를 형성합니다. 이런 식으로 용어를 이해할 때 그리스도의 성육신과 계시에 대한 철학적 설명이 가능합니다. 헤겔의 사변적 논리에 따르면, 무한하신 하나님이 유한하게 되었다고 생각하는 것에는 모순이 없습니다. 키르케고르가 반대한 것은 바로 이 설명이었습니다. 절대 모순의 교리에서는 둘 중 하나를 매개할 수 없습니다. 그는 자신이 알 수 없거

---

4 Kierkegaard, *Philosophical Fragments*, p. 37.
5 Ibid., p. 39.

나 이해할 수 없는 것이 있다는 것을 깨닫고 그것을 역설로 간주해야 한다는 것을 받아들이는 사람의 예로 소크라테스를 제시합니다.

7.2. 키르케고르의 《불안의 개념》

1844년 6월 17일, 키르케고르는 비길리우스 하우프니엔시스(Vigilius Haufniensis) 또는 "코펜하겐의 파수꾼"이라는 가명으로 《불안의 개념》(The Concept of Anxiety)을 출간했습니다. 이 작품은 《철학의 부스러기》가 나온 지 나흘 만에, 그리고 《서문》(Prefaces)이라는 제목의 다른 책과 같은 날 출간되었습니다. 《불안의 개념》은 키르케고르의 가장 학문적 작품 중 하나입니다. 이 책은 개인의 자유와 원죄에 관한 복잡한 문제들을 다루고 있습니다. 이러한 맥락에서 불안에 대한 그의 영향력 있는 분석이 등장합니다. 그렇다면 이교도 철학자 소크라테스가 역할을 담당하는, 죄에 대한 기독교 교리를 다룬 작품이라는 것은 이상하게 보일 수 있습니다. 그러나 키르케고르가 끊임없이 소크라테스를 모델이자 영감의 원천으로 삼고 있다는 사실은 다시 분명해졌습니다.

소크라테스는 작품의 맨 처음 제목 페이지에 이어지는 서두 모토에 언급됩니다. 그는 현대 철학과 긍정적으로 비교됩니다. 그 모토는 "구분을 짓는 시대는 지났다. 그것은 시스템에 의해 정복되었다."[6]라며 시작됩니다. 이것은 우리가 보았듯이 반대를 하나로 모으거나 여기에서 암시된 것처럼 구별을 제거하는 헤겔의 매개 교리를 의미합니다. 반면 키르케고르에게 있어 핵심은 반대와 모순을 중재하는 것이 아니라 그것들에 초점을 맞추는 것입니다. 그의 표어인 "이것이냐 저것이냐"는 어느 한 쪽을 택할 수밖에 없으며 매개는 불가능하다는 것을 강조합니다. 이제 여기 《불안의 개념》의 모토에서 소크라테스는 키르케고르와 마찬

---

6 Kierkegaard, *The Concept of Anxiety,* trans. by Reidar Thomte in collaboration with Albert B. Anderson, Princeton: Princeton University Press, 1980, p. 3.

가지로 구별을 주장한 사람으로 소환됩니다. 이 모토는 사람들이 헤겔 철학에 익숙한 현대에는 다소 괴상해 보일 수 있음을 인정합니다. 키르케고르는 소크라테스의 열렬한 추종자였던 독일 철학자 조한 게오르크 하만(Johann Georg Hamman)의 말을 인용합니다. 하만은 "소크라테스는 '자신이 이해한 것과 이해하지 못한 것을 구별했다는 점'에서 위대했다."[7]라고 썼습니다. 키르케고르는 이 말을 작품의 모토로 삼아 소크라테스의 뒤를 이어 매개를 거부하는 흔들리지 않는 구별을 주장하고자 했음을 알 수 있습니다.

키르케고르는 1838년에 사망한 그의 옛 스승 폴 마틴 묄러(Poul Martin Møller)에게 《불안의 개념》을 헌정했습니다. 앞서 언급했듯이, 이 헌정문은 묄러를 "소크라테스의 친구"[8]로 언급하고 있습니다. 이것은 앞서 논의했던 생각, 즉 소크라테스와 소크라테스의 아이러니에 대한 묄러의 관심이 키르케고르의 지적 발달에 중요한 역할을 했으며 그의 저서 《아이러니의 개념》에 영감의 일부가 되었을 것이라는 생각을 뒷받침하는 것으로 보입니다.

서론에서 키르케고르는 이 작품의 주제인 죄의 개념을 제시할 때 소크라테스를 언급합니다. 그는 "죄는 어떤 학문 분야에도 제대로 속하지 않지만, 한 개인이 한 개인에게 한 개인으로서 말하는 설교의 주제다.[9]라고 주장하면서 시작합니다. 전통적으로 죄의 교리는 신학이라는 학문 분야, 특히 교의학에서 다루어져 왔기 때문에 이러한 주장은 신학자들에게는 이상하게 들릴 수 있습니다. 키르케고르는 처음에 가명의 저자를 통해 자신의 죄에 대한 접근과 이해가 학계의 설명과는 매우 다른, 실제로는 서로 충돌하는 것임을 밝혔습니다.

일반적으로 우리는 설교를 사제나 목사가 회중에게 특정 성경 구절이나 개

---

7 Ibid. p. 3. 키르케고르는 Hamman's *Socratic Memorabilia*에서 인용한다. 영어 번역은 다음을 참고하라. *Hamman's Socratic Memorabilia: A Translation and Commentary,* by James C. O'Flaherty, Baltimore: The Johns Hopkins Press 1967, p. 143. "소크라테스는 결코 비평가가 아니었다. 그는 헤라클레이토스의 저술에서 자신이 이해하지 못하는 것과 이해한 것을 구별했으며, 이해할 수 있는 것에서 이해할 수 없는 것으로 매우 적절하고 겸손한 추론을 이끌어냈다."
8 Kierkegaard, *The Concept of Anxiety*, p. 5.
9 Ibid., p. 16.

념을 설명하는 강의와 같은 것으로 생각합니다. 하지만 키르케고르는 여기서도 다른 이해를 알리고자 합니다. 그는 당대의 일부 목회자가 최근의 학문과 철학적 경향에 의해 타락하여 강의처럼 들리는 설교를 하는 것을 인정하지만, 이것이 설교의 진정한 본질은 아니라고 말합니다. 그런 다음 정말 놀라운 구절이 나옵니다. 키르케고르는 "그러나 설교는 모든 예술 중에서 가장 어려운 예술이며, 본질적으로 소크라테스가 칭찬한 예술, 즉 대화할 수 있는 예술이다."[10]라고 썼습니다. 물론 소크라테스는 기독교 교회 예배에 한 번도 참석하지 않았고 평생 설교를 들어본 적이 없기에 이것은 매우 이상하게 보입니다. 하지만 키르케고르는 비길리우스 하우프니엔시스에게 소크라테스의 대화와 토론의 형태를 기독교 설교와 비교하게 합니다. 두 경우 모두에서 핵심적인 용어는 키르케고르가 "자기화 (appropriation)"라 부르는 것인데, 이는 수동적으로 듣고 무언가를 만드는 것을 넘어 자신의 특별한 맥락에서 자신에게 해석이나 적용을 부여하는 것을 의미합니다. 따라서 설교할 때도 목사는 단순히 외부의 사실이나 지식에 대해 설교하는 대신 회중 개개인이 각자의 방식으로 기독교의 진리를 스스로 찾도록 격려합니다. 따라서 이교도 소크라테스가 기독교도의 모범으로 제시되는 이유는 그의 산파술 접근 방식이 강의와는 다른 방식으로 자기화를 끌어내기 때문입니다. 그리스도를 따르는 모든 사람은 기독교 메시지를 자신에게 맞게 적용해야 합니다. 따라서 키르케고르에게 있어 핵심은 소크라테스와 기독교의 진리는 모두 개인으로서 사람들이 자기화해야 하는 내면의 어떤 것이라는 점입니다. 따라서 소크라테스는 기독교 사상가는 아니지만, 우리에게 기독교에 대한 통찰력을 줄 수 있습니다.

《불안의 개념》 제4장에서 키르케고르는 가명의 저자로 하여금 소크라테스와 현대 철학, 특히 헤겔을 대조하게 합니다. 이는 부정의 개념과 키르케고르가 "폐쇄된 격리"(inclosed reserve)라고 부르는 것에 대한 논의의 맥락에서 나타납니다.

---

10 Ibid.

덴마크어 "인데슬루테테드"(Indesluttethed)는 말 그대로 세상이나 다른 사람들로 부터 자신을 차단하는 것을 의미합니다. 자기 자신과 자신이 단절되면 외부 세계를 부정하게 되므로 이러한 맥락에서 부정을 이해하는 것은 당연합니다. 우리는 키르케고르의 아이러니에 대한 이해에서 부정이 얼마나 중요한지 살펴보았습니다. 키르케고르는 "따라서 아이러니는 부정으로 설명되어 왔다. 헤겔은 이 설명을 최초로 발견했지만, 이상하게도 아이러니에 대해서는 잘 알지 못했다."[11]라고 씁니다. 헤겔의 이해 부족은 소크라테스가 아이러니의 중요성을 충분히 인식한 것과는 대조적입니다.

> 아이러니를 세상에 처음 소개하고 아이러니에 이름을 붙인 사람은 소크라테스였는데, 이 아이러니는 바로 인간으로부터 자신을 닫는 것, 신적인 것으로 확장되기 위해 자신을 자기 자신으로부터 닫는 것에서 시작된 폐쇄다.…이것은 아무도 관심을 갖지 않는 부분이다.[12]

여기서 키르케고르는 소크라테스가 도입한 주관성의 요소를 다시 강조합니다. 모든 개인에게는 무한히 중요하고 가치 있는 무언가가 있지만, 그 무언가에 도달하기 위해서는 때때로 군중과 다른 사람들로부터 멀어져야 합니다. 이렇게 타인과 거리를 두는 것은 부정과 아이러니를 동반합니다. 대신 자신 내면과 종교성에 집중해야 합니다. 키르케고르는 이를 최초로 깨달은 사람으로 소크라테스를 꼽습니다. 여기서도 키르케고르가 모델로 삼은 기독교 신앙과 이교도 철학자의 실천에 관한 문제가 흥미롭게 병행하는 것을 볼 수 있습니다. 따라서 폐쇄된 격리는 소크라테스의 부정과 아이러니 개념을 활용하는 또 다른 중요한 키르케고르의 개념으로 볼 수 있습니다.

---

11 Ibid., p. 134.
12 Ibid.

7.3. 키르케고르의 《서문》과 요한 루드비히 하이버그와의 논쟁

우리는 6장에서 하이버그가 《이것이냐 저것이냐》에 대한 비판적 비평을 쓴 것이 키르케고르의 적대감을 불러일으킨 과정을 살펴보았습니다. 키르케고르는 "하이버그 교수에게 드리는 감사의 말"이라는 글로 대응했지만, 이것이 갈등의 끝은 아니었습니다. 1844년 초 하이버그는 완전히 새로운 성격의 학술지 《우라니아》(Urania: 그리스 신화의 천문의 여신, 역주)를 창간했습니다. 그는 천문학에 관심갖게 되었고, 이 학술지 창간은 이 분야의 새로운 연구를 장려하기 위한 것이었습니다. 하이버그는 그의 집 2층에 개인 천문대를 만들었습니다. 하이버그는 새로운 학술지의 첫 호에서 행성의 움직임과 계절의 변화와 같은 주기적인 자연 현상에 대해 논의하는 "천문학적 해(Year)"라는 제목의 기사를 썼습니다. 이러한 맥락에서 그는 키르케고르의 《반복》을 언급하며 "제목에서 이 개념에 대해 매우 아름답고 적절한 말이 나오지만, 저자는 '반복'이 자연의 영역과 정신의 영역에서 갖는 본질적으로 서로 다른 의미를 구분하지 않았다."[13]라고 썼습니다. 하이버그는 앞서 《이것이냐 저것이냐》에 대한 비평에서와 마찬가지로 키르케고르의 작업에서 긍정적인 점을 인정하면서도, 그가 상당히 근본적인 것을 오해하고 있다고 비판합니다. 키르케고르는 이전에 《이것이냐 저것이냐》에 대한 비평에서 분노했던 것과 마찬가지로 하이버그의 발언에 분노했습니다. 그는 하이버그에 대한 대응으로 몇 가지 다른 글의 초안을 작성했지만 결국 완성하지 못하고 미발표 상태로 남았습니다.[14]

그는 하이버그에 대한 답변을 다음 책인 《서문》(Prefaces)이라는 제목으로 남

13　Johan Ludvig Heiberg, "Det astronomiske Aar," *Urania*, 1844, pp. 77-160; p. 97. 또한 Kierkegaard, *Repetition*, trans. by Howard V. Hong and Edna H. Hong, Princeton: Princeton University Press 1983, Notes, pp. 379-83을 참고하라.

14　그 미발표 원고의 예들은 다음과 같다. "Open Letter to Professor Heiberg, Knight of Dannebrog from Constantin Constantius," in *Repetition,* Supplement, pp. 283-98. "A Little Contribution by Constantin Constantius, Auther of Repetition," ibid., Supplement, pp. 299-319.

겨두었습니다. 이 책은 1844년 6월 17일에 출간되었으며 저자는 니콜라우스 노타베네(Nicholaus Notabene)로 기재되어 있습니다. 이 책은 한 번도 쓰이지 않은 다른 텍스트에 대한 일련의 다른 서문으로 구성되어 있다는 점에서 다소 특이한 책입니다. 키르케고르는 출판되지 않은 텍스트 몇 개를 써서 보관해 두었지만 실제로는 아무 용도로도 사용할 수 없었던 것으로 보입니다. 이 텍스트 중에는 하이버그에 대한 비판과 관련된 자료도 포함되어 있었습니다. 그래서 키르케고르는 이 글들을 《서문》이라는 제목으로 한 권의 책으로 묶어 출판할 생각을 하게 되었습니다. 그는 이 텍스트들이 왜 이런 이상한 방식으로 제시되었는지에 대한 이유를 제시해야 했고, 그래서 다음과 같은 이야기를 꾸며냈습니다. 저자 니콜라우스 노타베네는 유부남이고 그의 아내는 그가 책을 쓰는 데 너무 많은 시간을 보내고 그녀와 함께 보내는 시간이 충분하지 않기 때문에 그에게 화를 냈습니다. 그래서 그녀는 편지로 그가 책을 쓰는 것을 금지했습니다. 하지만 그는 책 자체가 아닌 서문만 쓰는 것으로 책 쓰기를 금지한 편지대로 책 쓰기를 포기하지 않고 우회합니다. 이렇게 그는 이 책이 특정 책의 서문이 아닌 독립적으로 존재하는 일련의 서문으로 구성된 이유를 설명합니다.

이 작품에는 하이버그가 여러 번 언급되어 있으며, 지각력 있는 독자라면 키르케고르가 《이것이냐 저것이냐》에 대한 비평과 《반복》에 대한 비평 모두에 대해 어떤 반응을 보였는지 알아차릴 수 있습니다. 실제로 노타베네는 두 번째 서문에서 문학 평론가들의 서평 산업 문화 전체를 비판합니다. 6장에서 살펴본 것처럼, 키르케고르는 "하이버그 교수께 드리는 감사의 말씀"이라는 글에서 하이버그가 《이것이냐 저것이냐》에 대한 비평에서 비인칭 대명사 "하나"(one)를 계속 사용하는 것을 풍자했습니다. 네 번째 서문에서도 그는 비슷하게 이렇게 썼습니다.

이제 그의 책에 나오는 "하나"를 무엇이라 말할까 나는 궁금합니다. 친애

하는 독자 여러분, 다른 방법으로 알 수 없다면 우리의 문학 전신(telegraph) 관리자인 하이버그 교수가 예전에 《이것이냐 저것이냐》와 관련해서 했던 것처럼 그는 다시 세무 공무원이 되어 투표를 집계할 수 있을 만큼 친절하실 것입니다.[15]

키르케고르의 《서문》 중 마지막인 "서문 8"은 하이버그에 대한 비판이기도 하지만, 키르케고르가 소크라테스에게서 배운 전략 중 일부를 다시 사용한다는 점에서 우리의 목적에 특히 흥미롭습니다. "서문 8"은 표면적으로는 노타베네가 창간하고자 하는 새로운 철학 잡지의 서문입니다. 그는 1837년에 시작된 하이버그의 잡지 《페르세우스》(Perseus)를 언급하는 것으로 시작합니다. 페르세우스의 부제는 "사변적 관념을 위한 일기"로, 헤겔의 사변 철학에 대한 정보를 덴마크에 전파하려는 하이버그의 의도를 나타냅니다. 결국 하이버그의 잡지는 단 두 호만 발행되고 폐간되었습니다. 노타베네는 하이버그의 실패를 거울삼아 새로운 철학 일기로 성공할 수 있을지 고민합니다.

키르케고르는 하이버그가 그의 논문 《현시대 철학의 의의에 대하여》에서 압도적인 상대주의와 주관주의를 극복하기 위하여 이 시대가 필요로 하는 것은 철학이라고 주장했다는 점을 회상합니다.[16] 이러한 진단을 감안할 때 하이버그가 새로운 철학 잡지를 창간하려는 시도는 철학의 필요성을 믿었기 때문이라는 점이 완전하게 이해되었습니다. 노타베네는 자신도 철학에 봉사하고 싶지만, 그의 잡지는 다른 접근 방식을 취할 것이라고 말합니다. 하이버그처럼 독자들에게 철학을 설명하기 위해 철학을 사용하는 대신, 노타베네는 하이버그처럼 자신은 철학을 이해하지 못한다는 것을 인정하고 자신의 잡지에 기고자를 초대하여 자신에게 철학을 설명할 것이라고 말합니다. 그는 자신의 목표는 사람들에게 철학을

---

15 Kierkegaard, *Prefaces,* trans. by Todd W. Nichol, Princeton University Press 1998, pp. 23-4.
16 Kierkegaard, "Preface VIII," in *Heiberg's Perseus and Other Texts,* ed. and trans. by Jon Steward, Copenhagen: Museum Tusculanum Press 2011 (*Texts from Golden Age Denmark*, vol. 6), p. 163.

가르쳐 달라고 요청함으로써 철학을 홍보하는 것이라고 말합니다. "이 목적은 좋은 것이지 않은가, 지금까지 철학 잡지를 발행하려고 했던 사람들의 목적과 다르지 않은가? 철학을 섬기려는 소망은 같지만, 그 섬김 그 자체가 다르다. 한 사람은 지혜로 섬기고, 한 사람은 어리석음으로 섬긴다."[17]라고 말했습니다.

소크라테스가 아무것도 모른다고 주장한 것처럼 노타베네는 자신도 무식하다고 주장합니다. 하이버그를 덴마크 지성을 대표하는 지성인 중 한 명으로 인정하면서, 노타베네는 전적으로 겸손하고 내세우지 않는 태도로 자신을 언급합니다.[18] 소크라테스가 자신을 가르치고 자신이 아는 것을 설명해 줄 다른 사람들을 초대하는 것처럼, 노타베네도 자신을 가르치고 새로운 철학을 설명해 줄 기고자를 자신의 잡지에 초대합니다. 노타베네도 소크라테스처럼 자신은 어떤 긍정적인 주장도 하지 않고 다른 사람의 주장에 귀를 기울이고 비판적으로 평가할 뿐입니다. 물론 하이버그는 덴마크에서 헤겔 철학을 널리 알린 것으로 유명했기 때문에 노타베네는 헤겔 철학이 모든 것을 설명했다고 인정합니다.[19] 이것은 소크라테스의 출발점과 똑같습니다. 그는 항상 대화 상대가 무언가를 알고 있다는 주장을 즉시 인정합니다. 노타베네는 단지 헤겔 철학이 제공하는 설명을 이해하지 못한다고 말하면서 정중하게 설명을 요청할 뿐입니다. 마찬가지로 소크라테스도 대화 상대가 제공한 설명이나 정의를 들은 후 그들의 설명을 완전히 이해하지 못한다고 주장하고, 그 설명이 모순되어 만족스럽지 않다는 것을 드러내기 위해 질문을 하기 시작합니다. 그러면 노타베네는 소크라테스처럼 아이러니하게도 깨달음을 얻기를 기대한다며 다음과 같이 말합니다. "이제 덴마크에는 이 철학을 이해한 많은 철학자가 있고, 그들은 산업과 좋은 운으로 이 철학을 이해했으므로, 나는 기꺼이 내가 원했던 가르침을 기대합니다."[20] 소크라테스는 종종 대

---

17 Ibid., p. 164.
18 Ibid., p. 161.
19 Ibid., p. 169.
20 Ibid.

담자가 가진 지식에 대해 아첨하는 것으로 시작하여, 대담자가 소크라테스의 인정을 받아들인 후에도 그의 질문에 대한 대답을 거부하기 어렵게 만듭니다. 따라서 노타베네는 덴마크의 헤겔 추종자들이 헤겔 철학을 이해하고 있는 것으로 알려져 있기에 그들은 노타베네가 처음으로 인정한 헤겔의 질문에 응답할 의무가 있는 것으로 여깁니다. 헤겔 철학의 전문가라는 대중의 평판을 고려할 때, 하이버그와 같은 사람들은 노타베네의 논문 요청에 응하지 않을 변명의 여지가 없습니다. 하이버그는 소크라테스의 대담자 중 한 명으로, 어쩌면 소피스트 중 한 명으로, 사물을 알고 사물을 가르친다고 주장하지만 실제로는 무지하고 심지어 자신의 무지에 대하여도 무지한 사람으로 등장합니다. 여기서 우리는 키르케고르가 어떻게 소크라테스에서 처음 영감을 얻은 후 이를 현대 덴마크의 문화 환경으로 번역했는지 살펴볼 수 있습니다.

7.4. 키르케고르의 《인생길의 여러 단계》

키르케고르의 다음 중요한 작품은 1845년 4월 30일에 힐라리우스 부크빈더(Hilarius Bookbinder)라는 가명으로 출간된 《인생길의 여러 단계》(Stages on Life's Way)입니다. 이 작품은 어떤 면에서는 《이것이냐 저것이냐》의 속편이라고 할 수 있습니다. 빅토르 에레미타처럼 부크빈더도 작품을 구성하는 텍스트를 우연히 발견했다고 주장합니다. 이 책은 네 명의 저자가 쓴 네 개의 서로 다른 텍스트로 이루어진 세 개의 긴 챕터로 구성되어 있습니다. 먼저, 윌리엄 아프헴(William Afham)의 "취중진담"(In vino veritas)이 있습니다. 그런 다음 "결혼한 남자," 즉 《이것이냐 저것이냐》의 두 번째 부분 저자인 윌리엄 판사가 쓴 "반대 의견에 대한 답변으로 주어진 결혼에 대한 몇 가지 성찰"이 있습니다. 세 번째 큰 장은 두 개의 작품으로 구성되어 있습니다. 먼저 "누구"(someone)의 라틴어 이름인 퀴담

(Quidam)의 "'유죄인가?'/'무죄인가?'"라는 제목의 텍스트가 있습니다. 이 텍스트는 형식적인 면에서 《이것이냐 저것이냐》의 "유혹자의 일기"를 연상시킵니다. 이 글은 키르케고르처럼 사랑하는 약혼녀와 약혼을 파기한 한 청년의 이야기로, 제목에서 알 수 있듯이 이 문제에 대한 자신의 과실 정도에 대한 묵상입니다. 이것은 호수 바닥에서 "'유죄인가?'/'무죄인가?'"의 원고를 발견했다고 주장하는 타키투르누스 신부(Frater Taciturnus)의 "독자에게 보내는 편지"라는 또 다른 긴 텍스트에 영감을 주었습니다.

따라서 《인생길의 여러 단계》는 키르케고르가 플라톤에게서 차용한 장치인 이야기 안에 이야기를 복잡하게 끼워 넣는 방식을 취하고 있습니다. 독자는 키르케고르를 퀴담과 동일시하는 경우가 많지만, 이 텍스트는 키르케고르 자신이 다른 가명 저자 뒤에 숨어 있는 방식으로 구성되어 있습니다. 이 작품은 가명일 뿐만 아니라 서로 복잡한 관계를 맺고 있는 소수의 다른 저자들이 등장합니다. 따라서 작품을 구성하는 텍스트와 저자로서의 키르케고르 사이에는 여러 단계의 거리가 존재합니다.

키르케고르의 소크라테스 또는 소크라테스적 전략의 사용은 여기서 틀림없는 역할을 합니다. 실제로 소크라테스는 네 개의 텍스트 모두에서 언급됩니다. 아마도 가장 주목할 만한 부분은 "취중진담"(In vino veritas)으로, 이 부분에서 이러한 영향의 분명한 흔적을 볼 수 있습니다. "인 비노 베리타스"(In vino veritas)는 라틴어로 "와인 속에 진실"이라는 뜻으로, 사람들이 술을 마시면 자제력을 잃고 진실을 말한다는 의미입니다. 이 작품은 사랑을 주제로 저녁 만찬에서 행해지는 일련의 연설을 보여줍니다. 저녁 만찬에 참석한 사람들은 유혹자 요하네스, 빅토르 에레미타, 콘스탄틴 콘스탄티우스, 《반복》의 젊은이 등 키르케고르의 유명한 인물들입니다. 이 텍스트는 소크라테스가 참여하는 연회 장면과 사랑이라는 주제에 대한 일련의 연설을 보여주는 플라톤의 《향연》을 모델로 한 것이 분명합니다.

《인생길의 여러 단계》의 마지막 부분에 이르러 타키투르누스 신부는 "독자에게 보내는 편지"에서 죄와 용서의 문제를 이야기하면서 인간의 본래 상태를 자연과 세상과 직접 조화를 이루며 사는 즉, 직접성(immediacy)의 상태로 이해합니다. 죄는 이러한 직접성을 깨뜨리고 반성의 단계로 안내합니다. 종교적 질문은 '어떻게 하면 직접성으로 돌아가 죄로 인한 피해를 되돌릴 수 있는가?' 하는 것입니다. 타키투르누스 신부는 세 번째 단계로 죄의 용서를 제안하며, 이를 "두 번째 직접성"이라 부릅니다. 인간과 세상의 조화는 회복되지만 더 이상 처음과 같은 조화는 아닙니다. 여기서 분명히 문제가 되는 것은 예수 그리스도를 통한 죄의 용서에 대한 기독교 교리입니다.

소크라테스는 이러한 맥락에서 호출됩니다. 타키투르누스 신부는 이 기독교 교리의 어려움을 강조하고 그것을 이해한다고 주장하는 사람들에 대해 경고하는데, 여기서 그는 아마도 당시의 학구적인 신학자나 잘 교육받은 성직자를 지칭하는 것으로 보입니다. 그는 그런 사람들의 눈에는 자신이 "어리석은 질문"을 하는 "어리석은" 사람으로 여겨질 것이라 예상합니다.[21] 그러나 그는 많은 사람이 소크라테스에게 같은 방식으로 반응했기 때문에 신경 쓰지 않을 것이라 주장합니다. 타키투르누스 신부는 소크라테스가 죄와 용서의 문제와 19세기 사람들의 반응에 대해 뭐라 말할지 상상해봅니다. 그는 소크라테스에게 "확실히 당신이 묻는 것은 어려운 문제이며, 그렇게 많은 사람이 그런 가르침을 이해한다고 믿을 수 있다는 사실에 항상 놀랐지만, 어떤 사람들은 훨씬 더 많이 이해했다는 사실에 더욱 놀랐습니다."[22]라고 말하게 합니다.여기서 우리는 키르케고르가 가명을 통해 동시대 사람들에 대해 다시 소크라테스적인 자세를 취하는 것을 볼 수 있습니다. 그는 다른 사람들은 보지 못하는 문제의 어려움과 복잡성을 인식하고 있습니다. 그리스도 안에서 우리의 죄가 용서되었다는 말은 무엇을 의미할까요? 그는 기독교 신앙의 모순적이고 역설적이며 불합리한 본질을 이해하지 못하는

---

21 Kierkegaard, *Stages of Life's Way*, trans. by Howard V. Hong and Edna H. Hong, Princeton: Princeton University Press 1988, p. 482.
22 Ibid.

사람들로부터 조롱당하더라도 무지와 불확실성의 상황에 머무르는 것에 만족합니다. 따라서 키르케고르는 타키투르누스 신부가 그리는 가상의 소크라테스를 통하여 동시대 사람들의 부당한 추정을 비판합니다.

7.5. 잡지 《코르사르》와의 갈등

키르케고르의 전기에서 중요한 에피소드 중 하나는 풍자 잡지 《코르사르》 (The Corsair, '해적'이라는 뜻. 역자 주)와의 갈등입니다(그림 7.1 참고). 키르케고르 시대에 이 잡지는 유명한 인물들을 조롱하는 유머러스한 기사를 게재하는 인기 있는 출판물이었습니다. 기사에는 종종 독자들을 즐겁게 하는 만화와 삽화가 함께 실렸습니다. 이 잡지는 재능 있는 작가인 메이어 골드슈미트(Meir Goldschmidt)가 발행했는데, 그는 덴마크 검열 당국과의 잦은 충돌로 인해 계속해서 법적 문제에 휘말렸습니다. 그는 결국 발행인란에 자신의 이름을 올린 일련의 대리 편집자를 고용하여 배후에서 일을 진행해야 했습니다. 따라서 당국이 《코르사르》를 법적 조치로 기소하려고 했을 때, 법적 책임이 있는 대리 편집자를 처벌하는 것 외에 다른 방법이 없었습니다. 이 잡지를 함께 발간한 동료 중 한 명은 키르케고르와의 갈등에서 중요한 역할을 한 페데르 루드빅 묄러(Peder Ludvig Møller)라는 이름의 재능 있는 젊은 작가이자 비평가였습니다.[23]

키르케고르는 골드슈미트와 《코르사르》에 대한 적대감으로 유명하지만, 항상 그런 것은 아니었습니다. 실제 갈등이 발생하기 전에 두 사람은 약 10년 동안 서로를 알고 지냈으며 실제로 좋은 관계를 유지하고 있었습니다.[24] 1841년 《코

---

23 K. Brian Soderquist, "Peder Ludvig Møller: 'If he had been a somewhat more significant person . . . ,'" in *Kierkegaard and his Danish Contemporaries*, Tome III, *Literature, Drama and Aesthetics*, ed. by Jon Stewart, Aldershot: Ashgate 2009 (*Kierkegaard Research: Sources, Reception, and Resources*, vol. 7), pp. 247-55를 참고하라.

24 *Encounters with Kierkegaard: A Life as Seen by His Contemporaries*, trans. and ed. by

그림7.1. 《코르사르》의 표지

Bruce H. Kirmmse, Princeton: Princeton University Press 1996, pp. 65ff.

르사르〉는 키르케고르의 《아이러니의 개념》에 대한 서평을 발표했는데, 그 서평이 작품의 언어를 풍자했음에도 불구하고 그 맥락에서 아무런 문제나 갈등이 없었습니다.[25] 마찬가지로, 1843년 《코르사르》은 키르케고르의 작가로서의 재능을 인정하는 《이것이냐 저것이냐》에 대한 긍정적인 비평을 실었습니다.[26] 이 논쟁은 1845년 말 페데르 루드비히 묄러의 《인생길의 여러 단계》에 대한 비평으로 시작되었는데, 이 잡지가 아닌 자신의 출판물 《게아》(Gæa)에 게재되었습니다. 당시 학자나 문학 작가는 이런 방식으로 자신의 잡지를 출판하는 것은 드문 일이 아니었으며, 몇 년 후 키르케고르가 자신의 잡지인 《순간》(The Moment)을 출판한 것만 떠올려도 알 수 있습니다. 묄러의 《게아》는 《코르사르》와는 달리 문학에 대한 진지한 매체였습니다.

문제의 기사는 "소뢰(Sorø) 방문"이라는 제목의 《인생길의 여러 단계》에 대한 비평 기사였습니다. 소뢰는 덴마크의 작은 도시로, 유명한 학자와 작가가 많이 배출된 유명한 소뢰 아카데미가 있던 곳입니다. 그중 한 명은 시인이자 소설가인 카스텐 하우흐(Carsten Hauch)였습니다. 묄러는 이 글에서 소뢰에 있는 하우흐의 집에서 벌어지는 가상의 대화를 만들어냈는데, 여기서 《인생길의 여러 단계》가 논의의 중심 대상이 됩니다. 키르케고르의 작품은 어색한 문체와 작가가 자신의 윤리적 발전을 보여주는 방식으로 인하여 비판받습니다. 이 글은 농담과 비꼬는 듯한 어조를 띠고 있어 진지한 문학적 비평으로 받아들여질 수 없습니다.

키르케고르는 1845년 12월 27일자 신문 《조국》(The Fatherland)에 실린 "여행하는 미학자의 활동과 그가 어떻게 저녁 식사비를 지불하게 되었는가?"라는 제목의 글을 통해 묄러의 글에 답했는데, 이 글은 그의 가명인 타키투르누스 신부의 이름으로 실렸습니다.[27] 키르케고르는 묄러의 비판에 대응하기보다는, 무엇보

---

25 *The Corsair Affair and Articles Related to the Writings*, trans. by Howard V. Hong and Edna H. Hong, Princeton: Princeton University Press 1982, Supplement, pp. 92-3을 참고하라.
26 Ibid., Supplement, pp. 93-5.
27 Ibid., pp. 38-46.

다도 카스텐 하우흐의 집에서 토론을 진행함으로써 그리고 뮐러가 당대의 문학적 엘리트들과 자신을 연관시킴으로써 대중의 찬사를 얻으려고 노력하고 있음을 암시합니다. 그래서 키르케고르는 글 말미에 뮐러를 《코르사르》에 초대해 자신의 본색을 드러내고 그 잡지에 비판을 실어달라고 요청함으로써 뮐러를 《코르사르》와 연관시킵니다. 키르케고르의 요점은 뮐러가 당대의 수준 높은 문학적 엘리트들과 어울리는 척하고 있지만 실제로는 평판이 좋지 않은 잡지에 글을 쓰고 있다는 사실을 보여주기 위한 것이었습니다.

키르케고르의 행동은 당시 학문적 윤리를 심각하게 위반한 행위였습니다.[28] 뮐러는 골드슈미트와의 공동 작업을 비밀로 하고 싶어 했기 때문에, 뮐러가 《코르사르》에 참여했다는 사실을 키르케고르가 확인하는 것은 달갑지 않은 일이었습니다. 코펜하겐 대학에 임용되기를 바랐던 뮐러는 자신을 평판이 좋지 않은 잡지에 글을 쓰는 사람이 아니라 진지한 문학 학자로 소개하고 싶었습니다. 골드슈미트는 키르케고르에게 《코르사르》의 책임이 자신에게 있다고 사적인 대화에서 말했고, 키르케고르에게 뮐러를 연루시키지 말라고 경고했지만, 그의 간청은 소용이 없었습니다.[29] 이 폭로는 뮐러의 경력에 심각한 결과를 가져왔고 아마도 그의 학문적 고용 기회를 망쳤을 것입니다. 그러나 다른 해석은 뮐러의 교수직 기회가 《코르사르》와의 관계 때문이 아니라 키르케고르가 토론에서 그를 더 잘 알고 있다는 일반적인 인식 때문에 손상되었다고 할 수 있습니다.[30]

뮐러는 이틀 후 키르케고르의 글이 실린 《조국》에서 키르케고르의 글에 대한 답변을 시도했습니다.[31] 뮐러는 키르케고르가 자신의 글에서 제시한 대화는 허구이며, 따라서 자신을 하우흐(Hauch)와 같은 주요 문인들과 연관시키려고 시도한 것이 아니라고 말함으로써 키르케고르의 인신공격성(ad hominen) 비판을 회피

---

28 *Encounters with Kierkegaard*, p. 73.
29 Ibid., p. 71.
30 Ibid., p. 72.
31 *The Corsair Affair*, pp. 104-5.

하려고 합니다. 키르케고르는 "문학적 경찰 행위의 변증법적 결과"[32]라는 제목의 글을 통하여 타키투르누스 신부가 《코르사르》를 매춘부와 비교하며 다른 사람을 희생해서 돈을 벌려는 해적의 목적을 강조하도록 하는 등 재빨리 대응에 나섰습니다. 이것은 《코르사르》에 대한 심각한 공격으로,[33] 묄러는 자신의 명성이 영원히 손상되는 것을 목격했습니다. 이것이 키르케고르가 이 분쟁에 대하여 쓴 마지막 글이었지만, 그가 가한 피해는 이미 발생했습니다.

그림 7.2. 《코르사르》에 나온 키르케고르의 풍자 그림

---

32 Ibid., pp. 47-50.
33 *Encounters with Kierkegaard*, p. 75.

그 후 몇 년 동안 키르케고르는 《코르사르》에서 풍자적인 방식으로 자주 언급되었습니다. 더 나쁜 것은, 키르케고르라는 인물과 그의 저서를 조롱하는 만화 스케치로 묘사했다는 것입니다(그림 7.2와 7.3 참고). 키르케고르는 자신이 대중의 조롱 대상이 된 것을 발견했을 때 굴욕감을 느꼈습니다. 그는 항상 자신에 대한 대중적 이미지를 가꾸고 독자들과 일정한 관계를 유지하기 위해 많은 노력을 기울였지만, 이제 그는 이러한 것들이 전적으로 자신의 통제하에 있지 않다는 것을

그림7.3. 《코르사르》에 나온 키르케고르의
풍자 그림

알았습니다. 그는 《코르사르》가 자신의 평판을 망치려는 의도가 있다고 믿었고

자신을 불공정한 여론의 순교자라고 생각하게 되었습니다. 그는 다른 사람에 대해 아이러니하고 비꼬는 방식으로 글을 쓰는 것을 즐겼지만, 정작 그 자신은 이런 비판의 대상이 되는 것을 견딜 수 없었습니다. 그는 주로 골드슈미트를 향한 증오심을 키워나갔는데, 그 이유는 골드슈미트의 역할 때문이었습니다. 그의 일기에는 뮐러, 골드슈미트, 《코르사르》에 대한 독설로 가득 차 있습니다.[34] 키르케고르 사후에 이 자료가 출판되었을 때도 키르케고르가 그에게 가차 없이 던진 학대에도 불구하고 골드슈미트는 이 문제에 대해 큰 관대함을 보였고 키르케고르 개인에 대한 비판을 거부했습니다.[35] 어쨌든 이 사건은 의심할 여지 없이 덴마크 문학사에서 가장 큰 논쟁 중 하나였으며, 이 사건에 연루된 세 명의 주요 인물 모두에게 그 흔적을 남겼습니다.

7.6. 키르케고르의 《결론의 비학문적 후서》 소개

많은 사람이 키르케고르의 걸작(magnum opus)으로 꼽는 《결론의 비학문적 후서》(Concluding Unscientific Postscript)는 1846년 2월 28일에 출판되었습니다. 키르케고르 자신도 이 작품이 자신 작품 발전에 매우 특별한 역할을 했다고 언급하고 있습니다. 작품의 전체 제목은 《철학의 부스러기에 대한 결론의 비학문적 후서: 소극적-비현실적-변증법적 편집: 실존적 기여》입니다. 이 작품은 《철학의 부스러기》의 속편으로, 그 작품과 똑같은 가명의 저자 요하네스 클리마쿠스의 작품으로 알려져 있습니다.

키르케고르는 종종 구시가지에서 도보로 약 30분 떨어진 코펜하겐 교외에

---

34 Johnny Kondrup, "Meïr Goldschmidt: The Cross-Eyed Hunchback," in *Kierkegaard and His Danish Contemporaries*, Tome III, *Literature, Drama and Aesthetics*, ed. by Jon Stewart, pp. 105-49를 참고하라.

35 *Encounters with Kierkegaard*, pp. 79ff.

있는 프레데릭스베르크 정원까지 산책했습니다. 《후서》에서 가명 저자 요하네스 클리마쿠스는 4년 전 어느 일요일 오후에 그곳에 가서 카페 밖에 앉아 시가를 피웠다고 회상합니다.[36] 그는 이 시기에 작가가 되려는 생각을 숙고하고 있었다고 진술합니다. 우리는 요하네스 클리마쿠스에 대한 이 이야기가 키르케고르 자신을 언급한다고 전기적으로 읽고 싶은 유혹을 받습니다. 우리는 《후서》가 나오기 4년 전, 즉 1842년에 키르케고르가 베를린에서 막 돌아와서 자신의 인생에서 무엇을 하고 싶은지 고민하고 있었다는 사실을 알고 있습니다. 아마도 이 시기에 키르케고르는 작가가 되어 일련의 가명 및 본명 작품으로 자신의 저서를 구성하려 생각하게 된 것으로 추정됩니다.

어쨌든 요하네스 클리마쿠스가 자신의 글쓰기 경력의 시작과 초기 영감에 대해 이야기하는 요점은 이 이야기와 요한 루드비히 하이버그가 헤겔 철학으로 개종한 이야기를 유머러스하게 대조하는 것입니다. 4장에서 논의했듯이, 하이버그는 베를린에서 헤겔의 강연에 참석했고, 이후 그의 많은 작품에 영감을 준 헤겔 철학에 대한 첫 번째 위대한 통찰력에 대해 매우 흥분하여 낭만적인 이야기를 들려줍니다. 그는 이것을 베를린에서 키엘로 돌아오는 길에 일종의 깨달음을 경험한 것이라 묘사합니다.

함부르크에 있는 집으로 돌아가는 중에 키엘로 돌아가기전 6주 동안 휴식을 취하던 그즈음 나에게 여전히 모호한 것에 대해 끊임없이 숙고하던 어느 날이었다. 여관의 내 방에 앉아 헤겔을 테이블 위에 놓고 생각에 잠겨있는 동안 동시에 성 베드로 교회에서 종소리로 끊임없이 울려 퍼지는 아름다운 찬송가를 듣는 순간이었다. 갑자기 이전에도 그 이후에도 경험하지 못했던 방식으로, 마치 번개가 번쩍이며 온 지역을 비추어 지금까지 숨겨져 있던 중심 사상을 깨우는 것같은 순간적인 내면의 환상에 사로잡혔다. 그 순간부터

---

36 Kierkegaard, *Concluding Unscientific Postscript,* vols 1-2, trans. by Howard V. Hong and Edna H. Hong, Princeton: Princeton University Press 1992, vol. 1, p. 185. 또한 ibid., p. 161 을 참고하라.

철학 체계의 큰 윤곽이 명확해졌고, 세부적인 부분은 내가 직접 만들지 않았고 앞으로도 결단코 만들지 않을 것이지만, 가장 핵심 내면까지 파악했음을 완전히 확신할 수 있었다.[37]

키르케고르는 요하네스 클리마쿠스에게 하이버그를 간절한 탐구 박사(Dr. Hjortspring)라고 지칭하며 이 이야기를 풍자하게 합니다. 그는 하이버그가 헤겔 철학으로 개종한 것을 함부르크의 분쟁 호텔(Hotel Streit)에서 일어난 기적이라고 조롱합니다.[38] 이와는 대조적으로 요하네스 클라마쿠스는 작가로서의 자신의 시작과 덴마크 문학에 대한 자신의 제한적인 기여에 대해 겸손하게 설명합니다. 프레데릭스베르크 정원에서 작가가 되기로 결심하게 된 과정을 낭만적으로 묘사하는 것은 전혀 없습니다.

클리마쿠스는 카페에 앉아 시가를 피우며 나이는 들었지만, 아직도 아무런 직업도 갖지 못한 자신을 반성했다고 설명합니다. 그는 다른 사람들이 삶을 더 편하게 만들기 위해 다른 분야에서 그들의 재능을 사용하는 것을 보았습니다.[39] 그는 증기선과 철도와 같은 당시의 기술 발전을 회상합니다. 마찬가지로 하이버그는 헤겔의 철학을 대중화함으로써 사람들이 그 독일 철학자의 어려운 철학 체계를 더 쉽게 이해할 수 있도록 했습니다. 클리마쿠스는 다른 사람들이 그들 삶으로 무엇을 하고 있고, 그것이 이 시대에 어떤 도움을 주고 있는지 생각하며 자신은 무엇을 하며 사는지 피할 수 없는 의문이 생겼습니다. 그런 다음 그는 자신의 소명이 무엇인지에 대한 아이디어를 떠올렸고, 일을 더 쉽게 만드는 것보다 더 어렵게 만드는 것이 자신이 가장 잘 기여할 수 있는 일이라고 결정했습니다. 그는 모든 것이 너무 쉬워지는 시대에는 위험이 따르기 때문에 이러한 위험을 경계하고 어려움을 보여줄 수 있는 사람이 필요하다고 지적합니다.

---

37 Johan Ludvig Heiberg, "Autobiographical Fragment," in *Heiberg's On the Significance of Philosophy for the Present Age and Other Texts,* ed. and trans. by Jon Stewart, Copenhagen: C. A. Reitxel 2005 (*Texts from Golden Age Denmark*, vol. 1), p. 65.
38 Kierkegaard, *Concluding Unscientific Postscript,* vol. 1, p. 184.
39 Ibid., p. 186.

이 구절에는 아이러니하거나 풍자적인 면이 있지만, 매우 진지한 내용도 있습니다. 그는 요하네스 클리마쿠스의 첫 번째 저작인 《철학의 부스러기》를 언급합니다. 이 책의 목표 중 하나는 절대 역설의 분석을 통해 기독교에 대한 믿음을 더 어렵게 만드는 것이었습니다. 따라서 클리마쿠스가 여기서 계획된 삶의 소명이 일을 어렵게 만드는 것이라고 말할 때, 그는 더 구체적으로 당시의 기독교 개념을 수정하고 더 어렵게 만들겠다는 생각을 의미합니다. 이것은 키르케고르가 자신의 과제를 이해한 것으로 보이며, 그는 분명히 소크라테스를 그 모델로 간주하는 것 같습니다. 키르케고르는 소크라테스처럼 자신이 쇠파리의 역할을 함으로써 당대의 문화를 개선하는 데 가장 잘 기여할 수 있다고 믿었습니다.

7.7. 키르케고르의 "부스러기 속에 있는 문제"

클리마쿠스는 이어서 자신의 전작인 《철학의 부스러기》의 목표와 전략에 대하여 설명합니다. 이 논의의 마지막에는 소크라테스와의 흥미로운 비교가 있습니다. 클리마쿠스는 자신의 의도가 기독교 교리나 교의에 대해 자세히 설명하려는 것이 아니라 어떻게 기독교인이 될 수 있는지에 대한 문제를 다루기 위한 것이라고 말합니다. 이런 맥락에서 그는 상당히 반직관적인 말을 합니다. 기독교의 선교 전통은 기독교인이 비기독교인에게 기독교가 무엇인지 설명하는 방식에 대해 잘 알려진 패턴을 만들어 왔습니다. 선교사의 목표는 불신자를 개종시키는 것입니다. 개종을 위한 수단은 일반적으로 논증과 다양한 형태의 설득입니다. 선교사는 불신자의 세계관과 관련된 혼란과 모순, 그리고 기독교의 일관성과 타당성을 보여주려 노력합니다. 이것의 요점은 기독교인이 되는 것이 매력적이고 불신자가 되는 것이 매력적이지 않다는 것을 보여주는 것입니다. 이제 다시 이러한 배경에서 요하네스 클리마쿠스가 자신의 목표는 기독교인이 되는 것을 더 쉽게 만드는 것이 아니라 오히려 더 어렵게 만드는 것이라고 말하는 것은 매우 이상합니다. 그는 "나는 가능한 한 어렵게 만드는 책임을 감당할 수 없는 나의 부족한 능력에 따라 모험을 감행한다."[40]라고 썼습니다.

이것은 매우 이상한 말처럼 보입니다. 요하네스 클리마쿠스가 사람들을 기독교인이 되도록 설득하는 것이 아니라 오히려 그 반대, 즉 기독교로부터 그들을 물리치는 것이 목표인 일종의 반선교사라는 의미일까요? 여기서 핵심은 그가 기독교가 무엇을 의미하는지 이해하는 것입니다. 기독교는 구원과 영원한 행복을 약속하기 때문에 확신하는 것이 가장 중요한 문제입니다. 자신이 기독교인이라고 믿으면서도 기독교가 무엇인지에 대해 잘못된 개념을 가지고 있다면 재앙이 될 것입니다. 키르케고르는 당대 기독교인의 기독교에 대한 이해와 실천이 크게 오해되어 예수께서 가르치신 본래의 기독교에서 근본적으로 벗어났다고 믿었습니다. 클리마쿠스가 기독교인이 되는 것을 더 어렵게 만드는 것이 목표라고 말할 때, 그는 기독교 자체를 훼손하고 싶다는 뜻이 아니라 기독교인을 쉽게 만들어내는 잘못된 기독교에 도전하고 싶다는 뜻입니다. 이것이 훼손되어야 훨씬 더 어려운 진정한 버전의 기독교를 파악할 수 있습니다.

클리마쿠스에 따르면 기독교는 담론적 논쟁이나 논증이 아니라 각 개인의 내면에 관한 것입니다. 그는 기독교가 교리라는 생각을 거부합니다.[41] 이것은 또한 급진적이고 반직관적인 주장입니다. 기독교의 역사를 통틀어 그리스도의 가르침을 고정된 교리로 공식화하려는 시도는 끊임없이 있었습니다. 이것은 최초의 교회 공의회들에서 시작되어 역사를 통해 계속되었으며 수많은 신학자와 학자가 자신만의 기독교 교리 체계, 즉 다양한 교리를 이해하려는 신학 분야를 계발했습니다. 또한 교회 역사에서 분열로 이어진 종교적 논쟁은 특정 교리 또는 교리의 해석에 관한 분쟁과 관련이 있습니다. 종교 전쟁에서 사람들은 특정 교리가 진리라고 믿는 것을 위해 싸우고 죽었습니다. 마찬가지로 사람들은 특정 교리

40 Ibid., p. 381.
41 Ibid., p. 382.

를 믿지 않는다는 이유로 박해와 고문을 당하고 처형당했습니다. 이 모든 것을 고려할 때, 요하네스 클리마쿠스가 기독교를 교리로 이해하는 것은 실수라고 암시하는 것은 매우 이상합니다. 그는 "내가 스스로 취하는 기독교 입문은, 기존의 통념을 거부함으로, 기독교인이 되는 것을 어렵게 만들고, 기독교를 교리가 아니라 존재-모순(existence-contradiction)과 존재-소통(existence-communication)으로 이해하는 것으로 구성된다."[42]라고 썼습니다. 《철학의 부스러기》는 기독교가 하나님이 인간이 되고, 유한한 것이 무한해지고, 영원한 것이 일시적인 것이 되는 것과 같은 역설에 기초한다고 주장했습니다. 이러한 생각은 본질적으로 모순되기 때문에 긍정적인 교리로 이어지기보다는 오히려 방해됩니다. 키르케고르는 기독교는 인간의 정신으로는 결코 이해되거나 다른 사람에게 설명될 수 없다고 믿었습니다. 오히려 그것은 단순히 자신 마음의 내면에 대한 믿음으로 받아들여야 합니다. 클리마쿠스가 말하는 '존재-소통'은 객관적이고 직접적이며 직설적으로 세상에 대한 사실을 전달하는 것과는 정반대의 의미인 것 같습니다. 실로 존재-소통은 역설적이고 모순적이며 불합리한 것, 즉 말하기와 듣기가 아닌 생생한 경험에 기반한 소통에 관한 것입니다.

이 토론이 끝날 무렵 키르케고르는 클리마쿠스에게 아름다움의 개념을 다룬 플라톤의 대화편인 《대 히피아스》(Greater Hippias)에 대해 토론하게 합니다. 클리마쿠스가 사람들에게 기독교를 소개하고자 했던 것처럼, 플라톤의 소위 *아포리아* 대화편도 아름다움을 정의하려는 시도가 여러 번 실패한 끝에 결론을 내리지 못한 채 토론이 끝납니다. 마지막에 소크라테스는 아름다움을 정의하는 문제가 어렵다는 것을 알았기 때문에 "대화를 통해 유익을 얻었다."라고 간단히 말합니

---

42 Ibid., p. 383. 또한 *Kierkegaard's Journals and Notebooks*, vol. 7, p. 188, NB17:33을 참고하라. "다음에 진술하는 소크라테스의 논지는 기독교에 가장 중요하다: '미덕은 가르칠 수 없는 것이다(Virtue cannot be taught).' 즉, 미덕은 교리가 아니라 존재하는 것, 실천하는 것, 실재하는 것, 실존적 변화이기 때문에 배우기가 매우 느리다. 그것은 언어나 체계를 하나 더 배우는 것만큼 간단하지도 않고 쉬운 것도 아니다. 아니, 미덕에 관해서는 항상 **내면적인 것**, 내적인 것, '단독자(the single individual)'를 특별히 강조한다. 이렇게 나는 내 논지로 다시 돌아왔다: 기독교는 교리가 아니라 존재의 소통이다."

다.[43] 클리마쿠스는 이를 기독교에 대한 자신의 접근 방식과 유사하다고 봅니다. 그는 소크라테스가 아름다움에 대한 명확한 정의를 가르치려 하지 않는 것처럼 기독교에 대한 긍정적인 교리를 가르치려 하지 않습니다. 대신 기독교에 관한 생각과 아름다움의 개념 자체를 문제 삼습니다. 클라마쿠스는 기독교에 대하여 혼란스럽고 잘못된 개념이 지배하는 자신의 시대에 이 문제를 중요하고 실제로 유익한 것으로 여깁니다. 따라서 그의 독자들이 그의 글을 읽고 기독교에 대한 그들의 견해를 의심하고 의문을 품는다면, 그가 그들에게 긍정적인 교리를 가르치지 않았더라도 그들은 유익을 얻을 것입니다. 여기서도 우리는 소크라테스가 키르케고르의 프로젝트에 모델을 제공하는 것을 볼 수 있습니다. 아름다움의 개념과 관련하여 일을 더 어렵게 만드는 《대 히피아스》의 소크라테스처럼 키르케고르도 기독교와 관련하여 일을 더 어렵게 만드는 것으로 간주합니다.

7.8. 키르케고르의 "처음이자 마지막 설명"

키르케고르는 왜 《결론의 비학문적 후서》를 그토록 중요한 작품으로 여겼을까요? 핵심은 제목의 "결론"이라는 단어에 있습니다. 이 용어에 대한 명백한 해석은 이 작품이 《철학의 부스러기》의 속편으로 의도된 작품이며, 따라서 그 작품을 마무리하거나 완성하기 위한 것이라는 점입니다. 그러나 더 심오한 전기적 설명도 있습니다. 앞서 언급했듯이 키르케고르의 형을 제외한 모든 형제는 일찍 죽었습니다. 말할 필요도 없이 이것은 그에게 큰 영향을 미쳤습니다. 그는 자신도 34세가 되기 전에 죽을 것이라는 생각을 품게 되었습니다. 한스 브뢰흐너(Hans

---

43 *Kierkegaard, Concluding Unscientific Postscript*, vol. 1, p. 34. 키르케고르는 《비학문적 후서》의 결론에서 《대 히피아스》의 인용문을 모토로 사용한다는 점에 유의해야 한다. "하지만 소크라테스여, 이 모든 것의 결말이 무엇이라 생각하십니까? 조금 전에 말했듯이, 그것은 작은 조각으로 잘린 논쟁의 파편과 부스러기입니다." Ibid., p. 3. 이 인용은 *Greater Hippias*, 304a에서 온 것이다.

Brøchner)는 키르케고르에 대한 회고에서 "키르케고르는 젊은 시절부터 서른세 살이 되면 죽을 것이라는 확고한 신념을 가지고 있었다고 말한 적이 있다. (예수의 나이까지도 예수를 본받는 자의 기준이 되었던 것일까?)"[44]라고 기록합니다. 키르케고르는 34세가 되었을 때도 여전히 살아 있는 자신을 믿을 수 없었고, 실제 출생일을 확실히 알기 위해 공식 호적을 확인하기까지 했습니다.[45] 어쨌든 그는 유명한 여러 작품을 집필하는 동안 항상 자신의 수명이 몇 년밖에 남지 않았다는 것을 마음 한구석에 품고 있었습니다. 그래서 그의 책들이 하나의 마지막 작품인 《결론의 비학문적 후서》에서 절정을 이루도록 전략적으로 계획했습니다. 따라서 이 책은 그의 저술의 여러 가닥을 한데 모은 책입니다.

키르케고르는 1846년 《결론의 비학문적 후서》가 출판된 후 자신이 죽을 것이라고 믿었기 때문에, 아마도 이것이 마지막 기회라고 생각하여 이 책 말미에 자신 작품 전체에 대하여 진술하기로 했습니다. 그는 책을 완성한 후 맨 마지막에 "처음이자 마지막 설명(A First and Last Explanation)"이라는 제목의 마지막 부분을 추가했습니다(그림 7.4 참고). 이 부분은 본문과는 별도로, 쪽 번호가 매겨지지 않은 페이지에 표시됩니다.

그 이전 몇 년 동안 키르케고르는 자신이 창작한 가명 작가들의 외관을 유지

---

44 *Encounters with Kierkegaard*, p. 240. 1847년 형에게 보낸 편지에서 키르케고르는 "형이 나를 축하하며 '요즘 자주 그리고 습관적으로 네 생각에 파묻혀 있었어.'라고 말하는 생일, 그 생일은 그 이전에도 자주 그리고 오랫동안 내 생각 속에 있었어. 내가 서른네 살이 되었기 때문이야. 어떤 의미에서 그것은 전혀 예상치 못한 일이었어. 나는 이미 서른네 살이 되어 버렸어. 아버지와 나는 우리 가족 중 누구도 서른네 살을 넘기지 못하리라 생각했었어 . . . . 서른네 살이 한계였지만, 아버지는 이제 우리 모두보다 오래 사셨어. 나도 내 생각대로 되지 않아서 나는 이제 서른다섯 살이 되었어." *Kierkegaard: Letters and Documents*, trans. by Henrik Rosenmeier, Princeton: Princeton University Press 1978, Letter 149, p. 211.

45 이 기록에서 브뢰흐너는 "이 믿음은 그에게 너무 뿌리 깊게 박혀 있어서 이 나이에 이르렀을 때 교구 기록까지 확인하여 그의 나이가 정말 맞는지 다시 확인했을 정도로 믿기 어려웠다."(*Encounters with Kierkegaard*, p. 240)라고 덧붙인다. 또한 *Kierkegaard's Journals and Notebooks*, vol, 4, p. 123, NB:210을 참고하라 "내가 서른네 살이 되었다는 것이 얼마나 이상한 일인가. 나로서는 도저히 상상할 수 없는 일이다. 나는 이 생일 이전이나 이 생일에 죽을 것이라고 너무 확신했기 때문에 실제로 내 생일이 잘못 기록되었고, 그래서 서른네 살이 되어 죽으리라 생각할 정도였다."

하는 데 세심한 주의를 기울였습니다. 그는 자신 작품과 거리를 두기 위해서 그리고 작품이 자신의 가명 작가에게 귀속되는 것을 확인하기 위해 많은 노력을 기울였습니다. 그는 인쇄업자 및 출판사와 가명 작품에 대한 계약을 직접 협상하지 않고 친구인 옌스 핀스틴 기외드와드(Jens Finsteen Giødwad)에게 맡겼습니다. 이런 식으로 그는 가명 작가 뒤에 숨을 수 있었습니다. 앞서 살펴본 바와 같이 하이버그가 《이것이냐 저것이냐》를 비판하자 키르케고르는 자신의 이름이 아닌 가명 편집자 빅토르 에레미타의 이름으로 "공개 고백(Public Confession)"을 출판함으로써 대응했습니다.

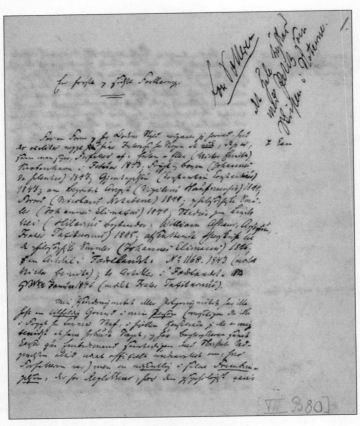

그림7.4. "처음이자 마지막 설명" 초고

키르케고르는 당시의 문학적 관습에 따라 가명 작가를 실제 작가로 제시하려는 이러한 시도에 도움을 받았습니다. 황금기 덴마크에서는 가명으로 글을 쓰는 것은 새롭거나 독창적이지 않았으며, 하이버그와 민스터와 같은 인물을 포함하여 당대의 많은 위대한 인물도 가명을 사용했습니다. 당시의 학계 예절은 독자나 비평가가 가명을 존중하고 실제 저자의 정체를 배반하지 않도록 요구했습니다. 따라서 하이버그는 《이것이냐 저것이냐》 그리고 《반복》에 대한 비평에서 키르케고르를 이름으로 언급하지 않도록 주의했습니다.

"처음이자 마지막 설명"에서 키르케고르는 자신이 《후서》까지 이어지는 가명 작품의 저자라는 사실을 밝히는 특별한 조치를 취합니다. 언뜻 보기에 그의 주된 목표는 자신이 곧 죽어야 하는데, 자신이 《이것이냐 저것이냐》, 《두려움과 떨림》 등의 저자라는 사실을 사람들이 모르기 때문에 그것을 알리는 것뿐이었던 것 같습니다. 이런 의미에서 그가 수년 동안의 작업에 대한 공로를 인정받고 싶어 하는 것은 여러 면에서 자연스러워 보입니다. 그러나 키르케고르는 이렇게 말한 후, 독자들에게 작품을 언급할 때 자신의 것이 아니라 가명의 저자에게 귀속시켜 달라고 요청하기에 문제는 그렇게 간단하지 않습니다. 따라서 키르케고르는 가명 작품에 대한 법적 책임을 주장하지만, 애초에 가명을 사용한 원래 계획의 일부였던 가명 작품과의 관계는 저자로서 거리를 두고 싶어 하는 것으로 보입니다. 이는 독자들에게 이 작품들을 가명 작가가 쓴 것으로 언급해 달라고 요청함으로써 가명 작가가 표현한 견해가 반드시 자신 것이 아님을 시사합니다. 최근 몇 년 동안 이 문제는 키르케고르 학자들 사이에서도 논쟁 대상이 되고 있습니다. 어떤 이들은 가명은 키르케고르가 여러 가지 이유로 사용한 문학적 도구일 뿐이며, 결국 작품 내용과는 아무런 관련이 없으므로 무시해도 된다고 주장합니다. 다른 사람들은 그것들이 절대적으로 중요하며 키르케고르 작품에서 가명 저자 견해를 키르케고르 자신 견해와 연관시키는 것을 경계해야 한다고 주장합니다.

7.9. 병행 저작

《후서》가 출판된 지 2년 후인 1848년, 키르케고르는 《작가로서의 나의 작품에 대한 관점》(The Point of View for My Work as an Author)이라는 제목으로 자신 작품에 대하여 회고하는 개요를 썼습니다. 그는 이 작품을 1850년에 《저자로서의 나의 작품에 대하여》라는 제목으로 요약본만 출판하였습니다. 그러나 그가 사망한 후 그의 유고에서 《관점》이 발견되자 그의 형 피터 크리스티안 키르케고르가 1859년에 완결본을 출판했습니다. 이 작품에서 키르케고르는 자신의 많은 저서와 그 저서 사이의 관계에 대해 성찰합니다.

1849년 키르케고르는 자신의 모든 문학 작품을 "하나의 통합된 프로젝트"로 이해해야 한다고 일기에 적었습니다. 그는 이를 "작품 전체에 대한 포괄적 계획"[46]이라 부릅니다. 키르케고르가 모든 형태의 체계적 사고에 대한 노골적 비판자였다는 것을 알고 있기에 이것은 일부 독자에게는 놀라운 일입니다. 그렇다면 그가 자신의 집단적 문학 작품을 일종의 통일된 체계로 간주하는 것은 무엇을 의미할 수 있을까요? 이것이 바로 《관점》에서 설명하는 내용입니다.

키르케고르는 다양한 가명 그리고 자신 이름으로 작품을 발표했습니다. 가명 작품은 미학, 철학, 심리학 등의 주제를 다룬 반면, 본명 작품은 주로 설교와 같은 종교적 강화였습니다. 키르케고르는 가명 저작을 "미학적 저작"으로, 본명 저작을 "종교적 저작"으로 지칭하지만, 《두려움과 떨림》, 《철학의 부스러기》, 《불안의 개념》과 같은 가명 저작도 종교적 주제를 다루고 있음은 분명합니다. 가명 작품은 때때로 학문적 논쟁을 언급하고 외국어를 인용하는 등 보다 수준 높은 독자를 겨냥한 작품이라는 주장도 제기될 수 있습니다. 반면에 건덕적 저작은 학문적 훈련을 받지 않은 일반 신자들을 대상으로 한 것으로 보입니다. 따라서 키르케고르의 전략은 자신의 글을 통해 다양한 부류의 사람 각자에게 가장 적합한

---

46 *Kierkegaard's Journals and Notebooks,* vol. 5, p. 286, NB10:38.

방식으로 다가가려고 했던 것 같습니다.

키르케고르는 이 저서의 두 가지 다른 부분에 대한 설명에서 자신을 소크라테스의 산파술을 따르는 것으로 묘사합니다.[47] 그는 자신의 미학적 작품이 독자들을 자신도 모르게 기독교로 인도하는 산파술 전략을 실천하기 위한 것이라고 설명합니다. 그러면 독자들은 건덕적 작품과 그 작품이 전하는 종교적 메시지를 감상할 수 있는 위치에 놓이게 될 것입니다. 언뜻 보기에 키르케고르의 작품이 소크라테스의 질문과 너무 달라 보이는데 어떻게 키르케고르가 소크라테스와 같은 일을 하고 있다고 주장할 수 있는지 불분명해 보일 수 있습니다. 그러나 키르케고르의 가명 작품은 독자들이 이해했다고 생각했던 여러 가지 문제에 대하여 문제를 제기한다는 점에서 소크라테스적 의미에서 산파술이라고 할 수 있습니다. 키르케고르의 작품은 독자의 관점에 문제를 제기함으로써 독자 스스로 내면에서 새로운 답을 찾도록 요구합니다. 키르케고르는 가명 저자가 제기된 문제에 대한 해결책을 제시하지 않도록 주의하고, 독자 스스로 진리를 찾도록 남겨두었습니다. 이것은 또한 그의 가명 저술이 많은 청중이나 "군중"을 겨냥한 것이 아니라 소크라테스의 질문이 특정인을 향한 것과 같은 방식으로 각 개인과 그 사람의 종교적 내면을 다루었음을 의미했습니다.[48] 따라서 여기서 키르케고르 자신의 설명에 따르면, 소크라테스의 산파술 개념이 가명 저술 전체에 대한 모델을 제공했다고 말할 수 있습니다.

키르케고르는 《작가로서의 나의 작품에 대한 관점》에서 두 작품이 서로 평행선을 달리며 서로를 보완하도록 의도했다고 설명합니다. 따라서 그가 출판할 각 가명 작품마다 본명 작품도 병행하여 출판한다는 것이 그의 생각이었습니다. 이

---

47 Kierkegaard, *The Point of View,* trans. by Howard V. Hong and Edna H. Hong, Princeton: Princeton University Press 1998, p. 7: "그 작품은 미학적 저술 활동과 함께 산파술을 사용하여 시작되었다. 그리고 모든 가명 저술은 그 성격상 모두 산파술을 사용했다. 그러므로 이 작품도 가명으로 되어있다. 반면에 처음부터 종교적 색채를 띠고 있던 직접적인 종교적 저술은 내 이름으로 되어있다."

48 Ibid., p. 9.

런 식으로 두 개의 다른 저작물이 함께 나오게 됩니다(그림 7.5 참고). 키르케고르 저작물의 출판 날짜를 살펴보면 이러한 저자에 대한 개념이 대부분 사실인 것처럼 보입니다.[49] 《이것이냐 저것이냐》는 1843년 2월 20일에 출판되었고, 그에 대응하는 텍스트인 《두 개의 건덕적 강화》는 불과 3개월 후인 1843년 5월 16일에 출판되었습니다. 마찬가지로 1843년 10월 16일에 가명 작품인 《두려움과 떨림》과 《반복》이 출판되었고, 정확히 같은 날에 저자의 이름으로 서명한 《세 개의 건덕적 강화》 모음집이 등장했습니다. 이러한 유사점은 1846년 《결론의 비학문적 후서》가 출판될 때까지 계속 이어질 수 있습니다.

이 체계는 또한 두 가지 다른 가닥을 하나로 모으는 데 있어 《결론의 비학문적 후서》가 얼마나 중요한지를 보여줍니다. 키르케고르는 《관점》에서 "책의 첫 번째 부분은 미학적 글쓰기이고, 책의 마지막 부분은 오로지 종교적 글쓰기이며, 그 사이에 전환점으로서 《결론의 비학문적 후서》가 있다."[50]라고 썼습니다. 키르케고르가 자신 문학 작품에서 《후서》를 "전환점"이라고 부르는 것은 무엇을 의미합니까?[51] 그는 1846년 예상대로 죽지 않았고, 《후서》 이후에도 집필을 멈출 수 없다는 것을 알게 되었습니다. 《후서》가 그의 원래 의도를 완성했기 때문에 《후서》 이후의 출판물도 달라졌습니다. 학자들은 일반적으로 키르케고르의 생애와 저작을 두 시기로 나누는데, 첫 번째 시기는 처음부터 《후서》에서 절정에 이르는 시기, 두 번째 시기는 《후서》 이후부터 시작하여 덴마크 국교회에 대한 공격과 1855년 사망으로 절정에 이르는 시기입니다. 저술 전반부에는 가명의 미학적 작품에 우선순위를 두었다면, 후반부에는 그 반대가 되어 종교적 글쓰기에 주안점을 두었습니다.

---

49   Niels Jørgen Cappelørn, "The Retrospective Understanding of Søren Kierkegaard's Total Production," in *Kierkegaard: Resources and Results,* ed. by Alastair McKinnon, Montreal: Wilfrid Laurier University Press 1982, pp. 18-38을 참고하라.

50   Kierkegaard, *The Point of View,* p. 31.

51   Ibid., p. 31, p. 55를 참고하라. 또한 *Kierkegaard's Journals and Notebooks,* vol. 5. p. 289, NB10:40을 참고하라.

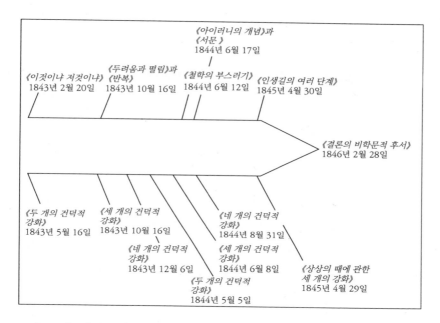

《아이러니의 개념》과
《서문 》
1844년 6월 17일

《두려움과 떨림》과
《반복》
1843년 10월 16일

《이것이냐 저것이냐》
1843년 2월 20일

《철학의 부스러기》
1844년 6월 12일

《인생길의 여러 단계》
1845년 4월 30일

《결론의 비학문적 후서》
1846년 2월 28일

《두 개의 건덕적
강화》
1843년 5월 16일

《세 개의 건덕적
강화》
1843년 10월 16일

《네 개의 건덕적
강화》
1843년 12월 6일

《네 개의 건덕적
강화》
1844년 8월 31일

《세 개의 건덕적
강화》
1844년 6월 8일

《두 개의 건덕적
강화》
1844년 5월 5일

《상상의 때에 관한
세 개의 강화》
1845년 4월 29일

그림7.5. 키르케고르의 병행 저작 도표

7.10. 일기와 노트북

키르케고르의 일기에서도 병행 이동에 대해 논의할 수 있습니다.[52] 그는 열렬한 일기 작가였으며 평생 꼼꼼하게 일기를 썼습니다. 사람들은 흔히 키르케고르의 일기를 개인적 비망록이라 생각하지만, 키르케고르는 일기를 단순히 일상의

---

[52] 현재까지 쇠얀 키르케고르의 일기와 노트북에 대한 가장 좋은 소개는 Niels Jørgen Cappelørn et al., *Written Images: Søren Kierkegaard's Journals, Notebooks, Booklets, Sheets, Scraps, and Slips of Paper*, trans. by Bruce H. Kirmmse, Princeton and Oxford: Princeton University Press 2007이다. 이 자료에 대한 가장 흥미로운 연구는 Henning Fenger, Kierkegaard, *The Myths and Their Origins: Studies in the Kierkegaardian Papers and Letters*, trans. by George C. Schoolfield, New Haven and London: Yale University Press 1980에서 찾아볼 수 있다.

사건을 기록하는 것 외에도 다양한 용도로 사용했기 때문에 이런 생각은 상당한 오해의 소지가 있습니다. 실제로 키르케고르는 기발한 생각의 전환을 적거나, 독서한 흥미로운 내용을 메모하였습니다. 이렇게 그는 글을 쓸 때 일기로 돌아와 글쓰기에 사용할 수 있는 내용을 미리 적어두기 위해 일기를 사용했습니다.

일기는 또한 저자의 두 시기와 시간적으로 일치하는 두 가지 큰 범주에 속합니다. 첫 번째 세트의 일기에는 AA, BB, CC 등으로 KK까지 이중 문자 번호가 부여됩니다. 키르케고르는 코펜하겐 대학에 재학 중이던 1835년에《일기 AA》를 시작했고, 1846년까지《일기 JJ》에 계속 글을 썼습니다. 이 초기 일기와 거의 동시에 키르케고르는 일련의 노트북도 썼는데, 후대의 편집자들은《노트북 1》,《노트북 2》등《노트북 15》까지 순차적으로 번호를 매겼습니다. 예를 들어 셸링의 강의 노트와 독서에 대한 노트는 여기에서 찾을 수 있습니다. 이 초기 일기와 노트북은 저술의 첫 번째 부분에 해당합니다.

두 번째 일기 세트인 소위 NB 일기는 저술 후반부에 해당합니다. 키르케고르는 자신이 예상했던 대로 죽지 않았다는 것을 알았을 때, 일기를 계속 썼습니다. 그는 "처음이자 마지막 설명"에서 자신의 저술에 대한 결정적 진술을 했다고 생각했지만, 시간이 지나면서 여전히 더 많은 말을 할 필요성을 느꼈고, 그래서《결론의 비학문적 후서》출판 직후에 시작한 다음 일기의 이름을《NB》일기로 명명했습니다(그림 7.6 참고). 대문자 "NB"는 라틴어 "nota bene" 또는 "잘 기록하라."의 약자입니다. 이것은 그의 저술에 대한 보충적인 언급이나 반성인 것으로 보입니다. 1847년까지도 그는 자신이 죽을지 살지 확신하지 못했습니다.《NB》일기는 매우 큰 분량으로 자라났습니다. 어느 순간 그는 자신이 실제로 살아있을 것이라는 사실을 깨닫고《NB2》라고 부르는 새로운 일기를 계속 쓰기로 결심했습니다. 그는 죽을 때까지 일련의 NB 일기를 저술했으며, 그래서 그의 마지막 일기는《NB36》이 되었습니다.

NB 일기는 키르케고르 저술 후반부와 병행하여 진행되며 초기 일기와는 성격이 사뭇 다릅니다. 초기 일기에는 매우 다양한 종류의 자료가 포함되어 있고 주제가 매우 빠르게 넘어가는 반면, NB 일기는 상당한 연속성을 보여줍니다. 키르케고르의 자기 이해 그리고 복잡하며 종종 비우호적인 타인과의 관계에 대한 끝없는 성찰이 담겨 있습니다. 어쨌든 이 일기는 키르케고르의 삶과 작품에 대한 풍부한 정보의 원천이 되며, 출판된 저술에서 항상 제공되지 않는 흥미로운 관점을 제공합니다.

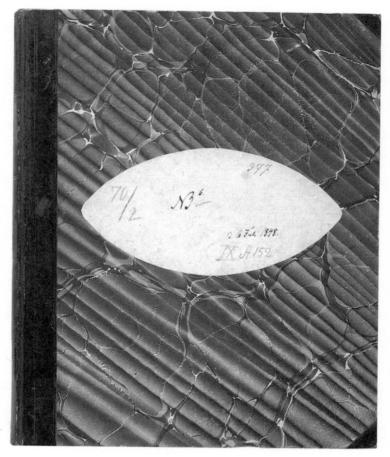

그림7.6. 키르케고르의 《일기 NB6》의 표지

7.11. 주관적 진리로서의 소크라테스와 기독교

이 장의 서두에서 우리는 키르케고르는 소크라테스가 기독교인이 되었다고 믿었다는 이상한 주장을 했다는 점을 언급했습니다. 이제 키르케고르가 1844~46년에 쓴 몇 가지 작품을 살펴보면 그가 무엇을 의미했는지 어느 정도 짐작할 수 있을 것입니다. 일반적으로 우리는 기독교를 소크라테스가 죽은 후 수백 년이 지나서야 나타난 일련의 교리 및 교의와 연관시킵니다. 이것이 기독교라면 소크라테스가 이러한 가르침에 익숙하지 않았고 기독교인이 될 방법이 없었기 때문에 소크라테스가 기독교인이거나 기독교인이 될 수 있었다고 말하는 것이 말이 되지 않습니다. 그러나 우리가 보았듯이 키르케고르는 기독교를 교리와 교의로 축소하는 것은 실수라고 결론지었습니다. 이것은 신학자, 철학자 및 다른 부류의 학자가 기독교에 대해 갖는 경향이지만, 키르케고르는 기독교에 대한 그들의 개념이 잘못되었거나 심지어 타락했다고 주장합니다.

그렇다면 키르케고르의 기독교 개념은 무엇이며 소크라테스와는 어떤 관련이 있을까요? 키르케고르는 이와 관련하여 독자들에게 직접적인 정보를 제공하지 않으려는 의도가 매우 강하기 때문에 이를 명확하게 정의하거나 설명하기는 쉽지 않습니다. 그러나 이 장에서 살펴본 다른 분석을 상기하면 이를 엿볼 수 있습니다. 키르케고르의 여러 다른 가명 저자는 기독교는 역설적이고 모순적인 사상에 관한 열정과 내면의 개인적 결정에 관심을 기울인다고 일관되게 주장합니다. 이것은 핵심 교리의 역설과 불합리를 이해하고 설명하려고 노력하는 당시 학자들의 기독교 개념과는 정반대입니다. 키르케고르는 소크라테스가 여기서 중요한 부정적 역할을 할 수 있다고 믿습니다. 소크라테스의 비판적 성향은 사람들의 기독교에 대한 여러 가지 긍정적인 교리를 무너뜨리는 데 도움이 될 수 있습니다. 그는 사람들이 기독교에 내재한 역설, 불합리, 모순으로 돌아가도록 도울 수 있습니다.

말할 필요도 없이 이것은 도발적이고 논란의 여지가 있는 입장입니다. 한편으로 기독교를 근본적으로 개인 주체와 연관된 것으로 보는 키르케고르의 견해는 오늘날 많은 사람에게 매력적입니다. 기독교나 종교 전반을 이야기할 때 개인의 내면과 주관성에 초점을 맞추는 것은 직관적으로 옳은 것 같습니다. 또한 다른 사람을 설득할 필요 없이 자신 마음의 확신을 믿을 수 있다는 관점에는 매력적인 점이 있습니다. 키르케고르에게 기독교의 진리를 다른 사람들에게 설득하려는 시도는 기독교의 내적 본질을 왜곡하는 것이 됩니다. 각 개인은 스스로 기독교 신앙으로 나아가야만 합니다.

반면에 키르케고르가 개인의 주관성을 강조하는 급진성에 대해서는 다소 불안한 점이 있습니다. 일부 학자는 키르케고르가 자의성과 상대주의의 문을 열어준다는 우려를 표명하기도 합니다. 기독교의 진리가 단지 나의 내면, 주관적 열정, 소통할 수 없는 결정에 관한 것이라면 객관적인 진리와의 진정한 연관성이 있을까요? 일반적으로 기독교는 하나님이 인간이 되셨다는 것, 예수께서 기적을 행하시고, 십자가에 못 박히신 후 다시 살아나셨다는 것과 같은 특정 교리를 기반으로 정의됩니다. 이러한 것들이 사실이 아니라면 기독교의 진리를 훼손하는 것이며, 나의 내면이나 열정에서 개인적으로 어떻게 생각하는지는 중요하지 않다는 것이 일반적인 가정이었습니다. 이런 이유로 기독교를 비판하는 사람들은 항상 이런 종류의 것들이 신뢰할 수 없다는 것을 보여주기 위해 공격해 왔고, 기독교를 옹호하는 사람들은 그것들을 방어하기 위해 최선을 다해 왔습니다. 양쪽 모두 이러한 종류의 것들이 참인지 거짓인지에 많은 것이 걸려 있다는 데 동의합니다. 어떤 사람들은 키르케고르가 신앙을 개인의 내면에 위치시킴으로써 기독교의 다른 객관적인 차원을 무시한다고 주장하기도 합니다. 기독교인이 된다는 것은 이러한 외적이고 객관적인 것들과 관계를 맺지 않는다는 것을 의미할까요? 전통적으로 기독교와 연관된 이 모든 것들을 무시하고 단지 자신 내면에 집중하는 것만으로 정말 기독교인이 될 수 있을까요?

여기서 중요한 것은 키르케고르의 견해를 칭찬하거나 비판하는 것이 아니라, 그의 견해를 이해하고 그 독특함과 급진성에 감사하는 것입니다. 키르케고르는 기독교인이나 종교인이 아니더라도 우리 모두와 관련이 있는 문제를 제기합니다. 그는 소크라테스로 거슬러 올라가는 근본적인 질문을 제기합니다. 진실이란 무엇일까요? 진리란 세상에 존재하는 어떤 사실인가요? 내가 밖을 내다보며 지금 여기 태양이 빛나고 있다고 말할 때, 이것은 나의 주관적인 성향과는 무관한 진실이 아닐까요? 지구는 태양에서 세 번째 행성이며, 물 분자 하나에는 산소 원자 1개와 수소 원자 2개가 들어 있으며, 2 더하기 3은 5와 같다 등과 같은 것들은 객관적으로 사실이고 내가 사실이라고 뒷받침할 수 있는 논거와 이유를 제시할 수 있지 않나요? 진실은 혼동하거나 착각하거나 속을 수 있는 개인적인 의견이나 성향보다 객관적이고 더 큰 것이 아닌가요?

아니면 진리란 내 안에 있는 주관적인 것일까요? 내가 시를 읽거나 그림을 보거나 노래를 들을 때면 말로 설명하거나 표현할 수 없지만 다른 사람들이 동의하지 않더라도 왠지 모르게 확신하는 느낌을 받습니다. 다른 사람은 그렇게 생각하지 않아도, 나는 그 시, 그림, 노래가 진실하고 아름다운 무언가를 담고 있다고 확신합니다. 윤리에 있어서는 다른 사람이나 나의 친구 자신은 그렇게 생각하지 않더라도 나는 그 친구에게 무언가를 빚지고 있다는 깊은 확신이 있을 수 있습니다. 나 혼자만 이런 확신이 있습니다. 설교를 듣거나 성서를 읽을 때, 다른 사람들이 나를 어리석고 고리타분하거나 미신적이라고 생각할지라도 나는 종교의 진리에 대한 깊은 확신으로 하나님과 개인적이고 특별한 관계를 맺고 있다고 느낄 수 있습니다. 세상의 어떤 것을 가리켜 이러한 것들의 진실을 증명할 수는 없지만, 내 마음속에서는 그것이 진실이라는 것을 알고 있는 것 같습니다. 내가 옳다는 나의 확신은 다른 사람에게 그것을 증명할 수 없다고 해서 줄어들지 않습니다. 그렇다면 키르케고르의 주장처럼 개인적이거나 주관적인 진리도 존재하지 않을까요?

오늘날 많은 사람이 이 두 가지 견해 사이에 끼어 있는 직관을 가집니다. 진리는 객관적인 것일까요, 아니면 주관적인 것일까요? 진리는 개인으로서의 나에 관한 것입니까, 아니면 나와는 상관없는 세상에 관한 것입니까?

8

키르케고르의 소크라테스적 과제와
후반부 저술: 1846-55년

키르케고르의 생애 마지막 10년은 여러 면에서 가장 극적인 시기였습니다. 이 시기는 1848년 혁명이 일어나고 키르케고르가 말년에 덴마크 국교회(Danish State Church)를 공개적으로 공격한 시기입니다. 지난 장에서 살펴보았듯이 키르케고르 학자들은 이 시기를 키르케고르 저술 후반기라 부르는데, 《비학문적 후서》가 나온 1846년부터 1855년 키르케고르가 사망할 때까지의 기간에 해당합니다. 이 장에서는 이 시기 주요 저작인 《두 시대에 대한 문학 비평》, 《다양한 정신의 건덕적 강화》, 《죽음에 이르는 병》, 《기독교의 실천》, 《순간》 등을 살펴보고자 합니다. 지금까지 살펴본 주제와 구성요소(motif)가 이 작품들에서 어떻게 다시 나타나는지 살펴볼 것입니다. 이러한 텍스트를 탐구하면서 키르케고르가 나이가 들어감에 따라 계속해서 소크라테스의 모습으로 돌아갔으며 젊은 시절의 위대한 영웅을 결단코 버리지 않았다는 것이 분명해질 것입니다.

8.1. 키르케고르의 사회관과 국왕 크리스티안 8세와의 관계

《후서》가 나온 지 한 달 후인 1846년 3월 30일, 키르케고르는 《두 시대에 대한 문학 비평》이라는 작품을 발표합니다. 이 짧은 책은 요한 루트비히 하이버그의 어머니인 토마신 질렘부르크(Thomasine Gyllembourg)의 소설 《두 시대》(*Two Ages*)에 대한 비평입니다. 질렘부르크의 작품은 낭만주의와 나폴레옹 시대를 왕정복고 시대와 대조합니다. 이 대조는 코펜하겐에 사는 두 세대의 다른 가족 이야기를 통해 묘사됩니다. 키르케고르는 이 작품을 통해 사회에 대한 자신 생각을 발전시켰습니다. 학자들은 이 작품을 키르케고르의 사회-정치사상에 대한 가장 중요한 서술로 꼽기도 합니다.

물론 키르케고르는 존 로크, 카를 마르크스, 존 스튜어트 밀과 같은 사상가에 대해 이야기할 수 있는 방식으로 사회 정치 철학 분야의 주요 인물이라고 말할 수는 없습니다. 키르케고르는 정치 철학에 관한 방대한 논문을 쓴 적이 없으며, 그의 《두 시대에 대한 문학 비평》은 로크의 《국부론》이나 루소의 《사회계약》과 같은 정치 철학의 고전과 비교할 수 없습니다. 키르케고르는 개인의 내면적인 종교적 본성을 강조했기 때문에 어떤 면에서는 정치에 큰 관심이 없었던 것으로 보입니다. 이러한 강조는 여러 면에서 사회 이론이나 정치 이론을 약화하는 것처럼 보입니다. 하지만 키르케고르가 사회-정치 철학의 맥락에서 사용할 수 있는 통찰력을 가지고 있다는 것은 의심할 여지가 없으며, 최근 몇 년 동안 키르케고르 학자들은 그의 사상의 이러한 차원에 점점 더 많은 관심을 기울이고 있습니다.

그의 이러한 통찰력 중 하나는 하향평준화(leveling) 개념입니다. 이는 키르케고르가 《문학 비평》에서 탐구한 중요한 개념입니다. 키르케고르는 왕정주의자였으며 이제 막 시작하여 1848년 혁명으로 정점을 찍을 변화를 경계했습니다. 그는 또한 광범위한 유권자가 참여하는 민주주의를 향한 추세를 불신했습니다. 민주주의의 기본 개념은 모든 사람이 똑같은 투표권을 갖고 정부 운영 방식에 대해 발언권을 갖는다는 것입니다. 키르케고르는 이러한 발전이 대중에 근거한 여론을 형성할 것을 생각했기에, 이러한 발전에 대해 우려했습니다. 여론은 더 큰 집단을 투영하는 것이기 때문에 모든 사람의 개인성을 훼손할 수 있기 때문입니다.

하향평준화라는 개념은 이러한 맥락에서 등장합니다. 키르케고르는 민주주의를 향한 서두름이 감히 다수와 다른 생각을 하는 사람에게 불리하게 작용할 것을 우려했습니다. 귀족의 후원이라는 낡은 제도에 더 익숙했던 그는 민주주의가 개인의 천재성과 성취를 저해할까 봐 우려했습니다. 여론은 사람들이 순응하도록 부추깁니다. 누구도 다른 사람과 다르게 보이고 싶어 하지 않습니다. 여론은 어떤 식으로든 눈에 띄는 사람에게 쉽게 등을 돌리고 조롱에 노출하게 할 수 있습니다. 키르케고르는 잡지 《코르사르》와의 논쟁적인 교류와 관련하여 자신에게 일어난 일을 이렇게 이해했습니다. 그는 자신이 《코르사르》에 의해 부당하게 박해받았다고 믿었고, 그로 인해 일반 대중 여론이 자신에게 불리하게 돌아섰다고 생각했습니다. 키르케고르는 이런 종류의 현상이 현대 생활의 해로운 측면이라고 믿었습니다. 감히 남들과 다르거나 평범한 대중이 부러워할 만한 큰 재능을 가진 사람은 비판과 조롱의 대상이 될 것입니다. 다른 사람 위에 우뚝 솟은 그런 사람은 대중의 공통 수준으로 내려갈 것입니다. 이것이 키르케고르가 하향평준화로 이해하는 것입니다. 사람들이 개인의 천재성을 키우고 발전시키도록 장려하는 대신 현대 민주주의 문화는 이를 적극적으로 훼손하고 방해합니다. 이 점에서 그는 예를 들어 귀족을 인정하며, 여론이 그렇게 큰 비중을 차지하지 않는 오래된 질서가 더 좋았다고 믿습니다. 그 세상에서는 사람들이 대중 여론의 박해를 받지 않고 눈에 띄는 것이 더 쉬웠습니다.

키르케고르는 왕정주의자였지만 왕과의 관계는 소극적이었습니다. 당시 덴마크 국왕은 1839년부터 통치하고 있던 크리스티안 8세(Christian VIII)였습니다. 왕과 왕비는 키르케고르에게 관심을 보였고, 키르케고르는 세 차례에 걸쳐 궁정 강연을 초대받았습니다. 첫 번째는 1847년 3월 13일 아말리엔보르궁전에서 열렸습니다. 키르케고르는 이 만남을 《일기 NB9》에 기록합니다.[1] 왕은 키르케고르를 왕국의 지적 생활에 관한 사안을 다루는 일종의 고문으로 임용하는 데 관심이 있었던 것 같습니다. 왕은 키르케고르가 베를린에 가서 셸링의 강연에 참석했다는 사실을 알고 있었습니다. 6장에서 논의했듯이 프로이센 왕은 셸링을 좌파 헤겔주의 세력에 대항할 목적으로 교수직에 임명했습니다. 헤겔의 많은 제자가 정치적으로 활발하게 활동했고 1848년 혁명에서 중요한 역할을 맡게 되었습니다. 크리스티안 8세는 셸링이 어떤 일을 했는지, 그리고 그의 임명이 어느 정도 성공적이었는지 듣고 싶어 했을 것입니다. 그는 키르케고르를 소로 아카데미의 교수직에 임명하는 데에도 마음을 두고 있었는데, 아마도 프로이센 왕이 했던 것과 비슷한 전략적 아이디어를 염두에 둔 것으로 보입니다.

그러나 키르케고르는 왕이 자신을 이런 식으로 정치에 끌어들이는 것을 거부했습니다. 실제로 그는 왕을 만나는 것조차 꺼렸고 왕과의 친밀한 접촉을 두려워했습니다.[2] 예를 들어, 왕이 그를 만나고 싶다는 것을 알았을 때 키르케고르는 처음에는 적절한 복장이 없어서 갈 수 없다고 핑계를 대었습니다. 그러나 왕은 집요했고, 키르케고르는 궁전을 방문할 의무가 있었습니다. 왕은 키르케고르에게 묻지 않고 신하들에게 그가 저녁 식사를 위해 머물 것이라고 간단히 알렸습니다. 이것은 분명히 그에게 영광을 주려는 의도였지만, 키르케고르는 오히려 대담하게 거절하면서 이것이 가능하지 않다고 주장했습니다.[3] 왕이 계속해서 요청했을 때 키르케고르는 자신이 사적인 사람이라고 말하면서 그러한 접촉이 그에게는 바람직하지 않다는 것을 넌지시 알렸습니다.

따라서 정치적으로 볼 때 키르케고르는 왕정주의자라고 말할 수 있지만, 이

---

1 *Kierkegaard's Journals and Notebooks,* ed. by Niels Jørgen Cappelørn et al., vols 1-11, Princeton: Princeton University Press 2007ff, vol. 5, pp. 229-36, NB9:41-3. 또한 다음을 참고하라. *Encounters with Kierkegaard: A Life as Seen by His Contemporaries,* trans. and ed. by Bruce H. Kirmmse, Princeton: Princeton University Press 1996, p. 211.

2 *Encounters with Kierkegaard,* p. 211.

3 Ibid., pp. 211f.

러한 서술은 그 의미를 곰곰이 따져보아야 합니다. 그는 왕족에 대해 대단히 비판적이었으며, 높은 지위에 있거나 고귀한 칭호를 누리는 사람들을 조롱하는 것을 즐겼습니다. 그는 1848년 혁명으로 이어진 민주주의 발전에 대해 걱정했지만, 직접적인 정치적 역할에 휘말리고 싶지는 않았습니다. 그는 개인의 내면적인 삶에 주된 초점을 맞추기를 원했습니다.

8.2. 《다양한 정신을 위한 건덕적 강화》와
《사랑의 역사》에 나타난 소크라테스

키르케고르는 《결론의 비학문적 후서》와 《문학 비평》을 출간한 후에도 계속해서 다작을 발표했습니다. 1847년에는 자신의 이름으로 《다양한 정신의 건덕적 강화》와 《사랑의 역사》를 출간했습니다. 이 작품들에서는 소크라테스를 이름이 아닌 "고대의 단순한 현자(simple wise men of antiquity)" 또는 "고대의 진솔한 현인(the simple wise man of old)"[4]으로 지칭합니다. 소크라테스는 《다양한 정신의 건덕적 강화》에서 키르케고르가 《두 시대에 대한 문학 비평》에서 우려를 표명했던 "대중(the crowd)"[5]으로 부르는 대상과 긍정적 대조를 이룹니다. 방금 살펴본 것처럼 키르케고르는 정당, 로비 단체, 이익집단, 여론과 같은 집단적 단위로서의 대중이라는 개념에 대해 부정적 견해를 가지고 있습니다. 그는 이것이 개인의 목소리를 왜곡하거나 심지어 파괴한다고 믿습니다. 개인은 비판의 대상이 될까 봐 감히 다수의 목소리에 반대하지 못합니다. 이런 이유로 키르케고르는 개인을 고집

4　Kierkegaard, *Works of Love,* trans. by Howard V. Hong and Edna H. Hong, Princeton: Princeton University Press 1995, pp. 371-3; *Christian Discourses. The Crisis and a Crisis in the Life of an Actress,* trans. by Howard V. Hong and Edna H. Hong, Princeton: Princeton University Press 1997, p. 133.

5　Kierkegaard, *Upbuilding Discourses in Various Spirits*, trans. by Howard V. Hong and Edna H. Hong, Princeton: Princeton University Press 1993, pp. 95-6.

스럽게 주장한 소크라테스를 칭송합니다. 진리는 집단이 아니라 개개인에게서 찾아야 합니다.

키르케고르는 《사랑의 역사》에서 이웃을 사랑하라는 성경이 주시는 명령의 의미를 탐구합니다. 이 작품의 부제는 "강화 형태의 몇 가지 기독교적 성찰"이며, 키르케고르는 초안에서 건덕적 강화와 같은 다른 장르와 대조하여 성찰(deliberation)의 본질과 목표를 설명합니다. 그는 "성찰은 이미 주어지고 이해된 정의를 전제하지 않으므로 사람들을 움직이고, 달래고, 안심시키고, 설득하는 것이 아니다. 그것은 사람들을 일깨우고, 자극하고, 생각을 날카롭게 하는 것이어야 한다."[6]라고 설명합니다. 여기서 우리는 이미 아무것도 모른다고 주장하며 아무런 전제 없이 시작하지만, 사람들을 조사하고 자신 생각을 더 종교적으로 만드는 사람으로서 소크라테스의 그림자를 볼 수 있습니다. 물론 여기에는 사람들이 자신이 알고 있는 것에 대해 많은 환상을 가지기에 일종의 도발이 포함될 수 있습니다. 키르케고르의 목표는 사람들이 사랑에 대해 가지고 있는 고정관념을 흔드는 것입니다. 그런 다음 키르케고르는 소크라테스의 또 다른 이미지로 성찰을 언급합니다: "성찰이란 '쇠파리'가 되는 것이다."[7] 또한 소크라테스가 진리에 도달하기 위해 아이러니를 사용했던 것처럼 성찰에서도 "아이러니가 필요하다."[8]라고 말합니다. 따라서 키르케고르는 《사랑의 역사》가 소크라테스의 철학 형식을 그대로 따르는 글쓰기 형식이라고 말하고 있는 것 같습니다.

한 구절에서 그는 소크라테스의 실천과 기독교적 사랑을 비교하며,[9] 진정한 사랑은 소크라테스가 질문을 통해 그랬던 것처럼 상대방이 스스로 설 수 있도록 도와주어 자유로워지도록 하는 것이라고 주장합니다. 소크라테스 방법의 목표는 대화 상대에게 그가 알고 있다고 생각한 것을 실제로는 알지 못한다는 것을

---

6 Kierkegaard, *Works of Love*, Supplement, p. 469.
7 Ibid.
8 Ibid.
9 Kierkegaard, *Works of Love*, pp. 276-8.

보여주는 것입니다. 따라서 상대방의 견해는 불합리와 모순으로 축소됩니다. 소크라테스는 상대방에게 진리가 무엇인지 말하지 않고 질문을 통해 상대방에게서 진리를 추출하여 이를 보여 주려 합니다. 앞서 배운 것처럼 소크라테스는 이를 마이유틱스 또는 산파술이라 불렀습니다. 이러한 방식으로 소크라테스는 자신이 새로운 지식이나 정보의 저자가 아니라 산파가 아기를 분만하는 데 도움을 주는 것처럼 새로운 지식이나 정보가 세상에 나오도록 도와준 것에 불과하다고 주장할 수 있었습니다.

키르케고르는 소크라테스가 이런 식으로 상대방을 돕는 동안 가능한 한 이기적이지 않고 익명성을 유지해야 한다고 강조합니다.[10] 다른 사람을 도우려는 그의 시도는 종종 다른 사람들이 그에게 화를 내기 때문에 그의 행동은 자기희생의 행위로 생각할 수 있습니다. 자신이 진리라고 믿었던 것이 사실은 혼란스럽고 잘못된 것이라는 사실을 발견하는 것을 좋아하는 사람은 아무도 없으며, 이로 인한 굴욕감은 고대 아테네에서 소크라테스에 대한 큰 적대감의 원천이었습니다. 이런 이유로 소크라테스는 다른 사람을 도와주는 것처럼 큰 쇼를 할 수 없으며, 대신 자신이 이긴 역할을 내려놓고 상대방이 스스로 진리에 도달하고 있다는 사실을 연기해야 했습니다. 키르케고르는 이를 "상대방을 진리로 속이는 것"(deceiving the other into the truth)[11]이라는 다소 이상한 방식으로 표현합니다. 소크라테스의 대화 상대는 소크라테스가 자신의 잘못된 믿음과 환상을 없애고 스스로 일어설 수 있도록 도와주고 있다는 사실을 깨닫지 못합니다. 결국 그는 자유를 얻은 것에 대해 소크라테스에게 감사해야 하지만, 그는 아마 그것을 깨닫지

---

10 1851년의 일기에서 키르케고르는 이 점에 대해 소크라테스에 대한 비판에 반대한다. "소크라테스가 아이러니하게 고립된 상태에서 간접적으로, 이타적으로 행동하는 데 자기애가 동기가 되었다고 주장하는 것은 순전히 듣기 좋은 소리일 뿐이다. 그렇지 않다. 소크라테스의 사고방식에 따르면 이것이 바로 사랑이다. 모든 사람이 스스로 도와야 한다는 것이 사실이라면, 즉 홀로 서는 것이 이상이라면, 도움을 받는 사람이 도움을 주는 사람에게 의존하는 것을 막는 것이 전적으로 타당하다. 이것이 바로 소크라테스의 생각이다.…"(*Søren Kierkegaard's Journals and Papers,* vols. 1-6, ed. and trans. by Howard V. Hong and Edna H. Hong, Bloomington and London: Indiana University Press 1967-78, vol. 1, pp. 45f., no. 109.

11 Kierkegaard, *Works of Love,* p. 277.

못할 것입니다.

이것이 키르케고르가 자신의 저술로 무엇을 하고 있는지에 대한 분명한 방법인 것 같습니다. 부정적인 측면에서 그는 교회, 학계 신학자 및 철학자 또는 주류 문화에서 비롯된 기독교에 관한 잘못된 개념과 싸우고 있습니다. 그런 다음 긍정적인 측면에서 그는 산파 소크라테스처럼 각 개인이 기독교 진리에 대한 자신만의 길을 찾도록 독려하고 있습니다. 이러한 방식으로 그는 다른 사람들이 스스로 서서 자유로워질 수 있도록 돕고 있다고 믿습니다.

키르케고르는 《사랑의 역사》를 쓴 것과 같은 해인 1847년에 쓴 일기에서 자신이 기독교의 잘못된 개념으로 간주하는 정황 속에서 산파술을 사용함으로써 소크라테스를 따르고 있다고 직접 언급합니다.

> 이제 사람들은 나를 모욕하고, 책을 읽지 못하게 하고, 머리를 찌르고, 죽이는 등 나에게 원하는 것은 무엇이든 할 수 있겠지만, 오랜 세월 동안 가장 독창적인 생각 중 하나이자 덴마크어로 표현된 가장 독창적 생각인 기독교 산파술 수행자가 필요하다는 것, 그리고 내가 그것을 어떻게 수행해야 하는지 알고 있다는 것을 영원토록 부정할 수는 없을 것이다.[12]

따라서 키르케고르는 소크라테스를 동시대 사람에게 오해받고 동시대 사람의 분노를 불러일으키는 인물로 규정합니다. 가장 중요한 것은 그가 기독교적 맥락에서 소크라테스의 산파술 실천을 "내 생각과 내 삶"으로 묘사한다는 점입니다. 그는 이것이 무엇을 의미하는지 더 정확하게 설명합니다. 그는 산파술 실천으로 "사람들이 가장 고매한 것을 가지고 있다고 가정하지만, 나는 그들이 정말 가지고 있는 것이 무엇인지 깨닫도록 돕고 싶다."[13]라고 말합니다. 문제의 핵심은 기독교 세계(Christendom)에서 사람들이 배워온 기독교의 개념이 혼란스럽고 종교의 진정한 본질과는 상반된다는 점입니다. 그러나 이러한 잘못된 견해에 끊

---

12 *Kierkegaard's Journals and Notebooks*, vol. 4, pp. 102-3, NB:154.
13 *Kierkegaard's Journals and Notebooks*, vol. 4, pp. 103, NB:154.

임없이 노출되어 있음에도 불구하고 사람들은 여전히 자신 내면과 주관성에 대한 올바른 신앙 형태에 도달할 가능성을 가지고 있습니다. 따라서 키르케고르가 "산파술 실행자"라 부르는 사람의 임무는 사람들이 익숙한 잘못된 견해에서 벗어나 자신 내면과 열정을 만나게 하는 것입니다.

8.3. 키르케고르의 《관점》

지난 장에서 키르케고르가 사후에 출판한 《작가로서의 나의 작품에 대한 관점》을 언급했습니다. 이 맥락에서 특히 중요한 것은 그가 소크라테스를 여러 번 언급하고 특정 측면에서 그 그리스 철학자를 따르고 있음을 분명히 하고 있다는 사실입니다. 예를 들어, 작품 서문에서 키르케고르는 《관점》이 자신의 작품을 옹호하는 것이 아니라고 설명하며 이를 재판에서 소크라테스가 보인 행동과 비교합니다. 그는 "이점만 제외하면, 나는 진정으로 내가 소크라테스와 공통점이 있다고 믿는다."[14]라고 썼습니다. 그는 소크라테스가 자신의 다이몬이 재판에서 자신이 한 말이나 행동을 막으려 한 적이 없었다고 언급한 것을 떠올리며, 소크라테스는 자신이 잘못을 저질렀다면 다이몬이 항상 그랬던 것처럼 경고했을 것이기 때문에 그의 현재 행동이 위험하지 않다는 의미로 받아들였다고 말합니다.[15] 키르케고르는 이 말을 소크라테스가 재판에서 자신을 변호하려 하지 않았으며, 오히려 다이몬이 자신을 변호하지 못하도록 막았다고 평가한 것으로 해석합니다. 키르케고르는 소크라테스의 과업은 항상 부정적이었고, 자신을 변호한다는 것은 긍정적인 주장을 하는 것과 같았기 때문에 그러한 변호는 모순이었다고 생

---

14 Kierkegaard, *The Point of View,* trans. by Howard V. Hong and Edna H. Hong, Princeton: Princeton University Press 1998, p. 24.
15 키르케고르는 이미 《아이러니의 개념》에서 다이몬의 부정적 성격을 설명하기 위해 이 점을 언급한 바 있다. *The Concept of Irony,* trans. by Howard V. Hong and Edna H. Hong, Princeton: Princeton University Press 1989, pp. 159f를 참고하라.

각합니다.

소크라테스가 배심원들에게 그의 행동을 설명하고 방어하려는 것처럼 보이기 때문에 키르케고르 해석의 타당성에 대해 논의할 수 있지만, 소크라테스가 대체형을 제안할 기회가 있었을 때 실제로 가벼운 형벌을 받으려고 진지하게 시도하지 않고 오히려 프리타네움(Prytaneum)에서 무료 식사를 받는 대우를 요구했다는 사실로 보아 키르케고르의 주장은 설득력이 있습니다. 어쨌든 키르케고르는 "나와 내 저술의 사이 관계의 변증법적 성격에는 내가 가명 저자들의 저작물에 대한 '방어'를 수행하는 것 자체를 불가능하게 만드는 무언가가 있다."[16]라며, 소크라테스를 따라 자신의 저술을 변호하지 않은 것으로 간주합니다. 이 점에서 키르케고르는 소크라테스의 운명과 분명히 동일시했고, 자신이 "대중"에 의해 부당하게 박해받고 있다고 여겼던 것 같습니다.

키르케고르는 다른 곳에서 민주주의에 대한 요구가 높아지면서 어떤 면에서는 개인을 파괴한다고 생각하는 것에 대한 우려로 돌아갑니다. 민주주의에서 중요한 것은 개인으로서의 개인이 아니라 더 큰 집단, 즉 정당에 속한 사람들의 집합입니다. 개인으로서의 한 사람의 목소리는 그 목소리가 다른 많은 목소리와 공유될 때만 들립니다. 따라서 키르케고르는 '군중', '대중', '여론'과 같은 여러 개념을 발전시켰으며, 이를 통해 자신이 살던 시대의 해롭고 새로운 발전을 특징짓는 데 사용했습니다. 반면에 그가 강조한 것은 개인의 환원할 수 없는 가치였습니다. 그는 다른 사람들이 공유하지 않는 의견을 가지고 있어 개인으로서 홀로 설 수밖에 없는 상황이라 할지라도 그 의견은 존중되어야 하고 어느 정도 타당성이 있는 것으로 간주해야 한다고 믿었습니다. 그러나 민주주의에서는 더 큰 집단이 공유하지 않는 한 그 의견은 진정한 무게를 가질 수 없습니다.

이 점에서도 키르케고르는 자신이 소크라테스와 공통점이 있다고 생각합니다. 그는 "단독자"에 대한 자신의 강조가 어떻게 괴짜로 여겨졌는지 설명하고 소

---

16   Kierkegaard, *The Point of View*, p. 24.

크라테스도 같은 이유로 괴짜로 여겨졌다고 지적합니다.[17] 키르케고르는 헤겔이 소크라테스를 주관적 자유 개념의 주창자라는 의미에서 윤리학의 창시자로 규정한 것에 주목하면서, 키르케고르 자신이 주관적 자유를 자신의 시대에 다시 도입한 것으로 봅니다. 현대 민주주의 시대에 악의적인 것은 군중이며, 따라서 그는 개인에 집중함으로써 이러한 경향에 맞서 싸우는 것을 자신의 임무의 일부로 삼습니다.

키르케고르는 자신의 작품에 대한 이러한 성찰에서 자신의 스승으로 인정하는 소크라테스를 위해 특별한 자리를 마련합니다.[18] 이것은 키르케고르가 소크라테스에 대한 감상이 단지 그의 석사 학위 논문에 대한 젊은 시절의 일시적인 관심이 아니라 그의 작업 전체에서 절대적으로 결정적인 요소였다는 것을 확인시켜 줍니다.

8.4. 1848년 혁명과 《죽음에 이르는 병》

1848년 유럽 전역에서 혁명이 일어났습니다. 사람들은 절대 군주제의 통치에 항의하며 헌법으로 국왕의 권력을 제한할 것을 요구했습니다. 이 시기는 1789년 프랑스 혁명 이후 유럽에서 가장 급진적인 정치적 변화의 시기였습니다. 프랑스에서 시작된 혁명은 독일, 이탈리아, 합스부르크 제국, 폴란드, 벨기에, 루마니아 등으로 빠르게 확산했습니다. 1848년 3월 21일 덴마크에서는 국민 자유당이 왕궁으로 행진하여 새로운 국왕 프레데릭 7세(Frederik VII)에게 민주적 헌법 제정을 요구했습니다. 국왕은 이에 동의했고, 1849년 6월 5일 새 헌법에 합의하고 서명할 때까지 1년 넘게 협상이 진행되었습니다.

키르케고르는 덴마크의 새로운 헌법이 도입되고 무혈 혁명이 완성된 직후인

---

17   Ibid., pp. 68f.
18   Ibid., p. 55.

1849년 7월 30일에 《죽음에 이르는 병》을 출간했습니다. 키르케고르는 '안티 클라마쿠스'라는 이름의 새로운 가명 작가를 소개하며 인간이 겪는 절망의 다양한 형태를 분류합니다. 그는 절망을 죄의 한 형태로 이해하고 결국 절망에 대한 해결책으로 기독교를 받아들일 것을 권유합니다. 이 작품이 키르케고르의 소크라테스에 대한 고민과 무관하다고 생각할 수도 있지만, 사실 안티 클리마쿠스 역시 소크라테스를 자신의 시대에 필요한 모델로서 제시하고 있습니다.

한 짧은 부분에서 안티 클리마쿠스는 죄에 대한 소크라테스의 이해와 기독교적 이해를 비교합니다. 이 논의는 당시 덴마크에서 벌어지고 있던 정치적 혼란을 배경으로 봐야 합니다. 제헌의회 협상 과정에서 당연히 상반된 목소리가 많이 나왔습니다. 각자는 그 당시 필요한 것이 무엇인지에 대해 자신만의 분명한 생각이 있었던 것 같습니다. 키르케고르는 《죽음에 이르는 병》에서 이를 다소 이상한 방식으로 언급합니다. 그는 특정 정치 지도자나 단체, 현대적 대의를 떠올리지 않고 대신 소크라테스를 떠올립니다. 그는 다음과 같이 씁니다.

소크라테스, 소크라테스, 소크라테스! 네, 우리는 당신의 이름을 세 번 불러도 괜찮습니다. 도움이 된다면 열 번 불러도 지나치지 않을 것입니다. 세상은 공화국이 필요하고, 새로운 사회 질서와 새로운 종교가 필요하다고 주장하지만, 너무 많은 지식으로 혼란스러운 세상에게 소크라테스 당신이 필요하다고 생각하는 사람은 아무도 없습니다.[19]

그가 1848년 유럽에서 일어난 혁명의 여파로 모든 사람에게 고대 철학자 소크라테스가 가장 중요하다고 생각한 이유는 무엇일까요?

키르케고르는 그의 시대에 필요한 것은 "아이러니한 윤리적 교정"(ironic-ethical correction)[20]이라고 제안하는데, 이것이 바로 소크라테스가 동시대 사람들

---

19 Kierkegaard, *The Sickness unto Death*, trans. by Howard V. Hong and Edna H. Hong, Princeton: Princeton University Press 1980, p. 92.
20 Ibid.

에게 제공한 것입니다. 소크라테스는 아무것도 모른다고 주장하며 다른 사람들이 자신이 한 말을 모두 알고 있다고 믿는 척하는 아이러니를 통해 동료들의 어리석음을 바로잡았습니다. 키르케고르 시대에는 사람들이 국가를 위해 필요한 것을 알고 있다고 확신했습니다. 그들은 헌법의 본질과 정부 구조에 대해 각자 생각이 있었습니다. 키르케고르는 여기서 그들이 잘못 알고 있고, 정말로 모른다고 제안하는 것 같습니다. 필요한 것은 그 누군가 현대판 소크라테스적 아이러니를 통해 그들이 모른다는 것을 보여주는 것입니다. 그는 당대 사람들이 소크라테스를 뛰어넘어 어떤 긍정적인 교리를 구축하거나 당대의 정치적 혼란에 대한 해결책을 제시하기를 열망하고 있다고 지적합니다. 그러나 그는 소크라테스의 무지를 극복하고 소크라테스를 넘어서는 대신에 필요한 것은 소크라테스로의 회귀, 즉 소크라테스적 무지로의 회귀라고 주장합니다.

지금까지 살펴본 바와 같이, 그의 목표는 기독교가 역설, 불합리 또는 모순에 기초하기 때문에 담론적으로 설명되거나 이해될 수 없다는 점을 지적하는 것입니다. 따라서 기독교를 이해하려는 시도는 그 본질을 왜곡하는 데 기여할 뿐입니다. 그래서 키르케고르는 다음과 같이 씁니다.

> 나는 모든 "다른 사람들"이 [기독교]를 이해하느라 바쁜 이 사변적인 시대에, 기독교를 이해할 능력도 의무도 없다는 것을 인정하는 것이 어쩌면 약간의 자기 부정을 필요로 하는 지극히 윤리적 과제라고 생각한다. 바로 이것이 우리 시대 기독교에 필요한 것, 즉 기독교에 대한 소크라테스적 무지가 필요하다는 것임은 의심의 여지가 없다.[21]

따라서 키르케고르에게 있어서 소크라테스는 19세기 철학과 신학의 오류를 바로잡는 존재로 여겨집니다. 소크라테스의 무지는 기독교의 잘못된 개념을 바로잡는 수단입니다.

---

21 Ibid., p. 99.

키르케고르는 소크라테스가 신탁의 말을 근거로 자신의 활동을 신이 승인한 것으로 여겼음을 회상합니다. 소크라테스는 자신이 가장 현명하다는 신탁에 따라 다른 사람의 지혜를 검증하고 근거가 없는 것으로 판명될 경우, 그 지혜를 훼손하라고 명령받았다고 믿었습니다. 키르케고르는 자신의 사명을 소크라테스의 사명과 동등한 것으로 간주했지만, 그것은 지식의 문제가 아니라 기독교의 본질 중 하나라고 생각했습니다. 키르케고르는 코펜하겐을 돌아다니며 그가 잘못되었다고 생각하는 기독교의 다양한 개념을 탐구합니다. 그의 작품에서 그는 소크라테스가 자신이 만난 지식에 대한 다양한 주장에 대해 했던 것처럼 이러한 개념의 모순과 문제점을 지적하여 이를 훼손하려 노력합니다. 그러나 키르케고르는 소크라테스가 진리에 대한 어떤 긍정적인 교리도 제시하기를 거부한 것처럼, 자신이 비판하는 기독교 개념과 대조되는 다른 긍정적 기독교 개념을 옹호하려는 충동에 저항합니다. 대신 둘 다 부정적 관념에 머무는 것에 만족합니다. 따라서 키르케고르는 소크라테스의 무지를 사용하여 당시 철학과 신학의 잘못된 긍정적 주장으로부터 기독교를 보호합니다.

8.5. 키르케고르의 《기독교의 실천》

1850년 키르케고르는 《죽음에 이르는 병》에 사용한 것과 같은 가명인 안티 클리마쿠스라는 이름으로 《기독교의 실천》(*Practice in Christianity*)을 출간했습니다. 이 작품은 세 개의 구분 또는 번호로 나뉩니다. 첫 번째는 예수께서 "수고하고 무거운 짐 진 자들아 다 내게로 오라 내가 너희를 쉬게 하리라"라고 말씀하신 마태복음 11장 28절을 다루고 있습니다. 키르케고르는 1847년 6월 18일 금요 성찬 예배를 위해 성모 교회(그림 8.1 참고)에서 이 구절에 대해 설교한 적이 있습니다. 그 후 그는 1848년 《기독교 강화》 제4부에 이 설교를 실었습니다. 키르케고르의 이 분석에 대한 영감의 일부는 덴마크의 유명한 조각가 베르텔 토르발센(Bertel Thorvaldsen)이 성모 교회 제단에 세운 예수상(같은 성경 구절에서 영감을 얻은 것)에서 얻은 것일 수도 있습니다.

작품의 두 번째 부분에서 키르케고르는 마태복음 11장 6절에서 예수께서 "누구든지 나로 말미암아 실족하지(offended) 아니하는 자는 복이 있도다"라고 말씀하신 구절에 대하여 논합니다. 키르케고르는 가명의 저자를 통해 예수의 시대로 돌아가 그를 보고 그의 설교를 들었던 사람들의 경험을 포착하려 합니다. 그는 그들이 하나님을 본 것이 아니라 겸손한 인간을 보았다고 지적합니다. 제자 무리와 함께 시골을 돌아다니며 메시지를 전하던 예수께는 승리의 모습이란 전혀 없었습니다. 무엇보다도 키르케고르는 많은 사람이 예수가 하나님의 아들이자 구원자라는 생각에 불쾌감을 느꼈다고 강조합니다. 그들은 예수의 겸손하고 온유한 모습과 이를 조화시킬 수 없었습니다. 그래서 그들은 예수를 믿는 대신 예수가 메시아라는 생각에 불쾌감을 느꼈습니다. 여기서 요점은 이것이 기독교 신앙의 중요하고 본질적인 부분이며, 우리가 기독교에 대한 진실한 그림을 유지하기를 원한다면 잊어서는 안 된다는 것입니다. 안티 클리마쿠스는 기독교에는 "실족(offense)의 가능성"이 필요하다고 주장합니다. 예수를 강력하고 승리한 인물로 묘사하는 것은 역사적 예수에 대한 왜곡입니다. 동시대 추종자들은 예수를 그렇게 보지 않았지만, 믿기로 했습니다. 다시 말해, 그리스도가 강력하고 초인적인 인물이라는 것을 바로 볼 수 있었다면 더 많은 사람이 바로 믿었을 것입니다. 그러나 이러한 묘사는 승리하고 강력한 인물이 구원자 또는 하나님의 아들로 간주된다는 생각에 불쾌감을 느끼는 사람이 아무도 없기에 실족의 가능성을 제거합니다. 그러나 이것은 오해이며 신앙의 본질을 왜곡하는 것입니다. 키르케고르에 따르면, 우리는 예수의 동시대 사람들처럼 다른 사람들이 실족하든 말든 그분의 겸손한 모습에도 불구하고 믿어야 합니다. 그러나 실족의 가능성이 없다면 믿음도 없는 것입니다.

그림8.1. 성모 교회 내부 전경

이 논의와 관련하여 키르케고르는 그리스도를 인간이며 신이신 분 혹 "신-인"이라는 덕목을 "모순의 표징"(a sign of contradiction)[22]으로 언급합니다. 다시 말해, 우리의 상식으로는 무언가는 반드시 이것이거나 저것이어야 한다고 생각합

---

22 Kierkegaard, *Practice in Christianity,* trans. by Howard V. Hong and Edna H. Hong, Princeton: Princeton University Press 1991, p. 124.

니다. 우리가 하나님에 대하여 하는 생각과 인간에 대하여 하는 생각은 잘 이해할 수 있지만 한 존재가 동시에 하나님이며 인간이라고 생각하는 것은 모순입니다. 따라서 기독교의 근본적인 사상은 우리의 이해와 모순되는 것입니다. 키르케고르의 주장은 이러한 모순이 신앙에 필요한 것이기 때문에 유지되어야 한다는 것입니다. 여기서 그는 그리스도의 신인 양성을 더 납득하기 쉽고 이해하기 쉽게 만들려 노력하는 기독교 변증의 오랜 전통에서 다시 출발합니다. 그들의 목표는 이 핵심 기독교 교리를 더 쉽게 이해하도록 하는 것입니다. 그러나 키르케고르는 이것이 실수라고 고집스럽게 주장합니다. 참된 기독교 신앙은 이러한 어려움을 설명하거나 해소하는 것이 아니라 오히려 그것을 배양하고 강조하는 것을 포함합니다.

여기서 우리는 키르케고르의 과업에 대한 소크라테스의 영향을 다시 볼 수 있습니다. "실족"이나 "모순의 표징"과 같은 개념은 기독교 신앙을 쉽게 만들기보다 어려움을 강조하기 위하여 의도된 것입니다. 이러한 개념은 사안을 설명하는 긍정적인 교리가 아니라 부정적이며 우리의 설명과 이해의 한계를 보여줍니다. 소크라테스가 사람들에게 질문을 던지고 대화 상대들의 잘못된 견해를 폭로함으로써 앎을 더 어렵게 만들었던 것처럼, 키르케고르도 기독교 신앙에 대한 동시대인의 잘못된 개념을 폭로함으로써 기독교 신앙을 더 어렵게 만듭니다. 그러나 키르케고르의 소크라테스는 자신은 무지하고 문제에 대한 해결책을 제시하지 않는다고 말합니다. 마찬가지로 키르케고르도 그의 가명 저자들을 통해 예수의 성육신이나 예수의 본질에 대한 자신의 이론을 제시함으로써 해결책을 제시하지 않습니다. 대신, 그는 단순히 이해로는 파악할 수 없는 모순이라고 말하고 그대로 둡니다.

8.6. 덴마크 국교회에 대한 공격

키르케고르는 생애 말년인 1854-5년에 덴마크 국교회와 그 대표적 인사들을 가차 없이 공격했습니다. 그는 신문《조국》과 자신의 출판물《순간》에 일련의 논쟁적인 기사를 실어 비판의 목소리를 냈습니다. 그는 목사들과 주교들이 부패하고 위선적이며 기독교 메시지를 왜곡하고 있다고 비난했습니다. 이 공격은 덴마크 사회에 큰 파문을 일으켰고, 이는 키르케고르가 사망한 후 수년 동안 정중한 대화에서 피해야 할 주제였습니다.

공격의 직접적인 계기는 최근에 질랜드 주교이자 덴마크 국교회 수장으로 임명된 그의 오랜 라이벌 마르텐센이 행한 설교였습니다. 마르텐센은 설교에서 전임자이자 최근 사망한 야코브 피터 민스터(Jakob Peter Mynster, 그림 8.2 참고)를 "진리의 증인"이라고 언급했습니다. 키르케고르는 1854년 12월 18일자 신문《조국》에 실린 "민스터 주교는 '진리의 증인'이었는가?"라는 제목의 기사에서 이러한 표현에 문제를 제기했습니다. 이 글을 계기로 키르케고르는 자신이 "신약 기독교"라고 칭하는 개념을 발전시키고 그것이 민스터와 마르텐센의 삶과 얼마나 근본적으로 다른지 보여주었습니다.

그림8.2. 야코브 피터 민스터 주교(1775-1854년)

키르케고르가 말하는 "신약 기독교"는 신약 성서에 기록된 대로 초기 추종자들이 실천했던 기독교의 형태를 의미하는 것 같습니다. 그는 당시 기독교가 신자에게 커다란 요구를 했음을 지적합니다. 초기 기독교인들은 가난하게 살았고 종종 신앙으로 인하여 순교했습니다. 그들은 로마 주류 사회로부터 조롱과 혐오를 받았습니다. 당시 고대 로마 사회에서 기독교인임을 밝히는 것은 목숨을 거는 행위였습니다. 기독교인들은 교회 예배를 드리기 위해 비밀리에 만나야 했습니다. 사실 신앙은 매우 어려운 문제였습니다. 당시 기독교는 작고 소외된 종교였고, 기독교를 믿는다는 이유로 신자들은 사회적 배척에 노출되기도 했습니다. 따라서 키르케고르에게 있어서, 기독교의 진리에 대한 증인이 되려면 상당한 희생이 필요했습니다.

이러한 맥락에서 키르케고르는 다시 소크라테스와 유사점을 발견합니다. 진정한 그리스도인은 자신의 신념을 위해 고문을 당하고 심지어 죽임을 당하는 순교를 각오해야 하는 사람이었습니다. 소크라테스는 어떤 의미에서 철학의 순교자였으며, 진리를 추구하다 적을 만들더라도 끊임없이 진리를 추구했습니다. 그는 사람들의 무지와 오만을 폭로했기 때문에 사람들은 그를 원망하게 되었습니다. 그는 마지막에도 자신의 행동을 철회하거나 후회하지 않고 자신의 신념을 굳건히 고수했습니다. 신약 기독교로 돌아가기 위해서는 이런 결단이 필요합니다. 키르케고르처럼 성직자의 위선과 부패를 폭로하는 사람은 소크라테스가 그랬던 것처럼 조롱과 증오의 대상이 될 것입니다. 키르케고르는 《코르사르》와의 갈등을 통해 이런 경험을 하는 것이 어떤 것인지 배웠고 자신을 순교자라고 생각했습니다.

그런 다음 그는 신약 기독교에 대한 자신 생각과 덴마크 국교회에서 본 것을 비교합니다. 그는 덴마크 교회의 고위 관리들을 살펴보고 그들이 신앙을 위해 희생하는 것과는 거리가 멀다는 것을 발견합니다. 그들은 박해의 위험에 처해 있지 않습니다. 목숨을 걸어야 할 가능성도 없습니다. 오히려 그들은 사회에서 가장 존경받는 구성원 중 하나이며 국가로부터 정기적인 급여를 받습니다. 키르케고르는 이것이 신약 성서에서 발견할 수 있는 기독교의 본질과 전혀 일치하지 않는다고 주장합니다. 사제들은 기독교인이라는 이유로 생계를 잃는 대신, 기독교를 통해 생계를 유지하고 있습니다. 사제들은 사회에서 혐오 받는 추방자가 아니라 사회의 기둥이 되고 있습니다. 키르케고르는 이것이 기독교의 본질에 대한 근본적인 왜곡이라고 믿습니다. 그는 사제들이 신약 기독교의 엄격한 요구에 더 부합하기 위해 자신을 개혁하든지 아니면 자신을 기독교인이라고 부르기를 포기하라고 촉구합니다.

키르케고르는 또한 기독교 국가에서 태어났다는 이유만으로 자동으로 국가 교회의 구성원이 되어 자신을 기독교인이라 부르는 평신도들을 비판합니다. 키르케고르에 따르면 이것은 개인의 의식적인 신앙 행위를 요구하는 기독교 교리의 본질에 부합하지 않습니다. 의식적인 선택을 한 것이 아니라면 누구라도 자신을 기독교인이라고 부를 수 없습니다.

키르케고르는 이러한 견해를 통해 동시대 사람들에게 까다로운 도전을 던지며 종교적 안일함에 대해 경고합니다. 그리스도인이 된다는 것은 매일, 매시간 노력해야 하는 일입니다. 그것은 정상적인 부르주아 생활과 관련하여 모든 종류의 희생을 요구합니다. 키르케고르가 미래를 향해 쓴 글은 분명히 사람들이 이것에 주의를 기울이고 항상 신약 기독교의 어려운 요구에 초점을 맞추고 그가 생각하는 기괴한 왜곡인 미지근한 형태의 기독교에 유혹받지 않도록 하기 위한 것이었습니다.

8.7. 《순간》 마지막 호

키르케고르는 《조국》에 글을 기고하고 《순간》을 집필하는 동안 성모 교회 주교관 바로 건너편에 있는 건물에 살았습니다. 그는 말 그대로 마르텐센 주교 관저에서 돌 던지면 다다를 아주 가까운 곳에 살았던 것입니다. 이곳에 사는 동안 그는 《순간》 9호까지 발행했고, 10번째이자 마지막 호를 막 완성했을 때 치명적인 병에 걸렸습니다.

《순간》 9호는 키르케고르가 교회에 대한 공격에 있어서 자신의 전략을 반성하고 있다는 점에서 흥미로운 작품이며, 여기서 다시 소크라테스의 모습에 대한 흥미로운 힌트가 등장하는 것을 볼 수 있습니다. 키르케고르는 "나의 임무"라는 부분에서 자신을 기독교인이라고 부르지 않았으며 이 점을 명심하는 것이 가장 중요하다는 점을 독자들에게 상기시킵니다. 키르케고르에 대한 모든 입문서나 백과사전 기사는 키르케고르가 기독교 작가라는 말로 시작하기 때문에 이러한 사실은 어떤 사람들에게는 의외일 수 있습니다. 그렇다면 키르케고르가 자신을 기독교인이라고 부른 적이 없다고 말한 것은 무엇을 의미할까요?

교회사 안에는 자신들은 기독교의 진리를 안다고 주장하며 다른 사람들이 진리를 모른다고 비판한 여러 종파와 분파로 가득합니다. 따라서 그들은 자신을 진정한 기독교인으로 간주함으로써 일종의 도덕적 고지를 차지한 반면, 다른 사람들은 그 수준에 미치지 못했다고 주장했습니다. 키르케고르는 자신을 도덕적 권위자로 내세우는 이런 종류의 관계를 피하고 싶어했습니다. 만약 그가 자신이 참 그리스도인이라고 주장한다면, 그는 그를 위선자라고 주장할 수 있는 반대자들의 비판에 노출될 것입니다. 이를 피하려고 그는 단순히 자신을 기독교인이라고 부르지 않는다고 말합니다. 그는 《저자로서의 나의 작품에 대한 관점》에서 이 점을 다음과 같이 설명합니다. "모든 사람이 기독교인이라고 착각하고, 그리고 그 착각을 무너뜨리기 위하여 무언가를 해야 한다면, 그것은 자신을 특별한 기독교인이라고 큰 소리로 선언하는 사람에 의하여 이루어지는 것이 아니다. 오히려 그것은 기독교를 더 잘 알고 있으면서도 심지어 자신이 기독교인이 아니라고 선언하는 사람에 의해 간접적으로 이루어져야 한다."[23]

　대신 그는 다른 전략을 취하는데, 신약 기독교가 너무 실천하기 어려워서 결국 일종의 달성할 수 없는 이상에 불과하다는 점을 지적합니다. 그는 자신의 권위가 아니라 19세기 덴마크 기독교가 도달할 수 없는 이상에 근거하여 자신의 비판을 정당화합니다. 이 이상을 통해 그는 자신이 개인적으로 그 이상을 구현한다고 말하지 않고도 동시대 사람들의 부패하고 거짓된 기독교를 비판할 수 있습니다. 요컨대, 이상은 그를 위해 비판적인 작업을 수행하며, 그는 단순히 그것을 지적하기만 하면 됩니다.

　이것 역시 소크라테스의 전략입니다. 소크라테스처럼 키르케고르도 표면적으로는 아무것도 모른다고 주장합니다. 소크라테스가 돌아다니며 다른 사람들에게 그들이 무엇을 알고 있는지 묻는 것처럼, 키르케고르도 다른 사람들의 기독교 개념을 탐구합니다. 소크라테스가 다른 사람들이 어떤 것을 안다고 주장하지만 실제로는 무지하다는 것을 발견한 것처럼, 키르케고르도 동시대 사람들이 경건한 기독교인이라고 주장하지만, 기독교를 잘못 이해하고 있음을 알게 됩니다. 소크라테스는 언젠가 진리를 발견할 수 있기를 바라며 사람들에게 계속 진리를 찾으며 그들이 아는 것을 계속 묻습니다. 마치 키르케고르가 기독교에 대한 이상(ideal)을 가지고 있으면서도 자신을 기독교인이라고 부르지 않는 것처럼, 그는 결코 도달할 수 없는 개념이나 이상을 가지고 있는 것처럼 보입니다. 소크라테스나 키르케고르 모두 자신이 이 이상에 도달했다고 주장하지 않습니다. 그들의 임무는 다른 사람들이 그렇게 했다고 주장하더라도 다른 사람들이 그것을 얻지 못했음을 보여주는 것이었습니다. 키르케고르는 이렇게 씁니다.

　　내 앞에 있는 유일한 비유는 소크라테스다. 내 임무는 그리스도인이 된다는 것이 무엇인지에 대한 정의를 심사하는 소크라테스적 임무다. 나는 (그리스도인의 이상을 자유롭게 유지하기 위하여) 나 자신을 그리스도인이라고 부르지 않지

23　*The Point of View*, p. 43을 참고하라. 또한 Ibid., p. 54를 참고하라.

만, 다른 사람들은 더욱 그리스도인이 되기에 부족하다는 점을 분명히 할 수 있다.[24]

이것은 키르케고르가 당시 기독교에 관한 잘못된 개념을 비판하기 위해 이교도 철학자였던 소크라테스를 사용했음을 분명히 보여줍니다. 소크라테스는 자신보다 더 현명한 사람은 없다는 신탁의 말에 직면했을 때, 다른 모든 사람이 무언가를 안다고 주장하면서도 무지한 반면, 자신은 적어도 자신이 무지하다는 것을 알고 있으며 이 점만 놓고 보면 다른 사람들보다 현명하다는 의미로 해석했습니다. 마찬가지로 키르케고르는 다른 모든 사람이 자신이 경건한 기독교인이라고 믿지만, 그들이 따르는 기독교 버전이 잘못되었다고 지적할 수 있었습니다. 키르케고르와 그들과의 차이점은 단순히 그가 자신이 기독교인이 아니라는 것을 깨닫는 반면, 다른 사람들은 계속해서 자신을 그렇다고 믿고 있다는 것입니다. 따라서 소크라테스처럼 그는 자신의 지위에 대한 긍정적인 주장을 피합니다. 대신 그의 과제는 다른 사람들의 기독교 견해에 대한 문제를 폭로하는 부정적인 것입니다.

소크라테스는 돈을 받고 가르치는 소피스트와 맞서 싸웠는데, 그들은 어떤 것을 진리로 제시하는 데 아무런 문제가 없었습니다. 키르케고르는 국가로부터 많은 급여를 받았던 당대의 성직자와 신학자로부터 소피스트와의 유사점을 발견합니다. 그들도 유료로 가르치고 실제로 국가로부터 재정적 지원을 받습니다. 그들은 기독교의 진리를 가르친다고 주장하지만, 키르케고르에 따르면 그들이 제시하는 기독교의 개념에는 심각한 문제가 있습니다. 따라서 키르케고르에게 그들은 현대의 소피스트이며, 그 자신은 현대의 소크라테스입니다.

---

24 Kierkegaard, *The Moment and Late Writings*, p. 341. 또한 다음을 참고하라. *Søren Kierkegaard's Journals and Papers*, p. 46, no. 109: "나는 소크라테스로부터 시작했다...."

8.8. 키르케고르의 질병과 죽음

덴마크 교회와의 공개적인 갈등은 전성기 시절에도 건강이 좋지 않았던 키르케고르에게 큰 타격을 입혔습니다. 스트레스와 과로로 인해 키르케고르는 중병에 걸렸고, 쓰러진 후 1855년 10월 2일 프레데릭 병원에 입원했습니다. 그의 조카 등 일부 대가족이 정기적으로 병문안을 왔지만, 형인 피터 크리스티안과의 면회는 거부했습니다. 그는 1855년 7월 5일 로스킬데(Roskilde) 교회 대회에서 키르케고르의 교회 공격에 대해 비판적인 입장에서 연설한 피터 크리스티안에게 분노를 표출했습니다.[25] 그러나 그의 친구 에밀 보에센이 병든 키르케고르를 정기적으로 방문했는데, 그는 키르케고르의 마지막 날에 대한 기록을 남겼습니다.[26]

키르케고르의 상태가 계속 악화하면서 희망은 점점 사라지기 시작했습니다. 보에센은 키르케고르에게 성찬을 받을 의향이 있는지 물었지만, 키르케고르는 거절했습니다. 그는 목사가 아닌 평신도에게만 성찬을 받겠다고 주장했습니다.[27] 그러나 안수받은 목사들만이 그러한 예식을 행할 수 있었기 때문에 이것은 물론 합법적이지 않았습니다. 그래서 키르케고르는 성찬식을 거행하지 않고 죽겠다고 선언했습니다. 그는 보에센에게 "목사들은 왕실의 공무원이며 기독교와는 아무런 관련이 없다."[28]라고 설명했습니다.

키르케고르는 다리와 하체를 움직일 수 없는 마비 증상을 겪었습니다. 그의 상태는 점차 악화하여 고개를 들거나 전혀 움직일 수 없을 정도가 되었습니다. 그는 날이 갈수록 점점 더 약해져 사람을 알아보거나 말을 할 수 없는 지경에 이르렀습니다. 마침내 그는 1855년 11월 11일 저녁에 사망했습니다. 사망 당시 키

---

25 *Encounters with Kierkegaard,* pp. 259ff., p. 304.
26 Ibid., pp. 121f.
27 Ibid., pp. 125f.
28 Ibid., p. 126.

르케고르는 그의 재산을 모두 소진한 상태였습니다. 그는 평생을 아버지로부터 물려받은 돈으로 살았는데, 1855년에 이 돈은 거의 모두 소진되었습니다. 그가 죽었을 때 그가 남긴 것은 방대한 책 모음뿐이었습니다.

8.9. 키르케고르의 장례와 매장

키르케고르의 장례식은 1855년 11월 18일 일요일에 성모 교회에서 열렸습니다. 교회에 대한 그의 공격으로 인해 상황은 어색했습니다. 이런 이유로 키르케고르의 대의에 동조하는 것으로 인식될까 염려하여 감히 참석하는 성직자는 거의 없었습니다. 유일한 예외는 키르케고르 직계 가족 중 유일하게 살아남았던 키르케고르의 형 피터 크리스티안 키르케고르와 담임 목사였던 에거트 크리스토퍼 트리데(Eggert Christopher Tryde) 부주교뿐이었습니다(그림 8.3 참고). 한편으로는 죽은 자를 욕하는 것처럼 보일까봐 교회에 대한 키르케고르의 공격을 비판할

그림 8.3. 에거트 크리스토퍼 트리데
(1781-1860년)

수 없었지만, 다른 한편으로는 많은 대중의 관심을 끌었던 신선한 논쟁이었기 때문에 완전히 무시할 수도 없어서 키르케고르 장례는 트리데에게는 어려운 과업이었습니다.

피터 크리스티안 키르케고르는 추도사를 통해 아버지의 생애와 형제자매의 죽음에 관해 이야기했습니다.[29] 그는 장례식이 그 사안을 논의하기에 적절한 장소가 아니라고 말했지만, 쇠렌이 가한 교회에 대한 공격을 둘러싼 논란의 문제를 완전히 피할 수는 없었습니다. 그렇지만, 그는 쇠렌의 비판이 너무 지나쳤다고 생각했으며, 《조국》과 《순간》에 실린 글의 맥락에서 쇠렌이 말한 내용 중 상당 부분을 그 자신은 받아들일 수 없다고 강조했습니다.

장례 예배에 많은 사람이 참석하여 실제로 교회에는 입석만 있을 정도였습니다. 사회 저명인사는 거의 없었고, 오히려 대부분이 하층민 출신이었다고 합니다. 이것은 키르케고르의 작품이 훈련받은 학자나 교수가 아닌 평범한 사람들 사이에서 인기가 있었다는 것을 암시하는 것으로 받아들여질 수 있습니다. 또한 키르케고르가 매일 코펜하겐을 산책하는 모습을 자주 볼 수 있는 유명한 공인이었다는 사실로도 설명할 수 있습니다. 게다가 사람들은 국가 교회가 이 어색하고 민감한 상황을 어떻게 처리할지 궁금해했기 때문에 장례 예배에 참석했다는 선정적 요소도 있었음도 의심의 여지가 없었습니다.

교회에서 장례식을 마친 참석자들은 매장을 위해 아시스텐스(Assistens) 공동묘지로 행진했습니다. 키르케고르는 어머니와 아버지, 형제들이 묻힌 가족무덤에 묻힐 것이었습니다. 트리데가 간단한 장례식을 막 마쳤을 때 갑자기 키르케고르의 조카 헨릭 룬드(Henrik Lund)라는 청년이 말하기 시작했습니다. 룬드는 당시 프레데릭 병원에서 레지던트 과정을 밟고 있던 의대생으로 키르케고르의 마지막 날들을 직접 목격했습니다.

놀랍게도 그는 무덤에 모인 군중에게 논쟁적이고 흥분된 어조로 연설했습니

---

29   Ibid., p. 132.

다. 트리데는 룬드가 안수받은 성직자가 아니기에 예식 중에 연설할 권리가 없다고 이의를 제기하려 했지만, 참석한 군중의 정서가 룬드를 지지하고 큰 소리로 격려했기 때문에 트리데가 막을 방법이 거의 없었습니다. 룬드는 자신이 1832년에 사망한 고인의 여동생 니콜린 크리스티네 키르케고르의 아들이라는 키르케고르와의 관계를 이야기하는 것으로 연설을 시작했습니다. 하지만 룬드는 자신이 키르케고르의 친척일 뿐 아니라, 그의 친구이기도 했다고 설명했습니다. 게다가 그는 키르케고르의 견해에 동의했습니다. 룬드는 장례식에서 모두가 그 요점을 중심으로 이야기하는 것 같았지만, 실제로는 키르케고르의 저술과 의견에 대한 언급은 조심스럽게 피했다고 지적했습니다. 그래서 룬드는 최근 《조국》과 《순간》에 기고한 글에서 키르케고르가 가한 교회 비판에 대해 언급해야 할 의무를 느꼈습니다.

룬드의 주요 주장은 국가 교회가 키르케고르의 공식 장례식과 장례를 치른 것은 키르케고르의 비판이 옳다는 것을 입증하는 것일 뿐이라는 것이었습니다. 키르케고르는 "국가공식 교회"(the official Church)라고 경멸적으로 불렀던 것에 대한 공격에서 기독교인이 되는 것이 당연한 문제가 되었고, 따라서 추종자들에게 매우 어려운 요구를 하는 기독교의 실제 내용이 왜곡되고 심지어 파괴되었다고 호소했습니다. 키르케고르는 말년에 국가공식 교회의 이러한 관점을 비판하고 거리를 두기 위해 최선을 다했지만, 교회는 여전히 그를 충실한 교인으로 여기고 이제 그에게 공식적인 교회 장례를 치르고 있는 것처럼 보였습니다. 룬드는 키르케고르가 덴마크 교회를 공격한 것과 같은 방식으로 다른 종교 집단에서는 이런 일이 결단코 일어나지 않을 것이며, 그렇다면 그에게 일반 장례 의식을 제공하는 데 의문의 여지가 없었을 것이라고 주장합니다. 그렇지만, 덴마크 교회는 여전히 키르케고르를 교인으로 간주하고 그에게 장례 의식을 부여합니다. 룬드에게 이것은 키르케고르가 주장했던 것처럼 덴마크 교회가 기독교에 대한 의미 있는 개

념을 가지고 있지 않다는 사실을 분명하게 보여주는 것입니다.[30]

폭발과 같은 그의 연설이 끝날 무렵 룬드는 국가 교회에 대해 격렬한 비난을 퍼붓습니다. 그는 공식적인 덴마크 국가 교회가 기독교 교회를 대표하지 않는다면, 그렇다면 그것은 무엇을 대표할 수 있느냐고 물었습니다. 그리고 룬드는 트리데가 경악할 정도로 공식 교회는 세속 권력과의 관계에서 완전히 타협한 부패한 기관이라고 답했습니다. 룬드는 구경꾼들에게 공식 교회를 떠날 것을 권유하며 이 장례식 진행이 키르케고르의 신념과 유언에 위배된다며 항의했습니다. 키르케고르는 이미 죽어서 자신을 변호할 수 없었기 때문에 룬드는 친구로서 그를 대신해 변호할 의무가 있음을 느꼈다 하였습니다. 그의 연설이 끝났을 때 어떤 사람들은 박수를 보냈고, 심지어 일부는 "옳소!" 그리고 "성직자들을 타도하라!"[31]라고 외쳤습니다.

당시 이 사건은 큰 스캔들이었고, 장례식장에 있던 목격자들이 참석하지 않은 사람들에게 몇 번이고 되풀이해서 이야기했습니다. 어떤 사람들은 룬드의 항의에 대하여 정서적으로는 동의했지만, 그가 그런 식으로 그것을 표현한 것은 너무 멀리 간 것이라 생각했습니다. 교회에 충성하는 다른 사람들은 이에 분노했습니다. 이 사건에 관한 신문 기사가 쏟아졌고, 룬드 자신도 사흘 후인 1855년 11월 22일 《조국》에 연설 전문을 게재했습니다. 말할 필요도 없이 교회 조직은 이를 잘 받아들이지 않았습니다. 마르텐센 주교는 룬드에 대한 법적 소송을 제기함으로써 이 문제에 대한 권한을 행사했고, 결국 룬드는 상당한 액수의 벌금을 물어야 했습니다.

따라서 룬드 사건은 키르케고르 자신의 글에서 이미 발생한 논란을 더욱 악화시켰습니다. 그 결과 키르케고르가 사망한 후 몇 년 동안 덴마크에서 그의 이름은 항상 추악하고 불쾌한 것과 연관되었습니다. 사람들이 키르케고르가 일으킨 스캔들과 연관되는 것을 두려워했으며, 이것은 그의 사상을 학문적으로 탐구

30   Ibid., p. 134.
31   Ibid., p. 133.

하는 것을 방해했기 때문에, 그의 사상을 처음 받아들이는 데 부정적 영향을 미쳤다는 것은 의심할 여지가 없습니다. 스캔들이 잠잠해지고 더 이상 같은 방식으로 스캔들의 영향을 받지 않는 새로운 세대가 등장하기까지는 세월이 좀 흘렀습니다. 따라서 키르케고르 사상의 수용은 더디게 시작되었지만, 일단 시작되고 나면 세월이 흐르면서 계속 자라났습니다.

8.10. 키르케고르의 유산

키르케고르의 유산이나 후대의 철학자, 신학자, 작가가 그의 사상을 수용한 것에 대해 무엇을 말할 수 있을까요? 사상사학자가 철학사를 이야기하려고 할 때, 개별 사상가에 대해 자세히 설명할 시간이 많지 않습니다. 대신, 그들은 큰 틀에서 그림을 그리고 특정 연속성을 파악하여 큰 제목 아래 여러 사상가 그룹을 함께 다루는 경향이 있습니다. 따라서 합리주의, 이상주의, 경험주의, 유물론, 사실주의 등 다양한 학파의 이야기를 들려줍니다. 요컨대, 그것은 주의(-ism) 이야기입니다. 그러나 이러한 접근 방식은 개별 사상가들의 사상 뉘앙스와 관련하여 항상 특정한 왜곡을 초래합니다. 키르케고르를 특정 사상학파 또는 –주의의 일원으로 보려는 시도는 적지 않았습니다.

실존주의자는 키르케고르를 그들 학파의 주요 선조로 재빨리 추앙했습니다.[32] 그들은 키르케고르의 글에서 자유, 소외, 진정성, 무의미, 절망, 불안에 대한 중요한 분석을 발견했습니다. 이는 시몬 드 보부아르, 알베르 카뮈, 마르틴 하이데거, 칼 야스퍼스, 가브리엘 마르셀, 장 폴 사르트르 등 실존주의 전통과 관련된 작가에게 큰 영감의 원천이 되었습니다.

해체주의와 포스트모더니즘 운동과 관련된 철학자 및 문학 이론가도 키르케

---

32 *Kierkegaard and Existentialism*, ed. by Jon Stewart, Aldershot: Ashgate 2011 (*Kierkegaard Research: Sources, Reception, and Resources*, vol. 9)를 참고하라.

고르를 그들의 중심 사상의 중요한 선구자로 보았습니다.[33] 그들은 특히 아이러니에 대한 키르케고르의 관심에 매료되었습니다. 그들은 키르케고르가 가명을 사용한 것을 저자의 죽음에 대한 그들의 견해를 뒷받침하는 것으로 보았습니다. 그들은 키르케고르가 다양한 관점과 가명 저자의 목소리를 사용한 것을 의미의 무기한 연기(indefinite deferral of meaning)라고 불리는 개념의 선구자로 칭송합니다. 장 보드리야르, 질 들뢰즈, 자크 데리다, 자크 라캉, 폴 드만과 같은 이들은 키르케고르의 사상을 수용하는 이러한 차원에서 중요한 인물이었습니다.

물론 신학자와 종교 작가도 키르케고르의 저술을 활용하고자 했습니다.[34] 키르케고르가 국제적으로 처음 받아들여진 곳은 독일로, 칼 바르트, 에밀 브루너, 루돌프 불트만, 폴 틸리히 등의 인물을 포함하는 "변증법적 신학"(dialectical theology)이라는 운동에 중대한 영향을 끼친 것으로 여겨졌습니다. 루터교 신자였던 키르케고르는 개혁파 개신교, 천주교, 유대교 등 다른 종교와 교파의 사상가에게 영감의 원천이 되었습니다.

또한 소설가, 극작가, 문학 비평가를 비롯한 문학 작가는 키르케고르에게서 중요한 영감의 원천을 발견했습니다.[35] 전 세계 여러 나라의 작가가 키르케고르 같은 성격의 인물을 만들거나 키르케고르가 작품에서 언급한 불안과 절망과 같은 감정을 문학적으로 탐구하려고 시도했습니다. 마찬가지로 키르케고르의 선구적인 문학적 기법을 모방하고 더욱 발전시키려는 시도도 있었습니다. 헨리크 입센, 제임스 조이스, 프란츠 카프카, 토마스 만, 라이너 마리아 릴케, 아우구스트 스트린드베리 등 잘 알려진 작가는 모두 키르케고르의 사상을 적극적으로 활용했으며 그에게 빚을 지고 있습니다.

---

33 *Kierkegaard and Post/Modernity,* ed. by Martin J. Matustik and Merold Westphal, Bloomington, Indianapolis: Indiana University Press 1995를 참고하라.
34 *Kierkegaard's Influence on Theology,* Tomes I-III. ed by Jon Stewart, Aldershot: Ashgate 2012 (*Kierkegaard Research: Sources, Reception, and Resources*, vol. 10)을 참고하라.
35 *Kierkegaard's Influence of Literature and Criticism,* Tomes I-V. ed. by Jon Stewart, Aldershot: Ashgate 2013 (*Kierkegaard Research: Sources, Reception, and Resources*, vol. 12)를 참고하라.

사상의 역사를 추적할 때 키르케고르의 저술이 후대의 사상가에 의해 어떻게 활용되었는지를 살펴보는 것은 유용할 수 있습니다. 하지만 키르케고르를 후대의 사상가나 지적 경향과 자동으로 연관 짓는 것은 주의해야 합니다. 키르케고르는 독특한 인물이었으며 그의 저술은 일반적 명칭에 저항합니다. 그를 특정 학파의 일원으로 보는 것은 그의 사상을 왜곡하는 결과를 초래할 수 있습니다. 후대의 사상가는 키르케고르의 사상에서 자신의 지적 의제와 관련된 특정 측면을 취사선택하는 경향이 있습니다. 이러한 측면이 얼마나 중요한지에 상관없이 이러한 접근 방식은 항상 선택적 해석으로 이어지기 때문에 키르케고르를 어떤 결정적인 방식으로 분류하는 데는 다소 신중해야 할 것입니다. 그러나 키르케고르를 실존주의자 또는 포스트 모더니스트라고 부르고 그를 후기 사상가들과 연관 짓는 것은 새로운 사고의 맥락을 만들어내어 유익하고 유용한 탐구를 할 수 있습니다. 물론 이것은 원래의 맥락에서 키르케고르 자신 생각과는 다릅니다.

키르케고르의 저작은 한 가지 측면이나 하나의 지적 경향으로 환원할 수 없다고 해도 과언이 아닙니다. 그의 저작을 온전히 이해하기 위해서는 다양한 관점과 해석으로 바라볼 필요가 있습니다. 키르케고르 사상의 수용에 대해 소크라테스 철학의 수용에 대해 말한 것과 같은 말을 하고 싶은 유혹을 느낄 수 있습니다. 그리스 철학자 소크라테스는 항상 무지를 주장하고 자신의 이름으로 긍정적 견해를 제시하지 않았다는 점에서 부정적 사상가였기 때문에 후대의 해석이 채울 수 있는 공백을 남겼습니다. 그 결과 나중에 소크라테스에서 기원을 찾으려는 여러 경쟁 철학 학파가 생겨났습니다. 키르케고르 역시 소크라테스적 사명감으로 인해 여러 면에서 부정적 사상가로 남게 되었습니다. 그로 인하여, 키르케고르는 다양한 학파에 의해 수용될 수 있었고, 그중 일부는 서로 충돌하기도 했습니다. 이러한 키르케고르의 부정적 또는 개방적 사고는 아마도 그가 매우 다양한 관심사를 가진 수많은 독자에게 계속 호소력을 발휘하는 이유를 설명해 줍니다.

8.11. 기독교인의 자기화(Appropriation)

2장에서 거론한대로, 우리는 키르케고르가 젊은 학생 시절인 1835년 여름, 자신의 인생에서 무엇을 하고 싶은지 고민하기 위해 길렐레예(Gilleleje)를 방문했다는 사실을 기억합니다. 키르케고르는 이곳에서 개인적으로 깊은 의미를 지닌 진리, 즉 "내가 기꺼이 살고 죽을 수 있는 진리"[36]를 찾고자 하는 깊은 열망을 표현했습니다. 키르케고르의 길렐레예에서의 경험 그리고 소크라테스와 아이러니에 관한 석사 학위 논문이 그의 후기 발전에 지대한 영향을 미친 것은 확실해 보입니다.

키르케고르가 사망한 지 약 한 달 후에 한스 프레데릭 헬베그(Hans Frederik Helveg)라는 잘 알려지지 않은 덴마크 신학자가 "덴마크의 헤겔주의"라는 제목의 논문을 발표했습니다. 헬베그는 덴마크 헤겔주의 운동의 주요 저작과 인물 몇 명만 처음에 간략하게 언급했기 때문에 이 제목은 다소 오해의 소지가 있습니다. 사실 이 글의 대부분은 키르케고르의 《아이러니의 개념》에 대한 서평에 할애되어 있습니다. 앞서 살펴본 것처럼 키르케고르는 헤겔, 특히 그리스 세계와 소크라테스의 인물에 대한 그 독일 철학자의 해석에서 많은 영감을 얻었기 때문에 여기서의 연결은 그 자체로 놀라운 일이 아닙니다. 따라서 헬베그가 덴마크에 헤겔주의를 받아들임에 있어서 《아이러니의 개념》을 중요한 부분으로 취급한 것은 당연한 일입니다.

현대 학계에서는 《아이러니의 개념》을 다소 무시하고 그 중요성을 경시하는 경향이 있지만, 헬베그는 키르케고르에게는 일반적으로 이 작업이 중요하다고 생각했습니다. 그는 이렇게 씁니다.

이 작품을 심사해야 했던 철학부 교수들은 젊은 작가의 이러한 노력에서

---

36 *Kierkegaard's Journals and Notebooks*, vol. 1. p. 19, AA:12.

이 작품이 석사 학위 자격이 아니라 인생을 위한 프로그램, 즉 학문적 문제가 아니라 삶의 과제(task of life)에 대한 해결책을 제시하려는 문제라는 점에서 거의 의심하지 않았다.[37]

헬베그는 키르케고르가 추상적인 학문적 지식에 관심을 두지 않았으며, 대신 자신에게 진실하고 자신 삶과 관련 있는 지식에 관심을 기울였다고 강조합니다. 헬베그는 자신의 주장을 뒷받침하기 위해 키르케고르가 《아이러니의 개념》 말미에 "우리 세대에 어떤 과제가 있다면 그것은 과학적 학문의 성취를 개인적인 삶으로 번역하여 개인적으로 적절하게 자기화(appropriate)하는 것이어야 한다."[38]라고 주장한 문장을 인용합니다.

겉으로 보기에 키르케고르는 학문적 학습 그 자체만을 위하는 것에 대해 일종의 항의를 하는 것처럼 보입니다. 대학에 진학하여 새로운 것을 배우는 목적은 단순히 세상이 돌아가는 방식을 이해하는 데 있는 것이 아니라, 이러한 지식을 개인적인 것으로 변형하거나 변환해야 한다는 것입니다. 키르케고르가 말했듯이 각 사람은 자신의 상황과 삶의 맥락에서 지식을 "적절하게"(appropriate) 활용해야 합니다. 따라서 적절한 지식의 습득과 적용에 대한 키르케고르의 이해에서 자기화(appropriation)라는 개념은 절대적으로 핵심적인 요소입니다.

키르케고르가 소크라테스를 사용한 것은 헬베그의 논지를 더욱 뒷받침합니다. 그러나 이제 탐구를 마치면서 우리는 이 한 문장에 키르케고르가 그 당시에 깨달을 수 있었던 것보다 훨씬 더 많은 것이 담겨 있음을 알 수 있습니다. 앞서 살펴본 것처럼, 키르케고르는 초기 학문적 관심사, 즉 소크라테스와 그리스 세계와의 갈등에 관심을 가졌습니다. 그는 이 학문적 관심을 석사 학위 논문의 주제로 삼았습니다. 그러나 이 논문이 완성된 후, 그는 여기서 매우 중요한 한 걸음을

---

37   Hans Frederik Helveg, "Hegelianismen i Danmark," *Dansk Kirketidende,* vol. 10, no. 51, December 16, 1855, p. 830.
38   Kierkegaard, *The Concept of Irony,* trans. by Howard V. Hong and Edna H. Hong, Princeton: Princeton University Press 1989, p. 328.

더 나아가 그 지식을 자신의 현대적 상황에 맞게 자기화했습니다. 그는 소크라테스 사상의 여러 측면에 매료되어 그를 모델로 삼기로 결심했습니다. 하지만 소크라테스가 살았던 고대 그리스의 세계는 물론 키르케고르가 살았던 황금기 덴마크와는 매우 달랐습니다. 그래서 키르케고르는 소크라테스 사상의 주요 요소들을 자신의 시대로 적절히 자기화해야 했습니다. 그래서 아이러니, 무지, 부정, 아포리아, 산파술, 쇠파리 등 소크라테스 사상의 주요 용어들은 키르케고르 자신 삶과 시대적 맥락에서 새로운 의미를 갖게 되었습니다. 헬베그는 전적으로 옳았습니다. 키르케고르에게 소크라테스는 학문적 연구의 대상일 뿐만 아니라 개인적인 삶에서 따라야 할 모델이기도 했습니다.

키르케고르는 코펜하겐 대학에서 배운 신학이라는 학문 분야에 대해 잘 알고 있었습니다. 다시 말하지만, 키르케고르의 일기 중 길렐레예 부분에서 보았듯이 키르케고르는 학문으로서의 신학에는 어느 정도의 관심만 가졌습니다. 대신 그는 기독교가 책이나 교실에서 가르칠 수 있는 교리나 객관적 진리가 아니라고 믿습니다. 대신 기독교는 각 개인이 내면과 열정 속에서 개인적으로 자기화해야 하는 신앙입니다. 기독교는 각 개인의 주관성에 관한 것입니다. 각자가 자신 삶과 상황에 기독교 메시지를 적절히 자기화할 의무가 있기에 쉬운 답은 없습니다. 누구도 다른 사람에게 어떻게 해야 한다고 말할 수 없습니다.

그래서 키르케고르는 소크라테스가 현대 사회에서 우리를 도울 수 있다고 믿습니다. 그의 아이러니와 부정성을 통해 그는 오늘날 사람들이 겪고 있는 잘못된 견해와 현대적 환상을 깨뜨리는 데 도움을 줄 수 있습니다. 소크라테스는 마이유틱스 또는 산파술이라는 사상을 통해 우리 각자가 내면에 진리를 가지고 있으며 모든 인간은 존중받아야 할 무한한 가치를 가지고 있다는 것을 이해하도록 도울 수 있습니다. 이는 자신을 종교인이라고 생각하든 그렇지 않든 간에 21세기를 살아가는 오늘날 우리에게 중요한 메시지입니다. 우리는 빠르게 변화하는 익명 사회에서 자신의 역할을 이해하기 위해 고군분투합니다. 나의 중요성은 무엇인가요? 내 삶의 의미와 가치는 무엇인가요? 나는 정말 사람으로서 어떤 의미가 있는 존재인가요, 아니면 단순히 숫자나 통계에 불과한 존재인가요? 키르케고르는 단순히 자신의 시대에 갇혀서 날이 갈수록 점점 더 관련성이 떨어지고 결국 사상사 전문가들의 관심 대상에만 머무는 인물이 아닙니다. 반대로 사회가 계속 발전하고 새로운 기술 혁신이 우리의 생활 방식, 상호 작용, 사고방식을 변화시키면서 키르케고르는 매일 점점 더 관련성이 높아지고 있습니다. 키르케고르는 1855년에 사망했지만, 그의 작품을 읽고 그의 사상을 감상할 수 있는 능력이 있는 사람이라면 오늘날에도 그는 여전히 우리와 함께하고 있습니다.

참고 자료

1. 키르케고르 입문서

Allen, E. L., *Kierkegaard: His Life and Thought*, London: Nott 1935; New York: Harper 1936.

Arbaugh, George E. and George Bartholomew Arbaugh, *Kierkegaard's Authorship: A Guide to the Writings of Kierkegaard*, Rock Island, Illinois: Augustana College Library 1967; London: Allen & Unwin 1968.

Billeskov Jansen, F. J., *Søren Kierkegaard: Life and Work*, Copenhagen: Royal Danish Ministry of Foreign Affairs, Ministry of Culture and Ministry of Education 1994.

Brandt, Frithiof, *Søren Kierkegaard, 1813-1855: His Life, His Works*, trans. by Ann R. Born, Copenhagen: Det Danske Selskab in cooperation with The Press and Information Department of the Danish Foreign Office 1963.

Caputo, John D., *How to Read Kierkegaard*, London: Granta Books 2007; New York: W. W. Norton & Company 2008. Carlisle, Clare, Kierkegaard: A Guide to the Perplexed, London: Continuum 2006.

Collins, James, *The Mind of Kierkegaard*, Chicago: Regnery 1953; 2nd revised edition, Princeton: Princeton University Press 1983.

Diem, Hermann, *Kierkegaard: An Introduction*, trans. by David Green, Richmond, Virginia: John Knox Press 1966.

Evans, C. Stephen, *Kierkegaard: An Introduction*, Cambridge: Cambridge University Press 2009.

Ferreira, M. Jamie, *Kierkegaard*, Malden, Massachusetts: Wiley-Blackwell 2009.

Gardiner, Patrick, *Kierkegaard*, Oxford: Oxford University Press 1988.

Hampson, Margaret Daphne, *Kierkegaard: Exposition and Critique*, Oxford: Oxford University Press 2013.

Hohlenberg, Johannes, *Søren Kierkegaard,* trans. by T. H. Croxall, New York: Pantheon 1954; London: Routledge 1954; New York: Farrar, Straus and Giroux 1978.

Jolivet, Régis, *Introduction to Kierkegaard,* trans. by W. H. Barber, London: Muller 1950.

Kirmmse, Bruce H., *Kierkegaard in Golden Age Denmark,* Bloomington and Indianapolis: Indiana University Press 1990.

Malantschuk, Gregor, *Kierkegaard's Way to the Truth: An Introduction to the Authorship of Søren Kierkegaard,* trans. by Mary Michelsen, Minneapolis: Augsburg Publishing House 1963.

Pattison, George, *Kierkegaard and the Crisis of Faith: An Introduction to HisThought,* London: SPCK 1997.

Purkarthofer, Richard, *Kierkegaard,* Leipzig: Reclam 2005.

Rocca, Ettore, *Kierkegaard,* Rome: Carocci editore 2012.

Rohde, H. P., *Søren Kierkegaard: An Introduction to His Life and Philosophy,* trans. by A. M. Williams, London: Allen & Unwin 1963.

Shell, Patrick, *Starting with Kierkegaard,* London: Continuum 2011.

Vardy, Peter, *Kierkegaard,* London: Harper Collins 1996.

2. 키르케고르 전기

Brandt, Frithiof, *Den unge Søren Kierkegaard,* Copenhagen: Levin & Munksgaard 1929.

Cain, David, *An Evocation of Kierkegaard,* Copenhagen: C. A. Reitzel 1997.

Garff, Joakim, *Søren Kierkegaard: A Biography,* trans. by Bruce H. Kirmmse, Princeton: Princeton University Press 2005.

Grimsley, Ronald, *Søren Kierkegaard: A Biographical Introduction,* London: Studio Vista 1973.

Hannay, Alastair, *Kierkegaard: A Biography,* Cambridge: Cambridge University Press 2001.

Lowrie, Walter, *Kierkegaard,* London, New York, and Toronto: Oxford University Press 1938.

Lowrie, Walter, *A Short Life of Kierkegaard*, Princeton: Princeton University Press 1942.

Mendelssohn, Harald von, *Kierkegaard. Ein Genie in einer Kleinstadt*, Stuttgart: Klett-Cotta 1995.

3. 키르케고르와 플라톤 및 소크라테스의 관계에 관한 연구 자료

Anz, Wilhelm, "Die platonische Idee des Guten und das sokratische Paradox bei Kierkegaard," in *Die antike Philosophie in ihrer Bedeutung für die Gegenwart. Kolloquium zu Ehren des 80. Geburtstages von Hans-Georg Gadamer*, ed. by Reiner Wiehl, Heidelberg: Winther 1981, pp. 23-36.

Arnarsson, Kristian, "Erindring og gentagelse. Kierkegaard og Grækerne," in *Filosofi og samfunn*, ed. by Finn Jor, Kristiansand: Høyskoleforlaget 1998, pp. 197-203.

Ashbaugh, A. Freire, "Platonism: An Essay on Repetition and Recollection," in *Kierkegaard and Great Traditions*, ed. by Niels Thulstrup and MarieMikulová Thulstrup, Copenhagen: C. A. Reitzel 1981 (Bibliotheca Kierkegaardiana, vol. 6), pp. 9-26.

Bejerholm, Lars, "Sokratisk metod hos Søren Kierkegaard och hanns samtid," *Kierkegaardiana*, vol. 4, 1962, pp. 28-44.

Bergman, Shmuel Hugo, "The Concept of Irony in Kierkegaard's Thought," in *his Dialogical Philosophy from Kierkegaard to Buber, Albany*, New York: State University of New York Press 1991, pp. 25-45.

Borgvin, Rune, "En sammenligning av bestemmelsen av sokratisk og romantisk ironi i 'Om Begrebet Ironi,' " in *Kierkegaard 1993—digtning, filosofi, teologi*, ed. by Finn Hauberg Mortensen, Odense: Institut for Litteratur, Kultur og Medier, Odense Universitet 1993, pp. 153-60.

Carlsson, Ulrika, "Love among the Post-Socratics," *Kierkegaard Studies Yearbook*, 2013, pp. 243-66.

Come, Arnold, "Kierkegaard's Ontology of Love," in *Works of Love*, ed. by Robert L. Perkins, Macon, Georgia: Mercer University Press 1999 (International Kierkegaard Commentary, vol. 16), pp. 79-119.

Cooper, Robert M., "Plato and Kierkegaard in Dialogue," *Theology Today*, vol. 31, 1974-5, pp. 187-98.

Cooper, RobertM., "Plato on Authority, Irony, and True Riches," in *Kierkegaard's Classical Inspiration*, ed. by Niels Thulstrup and Marie Mikulová Thulstrup, Copenhagen:C.A.Reitzel1985(BibliothecaKierkegaardiana, vol. 14),pp.25-62.

D'Agostino, Francesco, "La fenomenologia dell'uomo giusto: Un parallelo tra Kierkegaard e Platones," *Rivista Internazionale di Filosofia del Diritto*, vol. 49, 1972, pp. 153-72.

Daise, Benjamin, *Kierkegaard's Socratic Art*, Macon, Georgia: Mercer University Press 1999.

Deuser, Hermann, "Kierkegaards Sokrates—Modell und Umkehrung antiker Philosophie," in *his Kierkegaard. Die Philosophie des religiösen Schriftstellers*, Darmstadt: Wissenschaftliche Buchgesellschaft 1985 (Erträge der Forschung, vol. 232), pp. 31-57.

Ferreira, M. Jamie, "The 'Socratic Secret': The Postscript to the Philosophical Crumbs," in *Kierkegaard's Concluding Unscientific Postscript: A Critical Guide*, ed. by Rick Anthony Furtak, Cambridge: Cambridge University Press 2010, pp. 6-24.

Friis Johansen, Karsten, "Kierkegaard und die griechische Dialektik," in *Kierkegaard and Dialectics*, ed. by Hermann Deuser and Jørgen K. Bukdahl, Aarhus: University of Aarhus 1979, pp. 51-124.

Gallino, Guglielmo, "Kierkegaard e l'ironia socratica," *Filosofia*, vol. 45, 1994, pp. 143-61.

Greve, Wilfried, *Kierkegaards maieutische Ethik*, Frankfurt am Main: Suhrkamp 1990.

Grunnet, Sanne Elisa, *Ironi og subjektivitet. En studie over S. Kierkegaards disputats Om Begrebet Ironi*, Copenhagen: C. A. Reitzel 1987.

Heerden, Adriaan van, "Does Love Cure the Tragic? Kierkegaardian Variations on a Platonic Theme," in *Stages on Life's Way*, ed. by Robert L. Perkins, Macon, Georgia: Mercer University Press 2000 (International Kierkegaard Commentary, vol. 11), pp. 69-90.

Henningsen, Bernd, "Søren Kierkegaard: Sokrates i København," in *his Politik eller Kaos?*, Copenhagen: Berlingske Forlag 1980, pp. 134-233.

Himmelstrup, Jens, *Søren Kierkegaards Opfattelse af Sokrates. En Studie i dansk Filosofis Historie*, Copenhagen: Arnold Busck 1924.

Holm, Isak Winkel, "Myte: Platon," in *his Tanken i billedet. Søren Kierkegaards poetik*, Copenhagen: Gyldendal 1998, pp. 117-56.

Holm, *Søren, Græciteten,* Copenhagen: Munksgaard 1964 (Søren Kierkegaard Selskabets Populære Skrifter, vol. 11).

Howland, Jacob, *Kierkegaard and Socrates: A Study in Philosophy and Faith,* New York: Cambridge University Press 2006.

Howland, Jacob, "Lessing and Socrates in Kierkegaard's Postscript," in *Kierkegaard's Concluding Unscientific Postscript: A Critical Guide,* ed. by Rick Anthony Furtak, Cambridge: Cambridge University Press 2010, pp. 111-31.

Humbert, David, "Kierkegaard's Use of Plato in His Analysis of the Moment in Time," *Dionysius,* vol. 7, 1983, pp. 149-83.

Jensen, Povl Johannes, "Kierkegaard og Platon," in *Studier i antik og middelalderlig filosofi og idéhistorie,* ed. by Bo Alkjær, Ivan Boserup, Mogens Herman Hansen, and Peter Zeeberg, Copenhagen: Museum Tusculanum 1980, pp. 699-710.

Jensen, Povl Johannes, "Sokrates i Kierkegaards disputats," in his *Cum grano salis. Udvalgte foredrag og artikler 1945-1980,* Odense: Odense Universitetsforlag 1981, pp. 37-51.

Kangas, David, "Conception and Concept: The Two Logics of The Concept of Irony and the Place of Socrates," in *Kierkegaard and the Word(s): Essays on Hermeneutics and Communication,* ed. by Poul Houe and Gordon D. Marino, Copenhagen: C. A. Reitzel 2003, pp. 180-91.

Kirmmse, Bruce H., "Socrates in the Fast Lane: Kierkegaard's The Concept of Irony on the University's Velocifère (Documents, Context, Commentary, and Interpretation)," in *The Concept of Irony,* ed. by Robert L. Perkins, Macon, Georgia: Mercer University Press 2001 (International Kierkegaard Commentary, vol. 2), pp. 17-99.

Klint-Jensen, Henrik, "Platon—Kierkegaard. Tidsånden hos Platon og Søren Kierkegaard," *Fønix,* vol. 19, no. 4, 1995, pp. 24-38.

Klint-Jensen, Henrik, "Idé og dobbeltbevægelse—frigørelse hos Platon og Søren Kierkegaard," *Philosophia,* vol. 24, nos. 1-2, 1995, pp. 155-89.

Kloeden, Wolfdietrich von, "Sokrates," in *Kierkegaard's Classical Inspiration,* ed. by Niels Thulstrup and Marie Mikulová Thulstrup, Copenhagen: C. A. Reitzel 1985 (Bibliotheca Kierkegaardiana, vol. 14), pp. 104-81.

Kloeden, Wolfdietrich von, "Sokratische Ironie bei Plato und S. Kierkegaard," in *Irony and Humor in Søren Kierkegaard,* ed. by Niels Thulstrup and

Marie Mikulová Thulstrup, Copenhagen: C. A. Reitzel 1988 (Liber Academiae Kierkegaardiensis, vol. 7), pp. 51-60.

Kloeden, Wolfdietrich von, *Kierkegaard und Sokrates. Sören Kierkegaards Sokratesrezeption,* Rheinland-Westfalen-Lippe: Evangelische Fachhochschule 1991 (Schriftenreihe der Evangelischen Fachhochschule Rheinland-Westafalen- Lippe, vol. 16).

Krentz, Arthur A., "The Socratic-Dialectical Anthropology of Søren Kierkegaard's 'Postscript,'" in *Anthropology and Authority: Essays on Søren Kierkegaard,* ed. by Poul Houe, Gordon D. Marino, and Sven Hakon Rossel, Amsterdam and Atlanta: Rodopi 2000, pp. 17-26.

Kuypers, Etienne, "Kierkegaards opmerkingen over de noodzaak van een Socratisch nihilisme," *Filosofie,* vol. 3, no. 4, 1993, pp. 22-8.

Kylliäinen, Janne, "Phaedo and Parmenides: Eternity, Time, and the Moment, or From the Abstract Philosophical to the Concrete Christian," in *Kierkegaard and the Greek World,* Tome I, *Socrates and Plato,* ed. by Jon Stewart and Katalin Nun, Aldershot: Ashgate 2010 (Kierkegaard Research: Sources, Reception, and Resources, vol. 2), pp. 45-71.

Leverkühn, André, "Engagement und Passion des dänischen Sokrates," in his *Das ethische und das Ästhetische als Kategorien des Handelns. Selbstwerdung bei Søren Kierkegaard,* Frankfurt am Main, Berlin, Bern, Brussels, New York, and Vienna: Peter Lang 2000, pp. 31-40.

Manheimer, Ronald J., "Educating Subjectivity: Kierkegaard's Three Socratic Postures," in his *Kierkegaard as Educator,* Berkeley and Los Angeles: University of California Press 1977, pp. 1-58.

Marini, Sergio, "Socrate 'quel Singolo.' A proposito di alcune annotazioni del 'Diario' kierkegaardiano," in *Nuovi Studi Kierkegaardiani,* Potenza: Ermes 1993 (Bollettino del Centro Italiano di Studi Kierkegaardiani. Supplemento semestrale di "Velia. Rivista di Filosofia Teoretica," vol. 1), pp. 75-85.

Martinez, Roy, "Socrates and Judge Wilhelm: A Case of Kierkegaardian Ethics," *Philosophy Today,* vol. 34, 1990, pp. 39-47.

Martinez, Roy, *Kierkegaard and the Art of Irony,* New York: Prometheus Books 2001 (Philosophy and Literary Theory). McDonald, William, "Indirection and Parrhesia: The Roles of Socrates' Daimonion and Kierkegaard's Styrelse in Communication," in *Kierkegaard and the Word(s): Essays on Hermeneutics and Communication,* ed. by Poul Houe and Gordon D. Marino, Copenhagen: C. A. Reitzel 2003, pp. 127-38.

McKinnon, Alastair, "Three Conceptions of Socrates in Kierkegaard's Writings," in *Kierkegaard oggi. Atti del covegno dell' 11 Novembre 1982*, ed. by Alessandro Cortese, Milan: Vita e Pensiero 1986, pp. 21-43.

Merrill, Reed, " 'Infinite Absolute Negativity': Irony in Socrates, Kierkegaard and Kafka," *Comparative Literature Studies*, vol. 16, 1979, pp. 222-36.

Mjaaland, Marius G., "Death and Aporia," *Kierkegaard Studies Yearbook, 2003*, pp. 395-418.

Mjaaland, Marius G., "The Autopsy of One Still Living," in *Prefaces and Writing Sampler and Three Discourses on Imagined Occasions*, ed. by Robert L. Perkins, Macon, Georgia: Mercer University Press 2006 (International Kierkegaard Commentary, vols. 9-10), pp. 359-86.

Mjaaland, Marius G., "Theaetetus: Giving Birth, or Kierkegaard's Socratic Maieutics," in *Kierkegaard and the Greek World*, Tome I, Socrates and Plato, ed. by Jon Stewart and Katalin Nun, Aldershot: Ashgate 2010 (Kierkegaard Research: Sources, Reception, and Resources, vol. 2), pp. 115-46.

Morris, T. F., "Kierkegaard's Understanding of Socrates," *International Journal for Philosophy of Religion*, vol. 19, 1986, pp. 105-11.

Muench, Paul, "The Socratic Method of Kierkegaard's Pseudonym Johannes Climacus: Indirect Communication and the Art of 'Taking Away,' " in *Kierkegaard and the Word(s): Essays on Hermeneutics and Communication*, ed. by Poul Houe and Gordon D. Marino, Copenhagen: C. A. Reitzel 2003, pp. 139-50.

Muench, Paul, "Apology: Kierkegaard's Socratic Point of View," in *Kierkegaard and the Greek World*, Tome I, Socrates and Plato, ed. by Jon Stewart and Katalin Nun, Aldershot: Ashgate 2010 (Kierkegaard Research: Sources, Reception, and Resources, vol. 2), pp. 3-25.

Muench, Paul, "Kierkegaard's Socratic Pseudonym: A Profile of Johannes Climacus," in *Kierkegaard's Concluding Unscientific Postscript: A Critical Guide*, ed. by Rick Anthony Furtak, Cambridge: Cambridge University Press 2010, pp. 25-44.

Müller, Paul, *Kristendom, etik og majeutik i Søren Kierkegaard's "Kjerlighedens Gjerninger,"* Copenhagen: C. A. Reitzel 1983.

Nagley, Winfield E., "Kierkegaard's Early and Later View of Socratic Irony," *Thought: A Review of Culture and Idea*, vol. 55, 1980, pp. 271-82.

Neumann, Harry, "Kierkegaard and Socrates on the Dignity of Man," The

Personalist, vol. 48, 1967, pp. 453‒60.

Olesen, Tonny Aagaard, "Kierkegaard's Socratic Hermeneutic," in *The Concept of Irony,* ed. by Robert L. Perkins, Macon, Georgia: Mercer University Press 2001 (International Kierkegaard Commentary, vol. 2), pp. 101‒22.

Pattison, George, "A Simple Wise Man of Ancient Times: Kierkegaard on Socrates," in *Socrates in the Nineteenth and Twentieth Centuries,* ed. by Michael Trapp, Aldershot: Ashgate 2007, pp. 19‒35.

Paula, Marcio Gimenes de, *Socratismo e cristianismo em Kierkegaard: o escândalo e a loucura,* São Paulo: Annablume editora 2001.

Pentzopoulou-Valalas, Thérèse, "Kierkegaard et Socrate ou Socrate vu par Kierkegaard," *Les Études Philosophiques,* vol. 2, 1979, pp. 151‒62.

Pepper, Thomas, "Male Midwifery: Maieutics in The Concept of Irony and Repetition," in *Kierkegaard Revisited,* ed. by Niels Jørgen Cappelørn and Jon Stewart, Berlin and New York: Walter de Gruyter 1997 (Kierkegaard Studies Monograph Series, vol. 1), pp. 460‒80.

Pivčević, Edo, "Sokrates, Climacus and Anticlimacus," in his *Ironie als Daseinform bei Søren Kierkegaard,* Gütersloh: Gütersloher Verlagshaus Gerd Mohn 1960, pp. 45‒71.

Politis, Hélène, "Socrate, fondateur de la morale, ou Kierkegaard commentateur de Hegel et historien de la philosophie," in *Autour de Hegel. Hommage à Bernard Bourgeois,* ed. by François Dagognet and Pierre Osmo, Paris: Vrin 2000, pp. 365‒78.

Pop, Mihaela, "L'influence platonicienne sur le concept kierkegaardien de moment," *Revue Roumaine de Philosophie,* vol. 45, nos. 1‒2, 2001, pp. 165‒75.

Porsing, Ole, "Græciteten, Sokrates og ironi," in his *Sprækker til det uendelige? Søren Kierkegaard i 1990'erne—en bog om bøgerne,* Århus: Slagmark 1996, pp. 17‒22.

Possen, David D., "Meno: Kierkegaard and the Doctrine of Recollection," in *Kierkegaard and the Greek World,* Tome I, *Socrates and Plato,* ed. by Jon Stewart and Katalin Nun, Aldershot: Ashgate 2010 (Kierkegaard Research: Sources, Reception, and Resources, vol. 2), pp. 27‒44.

Possen, David D., "Phaedrus: Kierkegaard on Socrates' Self-Knowledge—and Sin," in *Kierkegaard and the Greek World,* Tome I, *Socrates and Plato,* ed. by Jon Stewart and Katalin Nun, Aldershot: Ashgate 2010 (Kierkegaard Research:

Sources, Reception, and Resources, vol. 2), pp. 73-86.

Possen, David D., "Protagoras and Republic: Kierkegaard on Socratic Irony," in *Kierkegaard and the Greek World*, Tome I, *Socrates and Plato*, ed. by Jon Stewart and Katalin Nun, Aldershot: Ashgate 2010 (Kierkegaard Research: Sources, Reception, and Resources, vol. 2), pp. 87-104.

Reece, Gregory L., *Irony and Religious Belief*, Tübingen: J. C. B. Mohr (Paul Siebeck) 2002 (Religion in Philosophy and Theology, vol. 5), pp. 5-29.

Richter, Liselotte, "Die Sünde: Auseinandersetzung mit Sokrates," in her *Der Begriff der Subjektivität bei Kierkegaard. Ein Beitrag zur christlichem Existenzdarstellung*, Würzburg: Verlag Konrad Triltsch 1934, pp. 13-28.

Rilliet, Jean, "Kierkegaard et Socrate," *Revue de Théologie et de Philosophie*, vol. 31, 1943, pp. 114-20.

Rubenstein, Mary-Jane, "Kierkegaard's Socrates: A Venture in Evolutionary Theory," *Modern Theology*, vol. 17, 2001, pp. 442-73.

Rubenstein, Mary-Jane, "Ecstatic Subjectivity: Kierkegaard's Critiques and Appropriations of the Socratic," *Literature and Theology*, vol. 16, 2002, pp. 349-62.

Rudd, Anthony, "The Moment and the Teacher: Problems in Kierkegaard's Philosophical Fragments," *Kierkegaardiana*, vol. 21, 2000, pp. 92-115.

Sarf, Harold, "Reflections on Kierkegaard's Socrates," *Journal of the History of Ideas*, vol. 44, no. 2, 1983, pp. 255-76.

Schär, Hans Rudolf, *Christliche Sokratik. Kierkegaard über den Gebrauch der Reflexion in der Christenheit*, Frankfurt am Main: Peter Lang Verlag 1977.

Scheier, Claus-Artur, "Klassische und existentielle Ironie: Platon und Kierkegaard," *Philosophisches Jahrbuch*, vol. 97, 1990, pp. 238-50.

Scholtens, W. R., "Kierkegaard en Sokrates, de plaats van de ironie in het geestelijk leven," *Tijdschrift voor geestelijk leven*, vol. 30, 1974, pp. 203-7.

Scopetea, Sophia, "A Flaw in the Movement," *Kierkegaardiana*, vol. 13, 1984, pp. 97-104.

Scopetea, Sophia, *Kierkegaard og græciteten. En kamp med ironi*, Copenhagen: C. A. Reitzel 1995.

Scopetea, Sophia, "Becoming the Flute: Socrates and the Reversal of Values in Kierkegaard's Later Works," *Kierkegaardiana*, vol. 18, 1996, pp. 28-43.

Sløk, Johannes, *Die Anthropologie Kierkegaards*, Copenhagen: Rosenkilde and

Bagger 1954, pp. 52-77.

Sløk, Johannes, "Die griechische Philosophie als Bezugsrahmen für Constantin Constantinus und Johannes de silentio," *Classica et Mediaevalia. Francisco Blatt septuagenario dedicata,* ed. by Otto Steen Due, Holger Friis Johansen, and Bengt Dalsgaard Larsen, Copenhagen: Gyldendal 1973, pp. 636-58 (reprinted in Materialien zur Philosophie Søren Kierkegaards, ed. by Michael Theunissen and Wilfried Greve, Frankfurt am Main: Suhrkamp 1979, pp. 280-301).

Söderquist, K. Brian, "Kierkegaard's Nihilistic Socrates in The Concept of Irony," in *Tänkarnes mångfald. Nutida perspektiv på Søren Kierkegaard,* ed. by Lone Koldtoft, Jon Stewart, and Jan Holmgaard, Stockholm: Makadam Förlag 2005, pp. 213-43.

Söderquist, K. Brian, *The Isolated Self: Irony as Truth and Untruth in Søren Kierkegaard's On the Concept of Irony,* Copenhagen: C. A. Reitzel 2007 (Danish Golden Age Studies, vol. 1).

Stewart, Jon and Katalin Nun (eds), *Kierkegaard and the Greek World,* Tome I, *Socrates and Plato,* Aldershot: Ashgate 2010 (Kierkegaard Research: Sources, Reception, and Resources, vol. 2).

Stock, Timothy, "Love's Hidden Laugh: On Jest, Earnestness, and Socratic Indirection in Kierkegaard's 'Praising Love,' " *Kierkegaard Studies Yearbook,* 2013, pp. 307-29.

Strawser, Michael J., "How Did Socrates Become a Christian? Irony and a Postmodern Christian (Non)-Ethic," *Philosophy Today,* vol. 36, 1992, pp. 256-65.

Taylor, Mark C., "Socratic Midwifery: Method and Intention of the Authorship," in *Kierkegaard's Pseudonymous Authorship: A Study of Time and the Self,* Princeton: Princeton University Press 1975, pp. 51-62.

Thomas, J. Heywood, "Kierkegaard's View of Time," *Journal of the British Society for Phenomenology,* vol. 4, 1973, pp. 33-40.

Thomte, Reidar, "Socratic Midwifery: The Communication of the Truth," in his *Kierkegaard's Philosophy of Religion,* Princeton: Princeton University Press 1948, pp. 190-203.

Thulstrup, Marie Mikulová, *Kierkegaard, Platons skuen og kristendommen,* Copenhagen: Munksgaard 1970.

Thulstrup, Marie Mikulová, "Plato's Vision and its Interpretation," in *Kierkegaard's Classical Inspiration,* ed. by Niels Thulstrup and Marie Mikulová Thulstrup,

Copenhagen: C. A. Reitzel 1985 (Bibliotheca Kierkegaardiana, vol. 14), pp. 63-103.

Thulstrup, Niels, "Kierkegaard's Socratic Role for Twentieth-Century Philosophy and Theology," *Kierkegaardiana*, vol. 11, 1980, pp. 197-211.

Torralba Roselló, Francesc, "Kierkegaard el heredero moderno de la mayéutica socrática," *Espiritu*, vol. 47, 1998, pp. 55-69.

Vergote, Henri-Bernard, *Sens et répétition. Essai sur l'ironie kierkegaardienne*, vols. 1-2, Paris: Cerf/Orante 1982.

Weiss, Raymond L., "Kierkegaard's 'Return' to Socrates," *The New Scholasticism*, vol. 45, 1971, pp. 573-83.

Widenmann, Robert J., "Plato and Kierkegaard's Moment," in *Faith, Knowledge, and Action: Essays Presented to Niels Thulstrup on His Sixtieth Birthday*, ed. by George L. Stengren, Copenhagen: C. A. Reitzel 1984, pp. 251-6.

Wild, John, "Kierkegaard and Classical Philosophy," *Philosophical Review*, vol. 49, no. 5, 1940, pp. 536-51.

Wisdo, David M., "Kierkegaard and Euthyphro," *Philosophy*, vol. 62, 1987, pp. 221-6.

Wood, Robert E., "Recollection and Two Banquets: Plato's and Kierkegaard's," in *Stages on Life's Way*, ed. by Robert L. Perkins, Macon, Georgia: Mercer University Press 2000 (International Kierkegaard Commentary, vol. 11), pp. 49-68.

Wyller, Egil A., "Platons øyeblikks-filosofi eller dialogen Parmenides' 3. hypothese," in *Tradisjon og fornyelse. Festskrift til A. H. Winsnes*, ed. by Asbjørn Aarnes, Oslo: Aschehoug 1959, pp. 7-26.

Wyller, Egil A., "Sokrates og Kristus hos Søren Kierkegaard. En henologisk interpretasjon av forfatterskapet," *Norsk filosofisk tidsskrift*, vol. 28, 1993, pp. 207-19.

Ziolkowski, Eric, "From Clouds to Corsair: Kierkegaard, Aristophanes, and the Problem of Socrates," in *The Concept of Irony*, ed. by Robert L. Perkins, Macon, Georgia: Mercer University Press 2001 (International Kierkegaard Commentary, vol. 2), pp. 193-234.

색인

기호